本书的出版得到

“中央财政支持地方高校发展专项资金项目

——研究生培养模式创新”支持

中国地方政府性债务与区域经济增长的关系研究

朱文蔚 著

中国社会科学出版社

图书在版编目（CIP）数据

中国地方政府性债务与区域经济增长的关系研究/朱文蔚著. —北京：
中国社会科学出版社，2015.12
ISBN 978 - 7 - 5161 - 7381 - 7

Ⅰ.①中… Ⅱ.①朱… Ⅲ.①地方财政—债务—影响—地区经济—
经济增长—研究 Ⅳ.①F127

中国版本图书馆 CIP 数据核字（2015）第 313151 号

出 版 人	赵剑英
责任编辑	卢小生
特约编辑	李舒亚
责任校对	周晓东
责任印制	王 超

出 版	中国社会科学出版社
社 址	北京鼓楼西大街甲 158 号
邮 编	100720
网 址	http：//www. csspw. cn
发 行 部	010 - 84083685
门 市 部	010 - 84029450
经 销	新华书店及其他书店

印 刷	北京明恒达印务有限公司
装 订	廊坊市广阳区广增装订厂
版 次	2015 年 12 月第 1 版
印 次	2015 年 12 月第 1 次印刷

开 本	710×1000 1/16
印 张	13.75
插 页	2
字 数	231 千字
定 价	50.00 元

序

朱文蔚是我的博士生，为博士生专著写序是责无旁贷的事，何况朱文蔚还是我的第一个博士生呢。

朱文蔚 2012 年进校，今年顺利毕业，是 2012 级博士班十来位同学中唯一的一个。深圳大学理论经济学博士毕业有若干要求，其中硬指标有 2 项：博士论文评审及答辩通过；在 C 刊上发表 3 篇以上论文，且与博士学位论文密切相关。从实际情况看，第一项要求较易满足，第二项要求较难达到，不少同学便被此项要求卡住。朱文蔚的情况是，读博三年期间，在 C 刊上发表了 7 篇论文，在 C 刊扩展版上发表了 2 篇论文，这些公开发表的论文也是博士论文的主干，是本专著的核心内容。

文蔚专著是在博士学位论文的基础上进行修改的，我谈几点自己的看法。

首先，本专著研究的基本逻辑采取先分析地方政府债务对区域经济增长的影响，然后分析经济增长放缓对地方政府债务产生的影响，从而在理论上以及数值模拟预测都显现出经济增长一旦放缓，会放大地方政府债务风险，并且接下来的问题就涉及该如何评价以及防范我国地方政府债务风险，这样的逻辑演进与问题推导的思路，我认为是比较清晰而明确的。

其次，本专著对地方政府性债务与经济增长的机理进行了较好的理论分析，并在此基础上，重点对地方政府债务与区域经济增长的关系进行了实证分析，得出了地方政府性债务与区域经济增长之间存在 U 形关系结论。这与一般性的观察相一致，实际上也与中国经济增长或区域经济增长的实际相一致。本专著还进一步运用所能掌握的资料对中国各个省份的地方政府性债务风险运用因子分析法进行了评估，并认为，整体而言，中国地方政府债务是风险可控的。但作者还是进一步提醒，中国地方政府性债务的风险仍然值得谨慎应对。这些内容我认为都体现了作者具有较为扎实的经济学理论基础知识，对资料运用的把握控制能力也是比较好的。

再次，本专著在研究中所使用的研究方法和对相关数据的处理，以及借助模型所进行的证明，都体现出与主题的密切相关性。其利用面板门限模型、系统广义矩估计等计量方法来检验地方政府性债务对区域经济增长的影响，利用 Matlab 软件，通过对未来经济增长率变化的预测进行数值模拟，评估地方政府债务违约的可能性，通过因子分析法对我国 30 个省市当前地方政府债务风险进行评价，对所要证明的结论体现出了方法论上的明确支持。

最后，本专著所做出的两个基本假设，也就是本专著力图证明的两个基本结论："第一，地方政府性债务是推动我国区域经济增长的一个重要原因，但是过度的政府举债，会影响区域经济的长期增长，因此理论上存在一个最优的政府债务规模或合理的政府债务率区间；第二，经济增速放缓将是一种必然的趋势，若其他条件不变，低的增长率将提高政府的负债率，这将导致地方政府债务的可持续性问题，甚至引发系统性金融风险"具有一定创新，基本假设和证明目的是一致的。

总之，在当前国内地方政府债务居高不下的形势下，本专著紧扣主题，在以往研究基础上拓宽了研究范围，并借助一些新的计量分析方法和分析工具，对地方政府债务和区域经济增长双向关系进行深入研究，并提出了一些建设性的政策建议，体现了其创新之处。本专著对有关理论的把握和分析方法的运用，以及数据资料的引证还是值得肯定的，也体现了其较强的独立思考和研究的能力。

陈勇　深圳大学经济学院院长、教授、博士

2015 年 6 月

摘　要

　　政府举债能否促进经济增长这一话题一直争论不休。20 世纪 80 年代爆发的世界性债务危机、90 年代的亚洲金融危机、2009 年始于希腊的欧债危机、2013 年 7 月底特律市因债务问题引起的美国历史上规模最大的市政破产，以及 2013 年 10 月美国政府关门所引发的债务上限提高等事件，一次次将政府债务与经济增长问题推到风口浪尖。

　　近几年，我国地方政府债务规模的快速膨胀，已引起中央及地方政府的高度关注。地方政府性债务风险已成为当前我国经济发展面临的一个重大问题，以至于中共十八届三中全会提出，要建立规范合理的中央和地方政府债务管理及风险预警机制。2013 年 12 月召开的中央经济工作会议又进一步指出，要把控制和化解地方政府性债务风险作为经济工作的重要任务，并将"着力防控债务风险"列为 2014 年我国经济工作的六大任务之一。2014 年 8 月 31 日通过的《预算法》修正案，再次强调要控制地方债务风险，要求国务院建立地方政府债务风险评估和预警机制、应急处置机制以及责任追究制度。

　　对于地方政府性债务与经济增长的关系，我们认为两者是相互影响的。因此本书研究的基本逻辑是先分析地方政府性债务对区域经济增长的影响，然后反过来分析经济增长放缓对地方政府性债务产生的影响。理论推演以及数值模拟预测都表明，经济增长一旦放缓，会放大地方政府性债务风险，因此本书最后的问题就是涉及该如何评价以及防范我国地方政府债务风险。

　　首先，本书从理论与实证两方面对国外与国内相关研究进行了梳理与总结。将理论方面的研究与争论概括为，政府举债有利于经济增长、政府举债长期甚至短期都不利于经济增长、政府举债对经济增长影响是不确定的三个观点。实证方面主要从政府债务阈值的检验及争论、研究方法等方面进行了归纳与评价。对于国内相关研究，主要从政府债务的分类与债务规模的估计、我国政府债务可持续性问题、地方政府融资平台问题、地方政府债务膨胀原因及风险进行了综述，并指出了有关政府债务与经济增长关系研究中的不足。

其次，在阐述我国地方政府债务发展历程及演变的基础上，本书从两方面分析了地方政府债务作用于经济增长的机理：一是从短期看，地方政府举债会影响区域消费和区域投资，进而影响区域经济；二是从长期看，地方政府举债会影响区域资本存量和区域经济结构，进而影响区域经济的长期增长，并且通过对巴罗模型的拓展分析还发现，经济增长率与负债率之间存在非线性关系，理论上存在一个临界值，且这个临界值取决于资本的边际产出弹性、利率水平、税率以及税收用于投资性支出的比重等诸多因素。

在地方政府债务与区域经济增长关系理论分析的基础上，先采用描述性统计方法，对地方政府性债务与区域经济增长关系进行了实证检验，发现二者存在明显的正相关，这意味着政府举债对促进区域经济增长产生了积极作用。结论显示，随着负债率的提高，区域经济增长速度加快，但增长速度具有收敛性特征。随后笔者又利用 SYS - GMM 估计方法对地方政府债务与区域经济增长进行非线性关系计量检验，结果显示，我国地方政府性债务与区域经济增长之间存在 U 形关系。这种数量关系表明，在负债率较高的省份，政府债务对区域经济的促进作用比较明显，但两者之间的这种关系是否长期存在还有待观察。

本书还论证了经济增长放缓对地方政府债务的影响。由于人口老龄化的加剧、经济结构的调整、技术进步对经济增长拉动作用的减弱以及对外贸易形势变化等内外因素的影响，经济增速放缓在我国将是一种必然趋势。通过对政府债务跨期预算约束等条件的推理分析可以得出，经济增速放缓将提高政府负债率以及政府债务的违约概率。通过 Matlab 软件对 GDP 的增长速度进行数值模拟还发现，如果我国 GDP 增长在 2020 年下降到 5%，我国政府的总负债率在 2020 年将逾越 60% 的国际警戒线。

由于经济增速放缓可能放大我国地方政府债务风险，当前我国地方政府债务风险现状如何？根据各省市 2014 年披露的债务审计报告的相关数据，采用因子分析法，对我国 30 个省市自治区的地方政府性债务风险进行了综合评估及预警。结果显示，我国 30 个省市自治区都落在低风险至高风险之间的三个预警区间，其中广东等六省市处于低风险区域，浙江等

20个省市处于中度风险区域,内蒙古等四个省自治区处于高风险区域,无省市处于极高风险的异常区域。这一预警结果表明,整体而言,我国地方政府性债务风险处于可控范围,这一结论与我国审计署对外宣称的地方政府债务风险可控的基本论调一致。

本书最后阐述了我国地方政府性债务当前存在的一些突出问题。由于地方政府性债务形成的一个重要来源是地方融资平台,因此如何监管与约束地方融资平台的融资行为对于防范地方债务风险具有重要现实意义。本书就我国如何对现有地方融资平台加强监督与严格管理提出了一些自己的想法。同时本书还以"大同百亿造城"作为案例,剖析了地方政府债务监管中存在的一些现实问题,并对美国、日本、德国、法国和英国关于地方政府债务监管的一些实践经验进行了梳理与总结,分析了这些国家的地方政府债务监管实践对我国的主要启示,并就完善我国地方政府债务监管体系提出了一些政策建议。

关键词:地方政府性债务　区域经济增长　债务风险评估　债务监管

Abstract

This topic that government debt can promote economic growth has been debated, especially the outbreak of the world debt crisis since the 80's of last century, the European debt crisis that began in Greece in 2009, Detroit municipal government bankrupt caused by due to the debt problems in 2013 July and in 2013 October, the closing event caused by raising the debt ceiling America, the problem of government debt and economic growth is pushed in the teeth of the storm. The government debt in China is expanding rapidly in recent years, which has attracted great attention by the central and local governments. The debt risk of local government has become a major problem facing the economic development in our country, so that in the Chinese Communist Party's eighteen plenary meeting, establishing the reasonable management mechanism of central and local government debt and risk early warning was put forward. In 2013 December, in the meeting of the central economic work conference, controlling and reducing the local government debt risk as an important task of economic work has further pointed out, and preventing and controlling the debt risk as one of the six major tasks of economic work in 2014 in china. In August 31, 2014 in the amendment of budget law, the need to control the risks, the establishment of local government debt risk assessment and early warning mechanism, emergency response mechanism and the responsibility investigation system once again were stressed.

On the relationship between the local government debt and economic growth, we think the two are mutually affected. So the basic logic of this paper is that we firstly analyses the local government debt's influence on regional economic growth, and in turn how economic slowdown influence on local government debt. The theory and numerical simulation prediction show that slow economic growth will enlarge the risk of local government debt. So the next question is how to evaluate and prevent the local government debt risk in china.

First of all, we combed and summarized the foreign and domestic related research from two aspects of theory and empirical. The theory research and debate were summarized as government borrowing is conducive to economic growth, government borrowing whether long term or short – term is not conducive to economic growth, government borrowing on the impact of economic growth is uncertainty. Empirical researches mainly were summarized as evaluation and debate on government debt threshold test, research methods etc. The domestic relevant research mainly involves the debt scale of China's estimation and classification of government debt and the problem of debt sustainability, the local government financing platform, the expansion reason of the local government debt and the debt risk. We also point out the shortcomings of related research on the relationship between the relevant domestic government debt and economic growth.

Secondly, based on the development process and the evolution of local government debt in China, we analyses the mechanism of local government debt in the role of economic growth from two aspects in this paper. One is that local government debt will affect the regional consumption and regional investment in the short term, thereby affecting the regional economy; the two is that local government debt will influence regional capital and regional economic structure in the long term, then affect long – term growth of regional economy. And we also found by extending the analysis to the Barro model, there is a nonlinear relationship between the economic growth rate and debt rate, there is a critical value in theory and the critical value depends on factors such as the capital marginal output elasticity, the level of interest rates, tax rate and tax for investment expenditure proportion factors.

Then, combined with the theoretical analysis on the relationship local government debt and the growth of regional economy above – mentioned, we firstly checked the relationship between local government debt and regional economic growth by the method of descriptive statistics, that there was a positive correlation was found in two, this means that the government debt has a positive effect on promoting the growth of regional economy. And as the debt ratio increases, the speed of regional economic growth is faster, but the rate of growth is convergent characteristics. After using the SYS – GMM estimation method of the econometric test, we found that there was U type relationship between local government debt and regional economic growth, this shows that, in the province of higher rate government debt, there is more obvious promoting effect, but whether there is the relationship in the two remains to be seen in the long – term.

Subsequent, this paper demonstrated that slow economic growth influence on local government debt. Because of the influence of internal and external factors such as the incensement of aging population, the adjustment of economic structure, weaken technological progress and the change of the foreign trade situation, that China's economic slowdown will be an inevitable. Through the reasoning analysis of the conditions of government debt of the intertemporal budget constraint, we can draw the conclusion that a slowdown in economic growth will raise the government debt ratio and the probability of government debt default. And through the numerical simulation of the GDP growth rate by the MATLAB software, the results show that if the GDP dropped to 5% in 2020, the Chinese government debt ratio in 2020 will exceed 60% of the international warning line.

According to the related data of the debt audit report disclosed in 2014 by various provinces and cities, using the factor analysis method we assessed the debt risk from 30 provinces, the results show that the 30 provinces in China fell on the three warning interval between low risk to high risk, such as Guangdong and other five provinces are in the low risk region, Zhejiang and other 19 provinces are in the moderate risk region, only Neimeng and other three provinces are in the high risk area, no regional provinces are in abnormal high risk, so the early warning results show that the debt risk of whole China's local government is controllable, the result is consistent with which our country audit office announced that the local government the debt risk is controllable.

Finally, this paper expounds the outstanding problems of local government debt in China, Due to the formation of local government debt in a heavy source is the local financing platform. Therefore, how to supervision and restriction of local financing platform financing behavior to guard against the risk of local government debt is of important practical significance. In this paper, we also puts forward some own views for our country how to strengthen to the existing local financing platform for supervision and management, At the same time, this paper also take "Datong spend billions of funds in building the city " as a case to analyze the problems existing in the supervision of local government debt, We also summary the supervision of local government debt some practical experience from the United States, Japan, Germany, France and Britain, and analysis the main inspiration of these national debt regulatory practice to our country's the supervision system of local government debt, and puts forward some feasible policy recommendations of improving the system of debt regulatory.

Keywords: local government debt   regional economic growth   debt risk assessment   debt supervision

目　　录

第一章　导论

第一节　研究背景、目的及意义

　　无论是国内还是国外，政府举债往往都与政府支出增加联系在一起。政府举债既可能是为经济建设融资，也可能是因其日常运行资金不足而筹资。因此，政府举债实质就是为了满足行使其职能所需的财力。政府债务与经济增长关系并不是一个新的命题，但政府举债能否促进经济增长这一话题却一直争论不休。两百多年前，大卫·李嘉图在其《政治经济学及赋税原理》一书中曾表达了这么一种推测："在某些条件下，政府无论用举债融资还是税收筹资，其经济效应都是相同的或者说是等价的。虽然从表面上看，以税收筹资和以债务筹资并不相同，但是政府的任何债务都体现着将来的偿还义务，从而在将来偿还的时候，必将导致未来更高的税收。如果人们意识到这一点，他们会把相当于未来额外税收的那部分财富积蓄起来，结果此时人们可支配的财富的数量与征税的情况一样。"1974年，罗伯特·巴罗（Robert Barro）在其发表的《政府债券是净财富吗?》一文中，用现代经济学理论对李嘉图的上述思想进行重新阐述。他认为，在一个跨时期新古典增长模型中，在特定假设（例如完备的资本市场、一次总付税、代际利他和债券增长不能超越经济增长）下，如果公众是理性预期的，那么不管是债券融资还是税收融资，政府所采用的融资方式并不会影响经济中的消费、投资、产出和利率水平。巴罗再次强化了"李嘉图等价"这一思想。巴罗对"李嘉图等价"定理的维护和发展，引起经济学家们的普遍关注。当今世界，各国政府支出日益依赖公债发行，因此，公众在面对政府采用举债还是征税的不同决策时，是否会对自己的消费行为采取不同行动，将会对一个国家或地区产生重要影响。被巴罗强化的"李嘉图等价"这一命题激起了整整一代经济学家持续的考察、攻击和验证，1974 年巴罗发表的那篇论文也是迄今为止被引用最多的经济学文献之一。

20 世纪 80 年代以来不断爆发的世界性债务危机事件，使得债务与经济增长的关系再次吸引了众人的眼球。近期影响较大的 2009 年始于希腊的欧债危机、2013 年 7 月底特律市因债务问题引起的美国历史上规模最大的市政破产，以及 2013 年 10 月美国政府关门所引发的债务上限提高等事件，也一次次将政府债务与经济增长问题推到风口浪尖。

我国在新中国成立前乃至新中国成立初，出于各种不同目的，无论是中央政府还是地方政府，都有不同程度的政府举债。自 1968—1978 年，我国进入既无内债也无外债时期。改革开放以后，我国政府的无债时期终结。1979 年和 1980 年，中央财政连续两年赤字，举债再次成为政府弥补财政赤字的重要手段，且自 20 世纪 90 年代起，我国再次跨入了政府债务规模快速发展时期。根据我国审计署 2011 年公布的政府债务审计报告，我们发现，我国地方政府性债务有两个时期增长速度异常突出，即 1998 年和 2009 年，这两年分别比上年增长 48.2% 和 61.92%，而 1997 年和 2008 年分别发生了亚洲金融危机和世界性经济危机，这一现象似乎说明了每次危机背后都会伴随我国政府债务的狂飙，之后政府债务增速开始减缓，而经济增速也开始缓缓上升。这也就表明我国政府为了摆脱受外围经济衰退的影响，举债一直是刺激经济增长的一种必然选项。换言之，经济衰退是举债的重要原因，而举债的结果将带来经济的增长。事实似乎也佐证了这一结论。我们观察负债率较高的省份，如 2013 年，以负债率为 79.0% 位居我国各省市之首的贵州省，该省 2009 年的 GDP 只有 3912.68 亿元，但 2013 年该省 GDP 飙升到了 6852.2 亿元，四年期间 GDP 差不多翻了一倍，四年期间的 GDP 累计增长率在全国也是最高的。以负债率排名在我国第二和第三的省份重庆云南也呈现出类似特征。总体上看，近几年负债率较高的省份，其 GDP 的增速在全国几乎都遥遥领先，以此，我们是否就能断言政府的举债对区域经济增长具有明显的推动作用呢？

另外也看到，1981 年，我国各级政府债务总额仅为 121.7 亿元，但到 2010 年年底全国地方政府性债务余额就飙升到了 107174.91 亿元。2013 年 12 月 30 日，审计署再次公布我国政府债务审计数据：截至 2013 年 6 月底，地方政府性债务余额已达 178908.7 亿元。时隔两年多时间，地方政府性债务总规模又增长了 7 万多亿元，相对 1981 年的数据更是增长了上千倍。另据 2013 年审计署对我国 36 个地方政府债务的审计结果：36 个地级市总负债 3.85 万亿元（平均每个城市负债高达 174 亿美元，底特律市因负债超过 180 亿美元而破产。为此，郎咸平曾放出如此狠话：中国可能有 330 个底特律危机!），有 9 个省会城市本级政府债务率超过 100%，以至于中共十八届三中全会提出，要建立规范合理的中央和地方政府债务管理及风险预警机制。2013 年 12 月召开的中央经济工作会议又进一步指出：要把控制和化解地方政府性债务风险作为经济工作的重要任务，并将"着力防控债务风险"列为 2014 年我国经济工作的六大任务之一。2014 年 8 月 31 日通过的《预算法》修正案，再次强调要控制地方债务风险，要求国务院建立地方政府债务风险评估和预警机制、应急处置机制以及责任追究制度。由此可见，地方政府债务风险已成为当前我国经济发展面临的一个重大问题。

这种日益庞大的地方政府债务及跳跃式的增长速度对我国区域经济增长会产生怎样影响？一旦经济增长放缓是否会爆发债务危机？该如何评价当前各省市的债务风险？以及该如何监控与防范地方政府债务风险？基于这些问题的思考，笔者选择了以地方政府性债务与区域经济增长的关系作为自己的博士学位论文选题，其研究目的主要是分析和解决以下几个问题：

（1）通过收集与整理全国债务审计公告及各省市债务审计结果的相关数据，对地方政府性债务规模及债务结构进行深入剖析，从整体上了解我国地方政府债务的主要构成及债务资金的去向，并分析我国地方政府性债务不断膨胀的根本原因，在源头上为我国相关部门防范地方债务风险从制度方面构建一些约束机制，并提出有效可行的具体措施。

（2）利用各省市公布的政府债务数据与各省市年度 GDP 的增长速度，从数量上探索二者之间的关系，然后通过更严谨的计量分析方法对二者关系再进行计量检验，探究我国是否也存在地方政府债务阈值，估测我国地方政府负债率的合理区间，以此判断当前地方政府债务规模是否过大，是否仍存在举债空间，并以此作为各级政府制定"债务红线"的理论依据。

（3）对于我国未来经济增长速度目前已有许多争论，不过，近几年的现实表现以及潜在因素的变化表明，经济增速放缓在我国将是一种必然趋势。本书将深入阐述我国经济增长放缓的主要原因，并结合相关文献的论述，对未来经济增长速度进行数值模拟，分析对于不同的经济增长速度，我国政府的负债率水平未来将会发生怎样的变化，进一步探究经济增速的变化是否会导致地方政府债务的可持续性问题。

（4）深入分析当前我国地方政府性债务最突出的问题主要表现在什么地方，地方融资平台作为我国地方政府性债务最重要的一个载体，在国家不断出台一些监管地方政府性债务的相关条例与规定后，还存在哪些监管漏洞。深入考察国外关于地方政府债务监管有哪些实践经验，有哪些值得我们去借鉴的地方，深入思考如何进一步完善我国地方政府债务监管的相关措施，尤其是如何健全地方政府性债务责任追究机制。

第二节　几组概念的辨析与界定

一　政府赤字与政府债务

政府赤字又称为财政赤字，是财政支出大于财政收入而形成的差额，它反映了一国或一个地区的财政收支状况。这种差额在进行会计处理时，需用红字书写，这也正是"赤字"的由来。赤字的出现一般有两种情况：一种情况是有意安排，被称为"赤字财政"或"赤字预算"，属于财政政策的一种；另一种情况是预算并没有设计赤字，但执行到最后却出现了赤字，也就是"财政赤字"或"预算赤字"。我们经常发现，赤字与债务二者关系非常密切，这两个概念经常被人混为一谈，如政府赤字增加使人很容易联想到政府债务增加。从某种意义上说，赤字似乎就是债务。但实质上这两个概念有本质区别。赤字是一个流量，是在给定的年份里，通常是指一年中政府收入减去政府支出的差额，当该差额为负数时，就说明政府出现赤字，如果政府采取举债的方式来弥补财政赤字，那么财政赤字数量上相当于该年度政府借了多少债，或者说赤字是政府债务产生的一个重要原因，从这个角度说，可以将赤字与政府债务紧密联系在一起的。不过，政府债务是一个存量，是由于过去政府的赤字而累积的政府负债（斯蒂格利茨，1998）。因此，若研究的范畴局限在某一年度，在数量上，政府赤字理论上等于该年度政府债务增量。所以政府赤字和政府债务就好比流量与存量的区别，在一定时期内，流量的不断累积就变成了存量。然而政府举借债务仅仅是弥补财政赤字的一种手段而已，除此之外，政府还可以通过增发货币来解决，且当前很多发展中国家都依赖这一手段来解决财政赤字问题。因此，若考虑这种情况，当年财政赤字数量上未必等于该年度政府债务的增量。总之政府赤字与政府债务不仅是两个不同的概念，在数量上往往也不相等。

二 国债与公债

国债与公债是针对举债的主体来定义的。举债的主体通常分为两类：一是私人和企业；二是政府。私人和企业举债的债务一般称为民间债务或私债，政府举借的债务一般称为国债或公共债务。对于国债的内涵，在实践中有两种不同理解：一是认为国债是国家债务，二是将国债理解为国家债券。二者的共性都体现了一种债权债务关系，国家或政府在某个时点必须向借款人或债券持有者还本付息。国家债券是由国家发行的一种特殊的证券，是中央政府根据信用原则，以承担还本付息责任为前提而筹措资金的债务凭证。由于国债的发行主体是国家，比地方债券、金融债券和企业债券具有更高的信用度，被公认为最安全的一种投资工具。而国家债务强调的是国家的财政性质，是国家财政为了筹集资金向社会公众或金融机构借款所形成的债权债务关系，既可以以发行债券的形式筹集资金，也可以以向国内外金融机构直接借贷形成的一种债务。基于此，国家债务比国家债券包含的范畴更广，国家债券仅仅是国家债务的一个组成部分。

在西方国家，公债是公共债务的简称，按照《新帕尔格雷夫经济学大辞典》对公债的解释：公债（政府债务）是政府方面的一种法律义务，按照规定时间表政府应对法定的债权持有者支付利息，并应分期偿还债务；公债是由于政府向个人、公司、社会事业单位及他国政府借款而产生的。[①] 既然公债被界定为政府债务，就应该既包括中央政府发行的债务，也包括地方政府发行的地方债务，甚至还包括政府所属机构发行的债务，而国债则特指中央政府发行的债券。之所以有这种区分，主要是大多数国家地方政府可以依据相关法律独立发行政府债券（谢子远，2008），这使得公债比国债包含的范围更广。

在我国，很长一段时间，国债与公债是等同的，这主要是与我国预算管理体制有很大关系，20世纪80年代末至90年代初许多地方政府为当地基础设施建设筹资，曾经发行过地方债券。后来国务院基于地方政府承付的兑现能力的考虑，于1993年颁布了《中华人民共和国预算法》，该

① ［英］约翰·伊特韦尔：《新帕尔格雷夫经济学大辞典》第三卷，陈岱孙等译，经济科学出版社1996年版，第1115—1116页。

法律第二十八条明确规定，"除法律和国务院另有规定外，地方政府不得发行地方政府债券"。这就说明只有中央政府才能发行债券。《财经大词典》（1990 年版）也将公债解释为"国家公债也简称为国债"。不过，2008 年为了应对全球性经济危机，我国又开始恢复了地方债券的发行，2009 年由财政部代理发行了 2000 亿元地方债券，2011 年 10 月，财政部开始允许上海市、浙江省、广东省和深圳市开展地方政府自行发债试点，2014 年财政部制定了《2014 年地方政府债券自发自还试点办法》，同年 8 月 31 日，《预算法》修正案正式通过，在法律上已经明确我国地方政府可以发行政府债券，这意味国债与公债就应该有实质性的区别。陈共编写的《财政学》（2008 年版）指出，"通常情况下，我们把中央债称为国债，地方债称为公债"。这说明国债与公债主要体现在举债主体的不同。而在国内当前众多研究文献中，涉及我国国债相关研究时却将研究对象局限于国家债券，而不是国家债务。

三　地方政府性债务与地方债

有关政府性债务的定义，不同的学者有不同的诠释。在笔者搜索的文献中发现最早见于 2006 年朱建璋在《宁波党校学报》发表的一篇论文《乡镇政府性债务透视》，他将政府性债务解释为是由政府及职能部门通过各种渠道直接借入，提供担保、反担保、欠账等形成的最终必须由政府偿还的债务。之后，贾玉荣（2007）认为，政府性债务是以货币或其他经济资源偿还的各种负债，是政府机关、事业单位、企业或其他经济组织，以政府名义向国内外或境内外承借或担保，政府负有直接或间接偿还责任的债务。对于地方政府性债务的概念，笔者发现最早出现在许忠达发表在《财会研究》中的一篇论文《地方政府性债务的形成原因及风险防范对策》。不过他解释的是地方政府性负债，将地方政府性负债定义为地方政府通过举债以扩大投资、拉动内需，促进经济发展，或缓解财政暂时困难而承担的债务。他还基于负债形成原因角度认为，地方政府性负债包括显性负债和隐性负债两种。而根据我国审计署公布的政府性债务审计报告，该报告明确了地方政府在我国是指省、市（州）、县（市）、乡（镇）、村（社区）五级政府，地方政府性债务主要由负有偿还责任的债务、负有担保责任的债务、其他相关债务三部分组成。负有偿还责任的债务是指确定由财政资金偿还、政府负有直接偿债责任的债务，例如，地方政府直接的借款、地方政府债券等。负有担保责任的债务是指因地方政

（包括政府部门和机构）提供直接或间接担保，当债务人无法偿还债务时，政府负有连带偿还责任的债务，例如政府融资平台公司向企业举借的债务。两者主要区别在于，前者的偿债资金由政府财政负担；后者的偿债资金则来源债务单位的预期收入。其他相关债务，是指政府融资平台公司、经费补助事业单位等举借的债务，由非财政资金偿还，但地方政府没有提供担保。据法律规定，该类债务政府没有偿债责任，但如果债务单位出现债务危机，政府应承担救助责任，因此也划入地方政府性债务范畴。而地方债一般是地方政府及地方公共机构发行的债券，是地方政府根据信用原则、以承担还本付息责任为前提而筹集资金的债务凭证。实质上地方债是地方政府性债务中负有偿还责任债务的一部分，因此其范畴远远小于地方政府性债务。不过在实际应用过程中，很多人将地方政府性债务简称为"地方债"，这样使得这两个概念很难区分。

基于上述概念的辨析，本书研究对象为地方政府性债务，在对我国地方政府债务发展态势的描述中，采用的是地方政府性债务三类债务的总和，但是在计量检验的过程中，基于建立时间序列数据的必要性及数据的可得性，采用的数据则为地方政府性债务中负有偿还责任的这部分债务。

第三节 研究思路与方法

一 研究思路

本书研究的基本逻辑是：地方政府举债（形成的地方政府性债务）会影响区域经济增长，反过来，区域经济增长速度的快慢也会影响地方政府性债务的偿还，也就是说，地方政府性债务与区域经济增长是相互影响的，基于此本书的题目定为"中国地方政府性债务与区域经济增长关系研究"。且根据这一基本逻辑，引发了对一系列问题的思考：首先，地方政府举债将怎样或通过什么途径作用于区域经济增长的？在数据上能否佐证理论上的分析？其次，在经济新常态背景下，经济增速放缓将成为一种必然趋势，那么不同的经济增长速度将对地方政府性债务产生怎样影响？经济学直觉告诉我们，低增长将可能加大地方政府债务风险，自然就让我们联想之后的一些问题：各地方政府当前的债务风险现状如何？如何防范地方政府性债务风险的爆发？基于这一基本逻辑，去构建本书的研究框架，并试图去解决上述问题。

本书总体上遵循了经济学一般问题研究的基本范式，其研究脉络为"理论研究—数理分析—计量分析—结论解释—提出对策"。

具体研究思路如下：

首先，对现有国内外有关政府债务的相关文献及研究成果进行梳理、归类与学习，在吸收与借鉴他人成果的基础上进一步明确本书的研究目标；然后，通过查找与整理国家审计署以及各省市审计厅的政府性债务审计报告、相关资料和数据，分析我国地方政府性债务的规模、结构及态势。

其次，从两方面来研究地方政府性债务与区域经济增长的关系，一是地方政府性债务对区域经济增长的影响，这其中包含地方政府性债务影响区域经济增长的作用机理（即主要途径）的分析与实证检验；二是经济增长放缓将对地方政府性债务会产生怎样的影响，这部分内容主要是通过对经济增长未来变化的预测来分析其对政府负债率的动态影响。

再次，由于负债率上升触及某一临界值，就可能产生政府债务的可持续性问题。因此，我们接下来就要研究的问题是：当前我国地方政府性债务风险现状如何，该如何评估？

最后，基于实证结果和区域经济增速放缓预测对地方政府债务的影响，并结合我国地方政府性债务发展态势的分析，探索从制度上如何在地方政府通过举债促进区域经济发展的同时，构建地方政府债务监管机制来规范政府债务的使用方向、提高债务资金的使用效率、防范与化解地方政府债务风险。

本书研究的技术路线如图 1-1 所示。

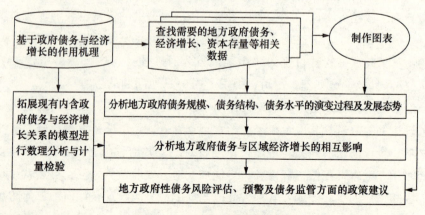

图 1-1 本书研究的技术路线

二　研究方法

（一）理论研究与实证研究相结合

书中通过拓展一般均衡分析框架：IS—LM 模型，阐述地方政府举债对经济增长的短期影响，然后又基于长期视角，在有关影响经济增长的理论基础上，分析地方政府性债务影响区域经济增长的作用机制（或主要途径），并在此基础上，拓展巴罗模型，通过引入政府债务变量（负债率），分析其与经济增长的关系。并结合最新的计量经济学方法，如面板门限回归模型，并采用系统广义矩估计等方法对地方政府性债务对区域经济增长的影响进行计量检验。

（二）实证分析和规范分析相结合

本书研究目的不仅要摸清楚各省市政府性债务规模、发展态势及其风险状态，更重要的是，还要为政府相关部门防范债务风险提出合理建议与措施。这必然要求我们将实证分析与规范分析结合起来。书中通过收集到的相关资料与数据描述了我国地方政府性债务规模、结构等，并在理论分析的基础上构建了面板门限模型，分析了地方政府性债务对区域经济增长的影响大小。然后在实证分析的基础上，探究了我国地方政府合理的债务区间，并通过构建地方政府债务风险预警体系对我国 30 个省市区的地方政府债务风险状况做出客观评价，最后还就地方政府融资平台的相关问题及地方政府债务监管等方面提出了一些具体措施与建议。

（三）动态研究与静态研究相结合

地方政府债务与经济增长并不是单纯的因果关系，还存在跨期的相互影响，也就是说，本期债务可能影响未来经济增长，未来经济增长快慢也会影响下期债务存量的相应变化。同时债务规模是一个存量概念，而经济增长以及 GDP 等是一个流量概念，这就需要我们研究相关问题时必须采取静态与动态相结合的研究方法。而且我们不仅要了解过去与当前地方政府性债务的规模、结构及当前债务风险，还要探究其发展的一种态势及变化，并且要分析经济增长未来的不确定性将对地方政府性债务的动态影响，这也要求我们必须采用动态与静态研究相结合的研究方法。

（四）理论阐述与案例分析相结合

一些典型案例可以为理论的阐述和论证提供强有力支撑。在论述我国地方债务膨胀原因时，我们通过剖析万庆良仕途升迁案例，强化 GDP 政绩观的驱使是政府举债的一个重要原因的论点。在分析我国地方政府债务监管问题时，本书又进一步列举了大同百亿造城这一典型案例，通过对此案例的剖析，使我们更深入地了解到地方政府举债背后的诸多问题，以及清晰地认识到地方政府债务监管与防范实质是一个复杂的系统工程。

（五）比较研究

由于各省市不同的历史原因，经济发展状况存在很大差异，因此不同的省份其政府债务无论是绝对规模，还是相对规模，以及伴随的政府债务风险也必然存在很大差异。通过收集与整理我国各省市债务审计报告，本书得到了我国 30 个省市的政府债务数据，通过制作相关图表，对各省市负债率与 GDP 增长速度进行同年度横向比较与跨年度的纵向比较，从数据上去探究地方政府性债务与区域经济增长的关系，并通过因子分析法对各省市政府债务风险状况进行评价与比较。

第四节　本书结构安排及主要内容

全书共分八章。

第一章主要介绍本书研究的背景、目的及意义，之后对政府赤字与政府债务、国债与公债、地方政府性债务与地方债等几组概念进行了辨析，从而界定本书研究的主要对象。最后阐释了本书的研究思路与方法，阐述了本书的基本假设、主要创新与研究中的不足。

第二章主要从三方面对相关文献进行了梳理，一是从理论上阐述了当前三个观点，即政府债务对经济增长的"促进论"、"促退论"以及政府债务对经济增长没有实质影响。二是从实证角度概述当前研究的几个焦点问题，即债务阈值的存在性及其争论、实证分析的基本模型，以及政府债务与经济增长关系的非线性问题研究等。三是对国内关于政府债务相关问题的研究进行了综述，主要包括对我国政府债务的分类与债务规模的估计、我国政府债务可持续问题、有关政府融资平台问题、地方政府性债务膨胀原因和风险以及国内关于政府债务与经济增长关系方面的研究。

第三章先是以 1949 年为节点，分别梳理新中国成立前与新中国成立后不同历史时期政府举债的一些特点及演变过程。改革开放后着重阐述我国地方融资平台的产生与发展，以及我国地方政府发行债券的历史演变。然后通过收集与整理我国 2011 年和 2013 年审计署公布的地方政府债务报告和我国 30 个省市 2014 年 1 月陆续公布的债务审计结果，通过对 2011 年和 2013 年两次数据的对比，从地方政府性债务类型、负债的政府层级、举债主体、债务资金来源、债务资金投向等方面分析了我国地方政府性债务的发展态势及结构变化，最后阐述了我国地方政府性债务膨胀的主要原因。

第四章主要从两方面展开分析，一是短期看，根据宏观经济学总需求的相关理论，在概述 IS—LM 模型的基础上，并通过对该模型的拓展分析，地方政府债务通过转化为政府支出会影响区域的消费与投资，进而拉动区域经济的增长。二是在长期经济增长相关理论的基础上，分析地方政府债务资金通过投资渠道转化为公共资本存量，甚至地方政府债务资金的投向也会影响区域经济结构，从而影响区域经济长期增长。最后还对我国"强政府"背景下的地方政府举债对区域消费、区域投资和区域资本存量的影响依据收集的数据进行了验证。

第五章首先通过拓展巴罗模型，从理论上阐释负债率与经济增长率之间存在非线性关系，然后借用肯尼思·罗戈夫和卡门·莱恩哈特（Kenneth Rogoff and Carmen Reinhart）的描述性统计分析方法依次从债务总规模与债务的相对规模探讨了地方政府性债务与区域经济增长的关系。并在此基础上构建了以经济增长率为被解释变量，以负债率、实际 GDP 增长率、投资率、经济开放度、人口增长率等作为解释变量的省级层面的面板门限模型，分析对于不同的负债率临界值，地方政府性债务与区域经济增长率之间的关系及债务系数的变化，并基于债务系数变化情况，估测了地方政府性债务规模的合理区间。

第六章先梳理近几年学者们对我国未来经济增长预期的不同看法，然后阐述本人关于我国经济增长必然放缓的几个理由，并基于国内外关于地方政府债务可持续的度量及相关论述，通过对经济增长率预测的数值模拟，借助一个内含负债率与经济增长率的计算公式，分六种情况分析至 2020 年我国政府负债率的动态变化，以此得出了一个结论：至 2020 年，在其他因素不变的条件下，经济增长率若低于 5%，我国政府负债率将逾越国际警戒线，换言之，经济增长放缓可能加剧我国地方政府性债务违约风险。

第七章先介绍地方政府性债务风险评价的两种常用方法：指标评价法和资产负债表评估法，并比较这两种方法的优缺点。然后阐述地方政府性债务风险评价体系构建的基本原则和基本步骤，且基于这些基本原则以及数据的可得性，从四个方面选择 10 个评价指标，利用因子分析法构建了一个地方政府债务风险预警体系，对我国 30 个省市的债务风险进行了综合评价及风险预警标识。

第八章主要阐述我国地方政府性债务当前存在的突出问题。由于地方政府性债务形成的一个重要来源是地方融资平台，因此在这一章对地方融资平台中的债务问题进行专门论述，并探讨如何对我国现有地方融资平台进行监督与管理。之后又对我国地方政府性债务异常突出的债务监管问题进行了阐述，并以"大同百亿造城"作为案例分析地方政府性债务监管中存在的现实问题，同时对美国、日本、德国、法国和英国关于地方政府债务监管的一些实践经验进行梳理与总结，分析这些国家的债务监管实践对我国的主要启示，最后提出一些可行的政策建议。

最后是本书结语，主要提炼本书研究的主要结论，并展望了需要进一步研究的方向。

第五节　本书基本假设、主要创新点与不足

一　本书基本假设

本书的研究基于两个基本假设：

第一，地方政府性债务是推动我国区域经济增长的一个重要原因，但是地方政府债务规模过大，会影响区域经济长期增长，因此理论上存在一个最优的政府债务规模或合理的政府债务率区间。

第二，经济增速放缓将是一种必然趋势，若其他条件不变，低的经济增长率将提高地方政府的负债率，这可能导致地方政府性债务的可持续性问题，甚至引发系统性金融风险。

二　本书主要创新与贡献

第一，拓展了研究范围。国内外研究政府债务对经济增长影响较多，但是反过来经济增长对政府债务影响的研究文献较少，而本书研究地方政府性债务与区域经济增长的相互关系，这样就将研究范围从政府债务影响经济增长的单向研究拓展二者相互影响的双向研究。

第二，采用了最新债务数据。已有的研究基本站在国家的角度以国家

层面的数据来分析政府债务对经济增长的影响。而国与国之间有关数据的统计方法、统计口径、制度差异等因素对实证结果分析可能产生一定偏差，即使国内对我国国债的相关研究，其采用的数据基本上是国家债券的数据，而不是国家债务的数据。而本书将利用 2014 年由国家审计署和各省市审计厅（局）公布的最新政府债务数据。且将研究视角重点放在中国地方政府性债务，以省级面板数据来分析地方政府债务与经济增长之间的关系。

第三，采用了一些新的研究方法。本书不仅利用近几年兴起的如面板门限模型、系统广义矩估计等计量方法检验地方政府性债务对区域经济增长的影响，还利用 Matlab 软件通过对未来经济增长率变化的预测进行数值模拟，来评估地方政府债务违约的可能性，并通过因子分析法对我国 30 个省市当前的地方政府债务风险进行了客观评价，这些方法的运用使得结果分析更严谨与科学。

三 本书主要不足

第一，由于得不到历年地方政府债务数据，而现有的计量方法一般要求较长的时间序列数据，本书的数据只能根据各省市债务审计报告中涉及关于政府负有偿还责任的债务所提到的年增长率，来推算近几年的地方政府债务数据（并且没有包含地方政府的或有债务），构建了一个比较短的省级面板数据，这使得计量结果的稳健性可能存在一定的缺陷，同时计量的结果只给出了一个相对模糊而并非明确的合理的债务区间。

第二，本书在构建地方政府债务预警体系时，由于受个人知识面及数据限制，对一些可能需要纳入的债务风险评价体系的指标或者可能更有说服力的指标考虑不够周全，这样对各省市的地方政府性债务风险的客观评价可能存在一些疏忽或不当之处。同时由于年度的地方政府债务增量数据很难获得，本书没有考虑地方政府债务增量对经济增长的影响，主要是从地方政府负债率的角度来探索其与区域经济增长的关系。

第三，本书在考察我国政府债务起源、地方政府债务在我国发展过程以及国外关于地方政府债务监管实践等内容中，由于一些客观条件的限制等原因，本书转引了国内外学者的一些论述，未亲自调研与考证。

第二章　国内外文献综述

第一节　政府债务与经济增长关系的理论分歧

政府债务①最初源于政府财政赤字，对该问题的研究有数百年，由此形成的成果也极其丰富复杂。早期重商主义者代表资本原始积累时期商业资产阶级的利益，为迎合资本主义发展中对货币积累和扩大的市场的需要，宣扬政府举债不会增加人民负担，认为支付公债的利息，犹如右手支给左手，因为所有货币资财都未流往国外。英国古典经济学的早期代表人物威廉·配第也曾认为政府举债可以增补国内现有资本，促进工业、商业和农业的发展。

他们的这些观点受到亚当·斯密的反对，在《国富论》第五篇第三章《论公债》一章中，他用了整整一章的篇幅讨论了政府债务问题，认为政府举债对国民经济发展是有害的，政府债务完全不是追加的资本，而是对国内现有资本的扣除，政府举债不仅不会促进工业、商业和农业的发展，反而会使得原有的工商业资本被政府所吸收，被挪用及被用于非生产性用途，从而造成社会劳动和物质财富的非生产性耗费，侵蚀生产资本，削弱国家经济。他毫不讳言地写道："据某著者主张：欧洲各债务国的公债，特别是英国的公债，是国内其他资本以外的另一个大资本；有这个资本，商业的扩展，制造业的发展，土地的开垦和改良，比较单靠其他资本所能成就的要大得多。可是，主张此说的著者，没有注意到以下的事实，即最初债权者贷予政府的资本，在贷予的那一瞬间，已经由资本的机能，

---

① 一般意义上政府债务通常指政府举借的负有偿还责任的债务，其范畴比政府性债务要窄，但国内外文献都未对这两个概念进行区分，且将政府债务与公债视为同一概念，本章也依此处理。

转化为收入的机能了，换言之，已经不是用以维持生产性劳动者，而是用以维持非生产性劳动者了。就一般而论，政府在借入那资本的当年，就把它消耗了、浪费了，无望其将来能再生产什么……"① 他甚至发出警告，"举债的方策，曾经使采用此方策的一切国家，都趋于衰弱。首先采用这方法的，似为意大利共和国的热那亚及威尼斯，是意大利共和国中仅存的两个保有独立局面的共和国，它们都因举债而衰弱。西班牙似是由意大利各共和国学得此举债方策，而就天然力量说，它比它们尤见衰微（也许是因为它的税制比它们的税制更不明智）。西班牙负债极久。在 16 世纪末叶以前，即在英格兰未借一先令公债的百年以前，该国即负有重债。法国虽富有自然资源，亦苦于同样债务的压迫。荷兰共和国因负债而衰弱，其程度与热那亚或威尼斯不相上下。由举债而衰微而荒废的国家，所在皆是，英国能独行之而全然无害吗？"②

大卫·李嘉图虽然赞同亚当·斯密观点，也把政府举债看作是国民资本被浪费的因素，认为政府支出取之于公债等于抽取人民的生成资本，有碍工商业发展，并对当时英国的公债制度进行了严厉批判。"最可怕的灾难之一，无论什么时候，它都是为压迫人民而发明的"。③ 而且他反对政府举债的理由还另有新意，认为若政府财政收支不平衡时，应该采取优于公债制度的税收方式筹资，税收是由国民收入支付的，公债则要吞噬部分国民生产资本，并论述政府增税与发债的经济效应是一样的，他的这一观点也被命名为"李嘉图等价"或债务中性理论。

亚当·斯密和大卫·李嘉图等古典经济学反对政府举债是有一定历史背景的。自由竞争资本主义时期，资本主义经济得到快速发展，社会投资极为盛行，社会闲散资本不多，政府举债可能导致社会资本从生产领域流出，因此在这一背景下，他们反对政府举债，反对政府对经济的直接干预，认为政府举债对国民经济有害，无疑是有一定道理的。但是，随着自由资本主义向垄断资本主义过渡，商品经济已高度发达，社会资本充裕，社会闲散资金较多，同时，资本主义经济危机频发，政府逐步加强对经济的干预，尤其是 20 世纪 30 年代大危机后凯恩斯政府干预主义开始盛行，

---

① ［英］亚当·斯密：《国民财富的性质和原因的研究》下卷，郭大力、王亚兰译，商务印书馆 2002 年版，第 489 页。

② 同上书，第 493 页

③ 刘华：《公债的经济效应研究》，中国社会科学出版社 2004 年版，第 60 页。

学者们对政府的举债态度也发生了明显的转变，从政府举债有害或者说无用论，转变到强调政府举债对宏观经济的积极作用。同时李嘉图等价性命题再次被学者关注。以托宾、曼昆等为代表的凯恩斯主义经济学派从不同角度分析了李嘉图等价定理不成立的原因，即政府债务以及与此相连的财政赤字对经济增长有实质性影响。而以巴罗等为代表的新古典宏观经济学派则用现代经济学理论对李嘉图等价进行重新阐述。巴罗运用生命周期学说和跨时期模型证明，无论是减税型国债，还是增支型国债都不会影响消费者的经济决策，从而得出债务中性论观点。然而自 20 世纪 80 年代以来不断爆发的世界性债务危机事件，以及近几年的全球性经济衰退和欧债危机，又激起众多学者对政府举债推动经济增长的反思，且这种理论交锋还在延续。这些争论可以归纳为以下三种观点：

一　政府举债有利于经济增长

这一观点在 20 世纪 20 年代大萧条后被众多经济学家所推崇，凯恩斯在他的《就业、利息和货币通论》中曾论述："政府举债虽然'浪费'，但结果可以使社会致富"，"'举债支出'是一个很方便的名词，包括一切政府举债净额，不论政府举债是为兴办资本事业，或为弥补预算不足，前者增加投资，后者增加储蓄"。[①] 1937 年凯恩斯发表的《如何避免经济衰退》又进一步明确指出，在经济衰退时期举借债务刺激经济是非常明智的政策。[②] 之后，美国经济学家汉森（A. H. Hansen）和哈里斯（S. E. Harris）等也旗帜鲜明地支持政府发行国债，汉森认为，发行国债是一种"经济福利"，是增加国民收入和保证充分就业的重要因素，因为在经济不景气时期，人们对未来经济发展会形成一种悲观预期，私人投资和消费不会增加甚至可能下降，只有通过政府举债才能维持社会支出规模的扩大，才能防止经济的下滑。勒纳则认为，"政府的收支与举债，应仅是管制社会资金的工具，公债发行的目的，只在吸收社会上的游资，降低通胀时的通货流通。偿债的目的则在于增加经济不景气时的通货流通"。他进一步指出："如果公债利率确定得当，公债的发行可以有效引导资金的有效运作与资源的有效配置。"[③] 奥肯、托宾、萨缪尔森等对政府举债促进

---

① 李翀：《财政赤字观和我国政府债务分析》，转引自［英］凯恩斯《就业、利息和货币通论》，商务印书馆 1963 年版，第 109—110 页。

② ［英］蒙代尔：《蒙代尔经济文集》第二卷，中国金融出版社 2003 年版，第 145 页。

③ 王传伦、高培勇：《当代西方财政理论》下册，商务印书馆 1988 年版，第 455 页。

经济增长也基本持乐观态度，还主张人们应该消除对债务的情绪化影响。他们认为，不仅萧条时期，要实行膨胀性财政政策和货币政策，即使经济回升时期，只要实际国内生产总值低于潜在的国内生产总值，通过赤字的财政政策人为刺激总需求，有利于实现充分就业，促进经济增长。这些学者的观点也被曼昆等称为"传统的债务观点"，其基本的理论逻辑是：短期内产出是由需求决定的，财政赤字或较高的公共债务对可支配收入、总需求乃至整个产出都有正面影响，且在经济处于非充分就业条件下，财政赤字或较高的公共债务在短期内这种正的效应会更大。支持公共债务对经济增长有正面影响的学者还进一步认为，持传统债务观点的学者对公共债务长期与短期的经济效应的区分忽视了这样一个事实，即持续的衰退会减少未来的潜在产出，因为衰退会增加失意的工人人数，导致工人工作能力的衰减，对产业资本和新的投资活动都有负面影响。因此，政府举债或实施财政赤字政策对产出无论是短期还是长期都有积极的影响（Panizza and Presbitero，2012）。迪龙和萨默斯（DeLong and Summers，2012）认为，在一个低利率环境下，扩张的财政政策是一种自发融资，事实上也有证据显示，衰退对未来 GDP 水平有持久的影响（Cerra and Saxena，2008），这也就意味着政府举债可以促使经济早日摆脱衰退。

二　政府举债长期甚至短期都不利于经济增长

政府举债虽然在一定程度上能刺激经济的增长，但公共债务规模的不断扩大可能引起通货膨胀，进而不利于经济增长，萨金特（T. Sarget）和华莱士（N. Wallance）在 20 世纪初就明确表示，政府发债即向中央银行出售债券会引起基础货币投放增加，即债务货币化。因为，如果政府债务余额占国民收入比重较长时间内持续增长，利息支付必将上升，借新还旧机制将导致整个国债规模日益膨胀，最终难以通过税收予以偿还，唯一的结果只能是政府通过向中央银行借款，及国债货币化。他们进一步认为举债融资要比货币融资更具有通货膨胀的性质，原因是货币融资（向中央银行借款）不会导致利息积累，而债务则会使利息支付和总债务规模（总赤字）螺旋式攀升，因而从长期来看，财政赤字由债务融资弥补的通货膨胀效应比货币融资方式更大，对长期经济增长是非常不利的。[①] 戴蒙

---

① ［美］多恩布什、费希尔、斯塔兹：《宏观经济学》，王志伟译，中国人民大学出版社1997 年版，第 504—505 页。

德（Diamond，1965）建立了一个世代交替模型，在假定人是利己的条件下，他证明从长远看，无论是一国的内债还是外债，都会减少资本积累，导致人们的福利损失。埃尔门多夫和曼基夫（Elmendorf and Mankiw，1999）则从李嘉图定价定理出发，认为债务融资与税收融资对经济长期增长的影响是不同的，如果私人储蓄增加不足以填补由预算赤字导致的公共储蓄下降，结果就会导致整个国内储蓄的下降，进而降低投资水平，从而对 GDP 的增长产生负面影响，也会导致资本存量减少，利率上升，降低劳动生产率，进而降低一国未来的潜在经济增长率，并且由于未来可能出现的扭曲性税收，使得公共债务对未来 GDP 增长的负面影响可能进一步被放大，从而得出李嘉图定理是不成立的结论。基于美国数据，他们还粗略计算得出，政府债务每增加一个百分点，将导致稳态总产出（steady - state gross output）减少 0.1 个百分点，其中 0.09 个百分点是由于资本存量降低引起的，0.01 个百分点是由于未来的税收扭曲引起的，尤其是当负债率（债务/GDP）达到 100% 时，年均 GDP 增长率在头二十年将下降二十个基点。科克伦斯（Cochrane，2011）也认为，如果高的政府债务导致的不确定性或对未来税收预期的增加，以及由其可能带来通货膨胀和金融抑制，那么政府债务对经济增长的负面影响将更大，甚至短期对经济增长也会产生负面影响。

三　政府举债对经济增长影响不确定

这一观点似乎被越来越多学者所接受，多恩布什和费希尔（1993）的跨国实证研究发现，高额的财政赤字（实际指的是高额的政府负债）不利于长期经济增长，但如果举债是因为政府支出增加引起的，举债对经济增长的影响主要取决于政府的支出效率。政府支出的效率越高，政府举债对经济增长的正面效应就越大；相反，若政府支出的效率越低，政府举债对经济增长的负面效应就越大。他们进一步认为，政府债务若能弥补有效需求不足，能够充分利用过剩的储蓄资源，则能促进经济的增长，但若经济增长不能在短期内有较大幅度回升，则会导致债务危机。凯瑟琳·帕蒂略等（Catherine Pattillo et al.，2002）认为，债务影响经济增长的渠道不只是通过投资量，而且还可能导致脆弱的宏观政策环境影响投资的效率，也就是说，债务对经济增长的影响不仅取决于债务资金投资的水平，还取决于债务资金的投资效率。Checherita 等（2012）建立了一个理论模型，认为政府举债若是为公共投资融资，最佳的政府债务规模能最大化经济增长，且这一规模是由公共资本与私人资本比率决定的，而且这种债务水平还与资本存量的产出弹性有关。他们使用这一模型估计不同的 OECD 国家的最佳债务水平，发现负债率在 43%—63% 是最佳的。并且当前大量实证论文的结论几乎都支持债务与经济增长的关系是非线性的，即存在一个或多个债务阈值（debt thresholds），当债务水平低于这一阈值时，债务对经济增长的关系是正向的，而一旦超过这一阈值，债务与经济增长的关系将会逆转。但是格雷纳（Greiner，2012）认为，他们的上述结果是建立在假设赤字在任何时候都是用于公共投资基础上的。在这一假设下，为了最大化经济增长率，债务与经济增长是不相关的。[①] 如果政府举债是为生产性投融资，债务对经济增长则有正的影响，但并不能说明债务与 GDP 之间存在倒 U 形关系，这种非线性关系也许是存在一个临界点，超过这一临界点，公共债务将不可持续（Ghosh et al.，2012），然而在一个增长框架下，我们并不知道包含这一临界点的理论模型。Andrea Pescatori（2014）则发现政府债务与经济增长之间并没有存在一个明显的相关关系，不过他们的结论显示高负债会拉大产出的波动幅度。

另外，拉姆齐（Ramey，1995）认为，高的债务水平限制了一个国家制定反周期政策的能力，这样增加了产出的波动幅度，减缓了经济增长速度。然而这种债务与反周期政策能力之间的关系更可能取决于债务的结构而不是债务水平（Hausmann and Panizza，2011；De Grauwe，2011），这也就意味着具有不同债务结构和货币制度安排的国家在债务水平不同条件下可能面临相似的经济增长率等问题。

第二节 政府债务与经济增长关系的实证研究

在对政府债务与经济增长关系进行实证研究中，具有开拓性贡献的是

---

① 他还进一步表示：考虑一种导致债务水平和稳态经济增长率之间单调的负相关更一般化的债务政策，发现债务对经济增长的影响完全取决于经济中"刚性"的存在。特别是在一个不存在劳动力供给刚性的模型中，债务对劳动的供给、投资和经济增长都有负面影响。然而在工资刚性和失业存在条件下，公债对资源的分配没有影响。

莱恩哈特和罗戈夫（2010）的发现，他们首先收集了 20 个发达经济体[①]
自 1946—2009 年的债务与经济增长的数据，将样本分成了四组：债务/
GDP≤30%（443 个观测值）；30%＜债务/GDP≤60%（442 个观测
值）；60%＜债务/GDP≤90%（199 个观测值）；债务/GDP＞90%（96 个观测
值），然后计算每组 GDP 增长率的中位数和平均数，发现前三组没有大的
区别，而第四组 GDP 增长率的中位数和平均数明显比前三组低很多，尤
其是平均数，第四组比第三组低近 4 个百分点，且平均值变为负数了。之
后他们将数据向前延伸至 1790 年，发现结论并没有实质性的改变，详细
结论如下（见表 2-1 和图 2-1）。

表 2-1　　　　　　　不同政府债务水平下实际 GDP 增长率　　　　单位：%

	负债率≤30%	30%＜负债率≤60%	60%＜负债率≤90%	负债率＞90%
均值	3.7	3.0	3.4	1.7
中位数	3.9	3.1	2.8	1.9

注：摘自发达经济体，时间跨度：1790—2009 年。

资料来源：国际货币基金：《世界经济展望》；OECD：《世界银行和全球金融发展》。

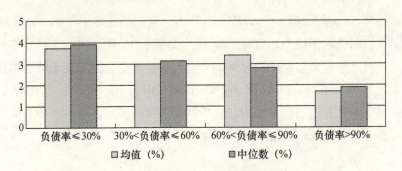

图 2-1　不同政府债务水平下实际 GDP 增长率

资料来源：数据来源于表 2-1。

　　为了进一步检验这一结论的稳健性，他们又对 20 个新兴市场国家[②]

---

①　这 20 个发达经济体是：澳大利亚、奥地利、比利时、加拿大、丹麦、芬兰、法国、德
国、希腊、意大利、日本、荷兰、新西兰、挪威、葡萄牙、西班牙、瑞典、英国和美国。

②　20 个经济体包括阿根廷、玻利维亚、巴西、智利、中国、哥伦比亚、埃及、印度、印度
尼西亚、韩国、马来西亚、墨西哥、尼日利亚、秘鲁、菲律宾、南非、泰国、土耳其、乌拉圭和
委内瑞拉。四个债务区间观测值的个数分别是：债务/GDP 比在 30% 以下的有 252 个，在 30%—
60% 的有 309 个，在 60%—90% 的有 120 个，在 90% 以上的有 74 个，总共 755 个观测值，数据
时间是 1970—2009 年。

进行验证，得出与发达经济体类似的结论。因此他们认为：负债率小于 90%时，债务与经济增长关系并不明显，而负债率大于90%时，债务与经济增长是负相关的。之后他们还发表了一系列相关论文，一致认为，强化了负债率的临界值为90%① (Reinhart and Rogoff, 2010, 2011, 2012)，其研究成果也成为美国经济危机后政府缩减公共支出的理论依据，并激发了许多学者去检验债务阈值的存在性，以及在实证分析中将负债率作为经济增长解释变量合理性的依据。他们的后继者的研究当前主要聚焦以下几个问题：

一　债务阈值的检验及争论

部分实证结果似乎都支持莱恩哈特和罗戈夫 (Reinhart and Rogoff) 的结论。Kumar 和 Woo (2010) 基于 1970—2007 年人口在 500 万以上的 38 个发达国家和新兴市场国家相关数据，运用各种计量方法得出了与莱恩哈特和罗戈夫类似的 90% 这一债务阈值。而 Cecchetti 等 (2012) 则根据 1980—2010 年 18 个 OECD 国家的面板数据得出债务阈值为 86%。Padoan 等 (2012) 则采用了 Cecchetti 相似的样本并包含了部分发达国家和新兴市场国家，且将时间跨度拓展到 1960—2010 年，也得出了相似的结果。

但是，卡纳等 (Caner et al., 2010)、Elmeskov 和 Sutherland (2012) 认为，债务阈值可能更低，他们依次对 77 个国家和 12 个 OECD 国家回归得出的债务阈值分别为 77% 和 66%。埃格特 (Egert, 2013) 则将莱恩哈特和罗戈夫研究的样本向前延伸到 1790 年，他使用了一个内生门限回归模型，发现债务与 GDP 之间存在微弱的负相关，他估计的债务阈值也在 90% 以下，并且发现债务阈值的稳健性较差。

Minea 和 Parent (2012) 的结论则显得与众不同。他们使用了一个面板平滑门限回归模型，这种方法考虑了当回归国家逐渐变化时回归系数的逐渐变化。他们发现，当负债率在 90%—115% 时，债务与经济增长之间

① 不过具有戏剧性的事件是 2013 年 4 月，马塞诸塞大学阿姆赫斯特分校博士研究生赫恩登 (Thomas Herndon) 在一次做计量经济学作业时试图复制莱恩哈特和罗戈夫于 2010 年在《美国经济评论》上发表的《负债时代下的经济增长》这篇论文的结果却发现，他们俩的计算有表格错误，重新计算后发现：债务/GDP 大于 90% 时，GDP 的平均增长率为 2.2%（莱恩哈特和罗戈夫计算在该债务水平下，GDP 的平均增长率为 -0.1%），这意味着债务/GDP 超过 90% 时，GDP 的平均增长率变化并不明显。也因此于 2013 年 5 月在美国引发了克鲁格曼与哈佛大学经济学教授莱恩哈特和罗戈夫由学术攻击到人身攻击的口水之战。

存在负相关，而当负债率大于 115% 时，两者之间的关系又变为正了，也就是说，二者之间是 U 形关系而非倒 U 形关系，这意味着政府债务与经济增长之间存在比较复杂的非线性关系。他们还指出，根据莱恩哈特和罗戈夫的发现，经济增长率的平均数比中位数增长率更小，研究者在实证分析时应该检验异常值的影响，应该通过使用不同来源的数据检验结论的稳健性。[①] Afonso 和 Jalles（2013）在对 OECD 国家 1970—2008 年的数据研究中也得出了相似的结论：负债率小于 30% 的国家和负债率大于 90% 的国家，其经济增长率是相似的。

二　政府债务数据测度问题

导致上述债务阈值结果差异的根源主要由于上述研究者采用了不同样本或不同的数据来源。因此，这就涉及政府债务数据的测度问题。政府债务在不同国家没有一个共同的核算准则，上述文献很少有考虑对政府债务的界定，其采用的政府债务数据是来源于一国的总债务还是净债务，是显性债务还是包含隐性债务，甚至对债务的测度是否应该包含政府的或有负债，在上述文献中，这些问题并没有给出一个清晰答案。即使当前在国际上很有影响的莱恩哈特和罗戈夫关于政府债务的相关研究，其采用的债务数据来源也没有详细的说明与解释。而据 Panizza 和 Andrea Filippo Presbitero（2013）的估计，一国总债务与净债务之间的差异是巨大的。2012 年年末，OECD 国家的总负债占 GDP 的比平均接近了 110%，而净债务比总债务要低大约 40%，而且计算净债务应该对政府的资产与负债要有一个精确的度量，这实际上操作起来很难，结果对总负债的界定在各国可能是相似的，但实际上每个国家净债务的核算就存在很大的差异。若将总债务的范围再延伸到包含政府未来的隐性债务，以此计算的总债务可能导致巨大的负债率。[②]

Hagist 等（2009）通过使用政府未来债务现值与收入差异建立了一个测度政府隐性债务的方法，他们的计算方法暗示了包含隐性债务在内的负债率通常是只包含显性债务的负债率的两倍，不过在有些场合甚至会达到

---

① 特别是他们使用 Maddison（2007）和 IMF 的公共债务数据库（Abbas，Belhocine，El - Ganainy and Horton，2011）发现，在债务/GDP 小于和大于 90% 之间的国家，经济增长率的平均数和中位数差异很小，统计上不显著。

② 详见 Ugo Panizza and Andrea Filippo Presbitero，"Public Debt and Economic Growth in Advanced Economies：A Survey"，Mo. Fi. R. *Working Papers* 78，2013。

5 倍。最明显的一个例子是 2004 年西班牙的总债务数据显示，其负债率为 80.8%[①]，这一数值似乎表示该国并不存在债务的可持续问题，而实际上欧债危机爆发时，西班牙却处于债务危机的震中，因此政府债务的统计范围应该包括政府的担保和一些预期可能产生的或有负债。

另外一个问题还可能涉及估值效应。Dippelsman 等（2012）曾列举了这样一个问题：2009—2010 年，希腊的债务是大约上升了 10 个百分点还是下降了 10 个百分点？之后，他们认为，这两个答案都是对的，因为尽管希腊表面上债务是上升了，但债务的实际价值却是下降了。那么研究者在使用这些债务数据时该如何处理呢？尤其是当一个国家按高于或低于票面价值发行政府债券时。最后还涉及一国债务制度问题，我们研究中使用的债务数据是集中在中央政府债务还是包括地方政府债务的总债务？Dippelsman 等（2012）在核算加拿大的债务数据时曾发现，对于不同来源的债务数据统计，加拿大负债率在 38%—104%，这范围就很大了，而且也很少有国家向外披露该国负债率的大致范围。由于净债务很难计算，各国之间债务数据几乎不具有可比性，大部分研究债务与经济增长关系的实证论文基本是采用显性的债务数据，但实际上这种债务数据可比性也比较差，因为每个国家对显性的总债务的定义也不尽相同。因此，以此进行实证分析得出的结论肯定也必然会备受争议。

三　基本模型及内生性问题

若单一考察变量公共债务与经济增长的关系，肯定会产生遗漏解释变量偏误，所以，国外众多研究文献基本都采用了以下动态面板回归模型（Hausmann and Panizza，2012；Kumar and Woo，2010；Cecchetti et al.，2012；Checherita－Westphal and Rother，2012）：

$$GROWTH_{i,t-(t-n)} = \alpha\ln(\text{GDP})_{i,t-n} + \beta DEBT_{i,t-n} + \gamma X_{i,t-n} + \tau_t + \eta_i + \varepsilon_{i,t}$$

$$(2.1)$$

其中，$GROWTH_{i,t-(t-n)}$ 表示 i 国从 $t-n$ 到 t 时期的人均 GDP 的增长率，$\text{GDP}_{i,t-n}$ 表示 i 国 $t-n$ 时期的人均 GDP，$DEBT_{i,t-n}$ 表示 i 国 $t-n$ 时期公共债务占 GDP 的比重，X 表示 i 国 $t-n$ 时期的一组控制变量（包括人口增长，投资占 GDP 比重，人均资本存量等）。

[①]　而同时期瑞士、奥地利、德国、法国、美国、挪威和英国的该值分别为 120%、242.7%、315.1%、315.3%、407.9%、291.4% 和 547.2%（Hagist, Moog, Raffelhüschen, and Vatter, 2009）。

不过这一模型的一个主要缺陷是可能产生内生性问题。比如当 n 取 1 时（债务相对经济增长只滞后 1 年），这样回归的估计也许完全受经济周期波动影响而导致严重的内生性问题，因为经济的波动会同时影响债务水平与经济增长率。为了避免这一问题，通常的做法是让 n 取 5，以此来估计当前的 GDP 与 5 年前的债务水平和其他解释变量的相关关系，但这样会导致观测值大量减少，对于时间较短的面板回归可能产生较大的偏误。另外一种方法就是使用 5 年迭代数据①，但在模型中可能导致自相关问题。Kumar 和 Woo（2010）就采用了这一方法研究了 1970—2007 年 30 多个发达国家和新兴市场经济体的债务与经济增长的关系；Cecchetti, Mohanty 和 Zampolli（2012）对 18 个 OECD 国家 1980—2006 年的样本采用式（2.1）使用 5 年迭代数据进行回归估计，他们发现，DEBT（债务/GDP）每增长 10 个百分点，之后的 GDP 增长率下降 18 个基点，埃尔们多夫和曼基夫（1999）粗略计算的政府债务对经济增长的效应更大。在进行稳定性检验时，他们发现，如果回归模型中不包含时间或国家固定效应时，公共债务这一变量统计上不显著。而后在他们检验债务与经济增长的非线性关系时发现经典回归和组的比较没有证据显示存在门槛效应，更复杂的计量方法也得出了类似的结果。

模型的内生性问题产生的另一原因是政府债务与经济增长之间的因果关系。尽管众多研究显示政府债务与经济增长之间存在负相关，但这种相关性并不能表示两者之间就存在因果关系，也就是说政府的高负债并不能意味其抑制了经济增长，二者之间的这种关联也可能是低增长导致政府的高负债，这样二者之间就可能互为因果关系，甚至也可能由于对政府债务与经济增长有共同影响的其他因素导致了这一结果，Panizza 和 Presbitero（2012）通过使用了一个单一的双变量模型来检验这一因果关系。

$$G = a + bD + u \tag{2.2}$$

$$D = m + kG + v \tag{2.3}$$

式（2.2）表示增长（G）是债务（D）的函数，式（2.3）表示债务是增长的函数，b 的最小二乘估计为：

$$\hat{b} = \frac{b\sigma_v^2 + k\sigma_u^2}{\sigma_v^2 + k^2\sigma_u^2} \tag{2.4}$$

---

① Kourtellos、Stengos 和 Tan（2012）基于这一权衡而使用了 10 年的迭代数据。

b 的最小二乘估计的偏差为：

$$E(\hat{b}) - b = \frac{k(1 - bk)}{\sigma_v^2/\sigma_u^2 + k^2} \tag{2.5}$$

式（2.5）表示，如果 $k=0$，最小二乘估计是无偏的，债务不是内生的。如果 $k<0$，$bk<1$，则最小二乘估计是负偏误的，这为模型的内生性问题提供了一个判断方法。

关于模型内生性问题的解决方法，Kumar 和 Woo（2010）认为，动态面板采用系统广义矩估计（GMM）是一个不错的选择，他们用这一方法得出了与 Cecchetti、Mohanty 和 Zampolli（2012）类似的结果，认为债务与 GDP 比率每下降 10 个百分点，人均实际 GDP 将下降大约 20 个基点。

解决内生性问题的一个方法是使用一个工具变量，这一变量对债务有直接影响，而对经济增长不会产生直接影响。一个可行的做法就是使用解释变量的滞后值，Kumar 和 Woo（2010）、Cecchetti 等（2011）曾使用滞后的债务与 GDP 的比值试图来解决这一内生问题；Checherita – Westphal 和 Rother（2012）研究 1970—2008 年 12 个欧元区国家样本时，其中 t 时期 i 国家的债务与 GDP 的比率就以其他 11 个国家在 t 时期的平均值作为外生工具变量。他们发现，债务与经济增长之间存在一个倒 U 形的非线性关系。并且他们的研究还暗示当负债率在 90%—100%，经济增长率达最大。Panizza 和 Presbitero（2012）则用外币储备和汇率波动的交互项作为政府债务的工具变量。

四　非线性问题的检验方法

检验债务与经济增长非线性关系的最简单方法是在回归中使用二次项，Checherita – Westphal 和 Rother（2012）采用这一方法在检验 12 个欧元区国家的债务与经济增长的关系时，使用了二次项、固定效应系统 GMM 和二阶段最小二乘等方法，发现政府债务与经济增长之间存在倒 U 形关系，当负债率在 90%—105%，债务的边际效应变为负数，但是这种方法对异常值和由个别观测值引起的驼峰形关系很敏感。埃格特（2013）也采用了一个二次多项式模型，并对罗戈夫和莱恩哈特曾使用的数据库分成 4 个样本：所有国家、发达国家、16 个新兴国家和 21 个新兴国家，依次对这 4 个样本进行非线性关系检验，并没有找到一个关于政府债务与经济增长非线性关系一个有规律性的明确结果。

另一种非线性关系的检验方法是采用样条回归拟合。Kumar 和 Woo

（2010）遵循这一方法探索了发达国家和新兴市场国家债务与经济增长的非线性关系，采用以下模型进行估计：

$$GROWTH_{i,t-(t-4)} = \alpha \ln(GDP)_{i,t-4} + \beta_1 DEBT_{i,t-4} \times D_{30} + \beta_2 DEBT_{i,t-4} \times$$
$$D_{30-90} + \beta_3 DEBT_{i,t-4} \times D_{90} + \gamma X_{i,t-4} + \tau_t + \eta_i + \varepsilon_{i,t} \tag{2.6}$$

所有的变量与式（2.1）是相同的，D_{30} 是当 $DEBT < 30$ 时的一个虚拟变量，D_{30-90} 是当 $30 < DEBT < 90$ 时的一个虚拟变量，D_{90} 则是当 $DEBT > 90$ 时的一个虚拟变量，Kumar 和 Woo（2010）采用不同的面板进行估计，认为债务与经济增长的非线性关系是存在的，在负债率为 90% 以上时，债务与经济增长存在负相关。但是这种非线性关系在统计上难以解释，如他们采用系统 GMM 结果显示，β_3 是显著的，对应的 P 值为 0.08，但 β_2 不显著，对应的 P 值为 0.22。埃格特（2013）则用式（2.6）的一个简化式（没有包含 X 和 τ），样本为 1946—2009 年 20 个发达国家的数据，分别考虑了 1 个（临界点为 90%）、2 个（临界点为 30% 和 90%）和 3 个（临界点为 30%、60% 和 90%），结果发现债务与经济增长存在负相关，但并没有发现两者间存在显著的门限效应（threshold effect）。

面板门限回归模型考虑的是外生临界值，而不是任意固定在某一个数值上。Cecchetti、Mohanty 和 Zampolli（2012）定义了一个虚拟变量 $D\psi$，当负债率在 $[\psi \in (50, 120)]$ 以下时，采用以下门限回归模型：

$$GROWTH_{i,t+1,t+6} = \alpha y_{i,t} + \gamma' X_{i,t} + \varphi D\psi_{i,t} + \beta_1 \left(\frac{DEBT_{i,t}}{GDP_{it}} D\psi_{i,t} \right) + \beta_2$$
$$\left(\frac{DEBT_{i,t}}{GDP_{it}} (1 - D\psi_{i,t}) \right) + \mu_i + \tau_t + \varepsilon_{i,t} \tag{2.7}$$

然后，他们使用汉森（Hansen，1999）的 LR 检验时，结果显示，$\psi = 96$ 能最佳拟合式（2.7），当债务/GDP 小于 96% 时，债务/GDP 的比值每上升 10 个百分点，GDP 增长率下降 7 个基点（相关系数统计上不显著），而当债务/GDP 大于 96% 时，债务/GDP 的比值每上升 10 个百分点，GDP 增长率下降 14 个基点（相关系数统计上显著）。

尽管这些结果和 90% 的债务阈值几乎是一致的，但是要解释债务与 GDP 之间的这种非线性关系还存在两个问题。一是汉森提出的面板门限模型的基本假设是一个带有球形误差的静态模型，并不清楚这一结果是否能应用于存在异方差的动态模型。二是汉森的 LR 检验并不能用于检验临界值的存在性，只适用于建立一个临界值的置信区间，检验门限值的存在性需要更复杂的计量技术，上述文献并没有解释这一检验。

五　简要评价

无论是理论上，还是实证研究方面，对于该问题的研究都存在分歧与争议，但一个几乎不言而喻的共识是：一个国家或地区必须关注其政府债务水平，试图通过不断举债推动经济的发展是不可持续的，因此理论上应该存在一个合理的债务区间。且由于各国国情不同、政府举债用途及其外部环境存在差异等，也会使得政府债务对经济增长的影响存在很大差异，不能一概而论，债务阈值是否存在以及合理的债务区间也一定因国而异。虽然对于债务阈值是否为90%这一结论还备受质疑，但理论上债务阈值无疑是存在的，因为任何国家和地区都不可能无限制举债。由此可见，罗戈夫和莱恩哈特开拓了政府债务问题研究的一个新领域，且他们及其后继者的研究方法及某些结论无疑也值得肯定与借鉴。

第三节　国内有关政府债务的相关研究

一　对政府债务问题的相关研究

我国对政府债务的研究主要集中于以下方面：

1. 关于政府债务的分类与债务规模的估计

刘尚希、赵全厚（2002）借鉴 Hana Polackova（1998）的研究方法率先运用风险矩阵对我国的政府债务进行了分类，包括显性的直接负债、隐性的直接负债、显性的或有负债、隐性的或有负债四类，并对各类政府债务的规模进行了估算；顾建光（2006）则进一步援引这种分类方法，对于各类地方债务进行了归纳，主要包括中央政府债务转化为地方政府债务、中央财政对地方财政的项目贷款、财政体制因素形成的地方政府债务（如对上级欠款和政府挂账）、地方公共部门债务转化为地方政府债务、因承担道义义务形成的地方政府债务等；林双林（2010）则根据我国1950—2009年的相关数据认为，我国政府债务20年飞速增长，中央政府与地方政府债务、高等院校债务，再加上政府举借和担保的外债，我国公共债务总额占GDP的比重在50%左右。李翀（2012）则分析了我国改革开放前和我国改革开放后的债务规模变化情况，认为我国政府债务规模有两个跃升，分别发生在1994年和1998年，尤其是1998年后，我国政府债务出现了持续和迅速增长。2010 年包含地方政府债务在内的我国政府债务占 GDP 比重为 43.9%，但若再包含高等院校债务和社会保险和退休金之类的隐性债务，则该比重会更高；李扬（2013）等通过对中国国家资产负债表的研究，将中央政府债务和地方政府债务进行加总，得到 2012 年年末我国政府债务总额已高达 27.7 万亿元，占我国 GDP 的比重为 53%。其中，地方政府债务 19.94 万亿元。且地方政府债务主要来自地方政府融资平台，该部分债务余额接近 14 万亿元（个人和机构对我国政府债务规模估计或测算详见表 2-2）。虽然从总体上看，我国政府总债务水平低于大多数发达经济体，但由于近几年我国债务规模增长过快，应该对我国政府债务风险保持谨慎。综合各学者的研究及官方数据，若包含隐性债务在内，我国负债率迄今为止已在 50% 以上，非常接近国际警戒线 60% 这一水平。

表 2-2　　　　　　　　　个人与机构对我国政府性债务的测算

个人或机构	时间	政府债务规模
刘尚希、赵全厚	2002 年	截至 2000 年年底，我国政府性债务规模共计 116795 亿元，其中显性的直接负债 21186 亿元、隐性的直接负债 23235 亿元、显性的或有负债 37000 亿元、隐性的或有负债 35374 亿元
中国人民银行	2009 年 5 月	全国地方政府投融资平台 3800 家，资产规模约 9 万亿元，总负债规模 5.26 万亿元
银监会	2009 年 12 月	地方政府融资平台贷款余额 7.38 万亿元，是 2009 年全国财政收入 6.85 万亿元的 107.74%，地方本级财政收入 3.26 万亿元的 226.38%
高盛集团	2009 年 12 月	中国政府负债余额约为 15.7 万亿元，占 GDP 的 48%，包括中央政府国债 6.7 万亿，占 GDP 的 20%、地方政府债务 7.4 万亿，占 GDP 的 23%
中央财经领导小组	2010 年 3 月	地方债务总余额占 GDP 的 16.5%、财政收入的 80.2%、地方财政收入的 174.6% 直接债务相当于 GDP 的 12.9%、财政收入的 62.7%、地方财政收入的 136.4%
林双林	2010 年	截至 2009 年年末，地方政府融资平台贷款余额为 7.38 万亿元，中央政府、地方政府、高等院校债务，再加上政府举借和政府担保的外债，总债务占 GDP 的 50% 左右

续表

个人或机构	时间	政府债务规模
银监会	2010 年 10 月	中国银监会召开第三次经济金融形势通报会议，会中通报商业银行截至 2010 年 6 月末的地方融资平台贷款达 7.66 万亿元
财政部	2010 年 11 月	地方政府融资平台上形成负债加上公司债等其他形式负债，地方隐性负债应该在 8 万亿元或者大于 8 万亿元，相当于年度 GDP 的 20%
审计署	2011 年	截至 2010 年年底，全国地方政府性债务余额为 107174.91 亿元
中国社会科学院	2011 年 12 月	截至 2011 年，地方债务规模将达 10 万—12 万亿元，至 2013 年或 2014 年，将达 20 万亿元
李翀	2012 年	财政赤字和政府债务在 1994 年出现跃升，在 1998 年出现第二次跃升，接着就持续和迅速增加，除了 2007 年政府债务对国内生产总值的比例超过 20%，其余年份均低于 20%
李扬	2013 年	2012 年年末我国政府债务总额已高达 27.7 万亿元，占我国 GDP 的比重为 53%。其中，地方政府债务 19.94 万亿。且地方政府债务主要来自地方政府融资平台，该部分债务余额接近 14 万亿元
王志浩等	2013 年	我国地方政府债务规模可能达到 21.9 万亿—24.4 万亿元，占 GDP 的 38%—42%
审计署	2013 年 12 月	截至 2013 年 6 月底，地方政府性债务余额为 178908.7 亿元

注：个人和审计署数据资料由笔者整理，其他机构数据来源于李永刚《地方政府债务规模影响因素及化解对策》，《中南财经政法大学学报》2011 年第 11 期。

2. 对我国政府债务可持续性问题的研究

债务可持续问题实质也是债务规模衍生出来的一个问题，一国债务规模过大，必然会面临债务可持续问题。国内众多学者对这一问题从多方面进行了研究。

一是对债务可持续研究方法及条件方面的一些探索。张春霖（2000）认为，把财政、银行、企业三个部门作为一个整体，编制政府或公共部门的资产负债表，通过政府净值（资产负债率）来评价政府债务可持续性和财政风险。洪源和李礼（2006）根据 Kudoki 和 Kumo（1993）提出的资产分析框架，先对我国地方政府债务可持续进行了静态评估，然后又构建了以政府收支流量为主要变量的政府债务可持续性动态模型，认为只有政府的实际预算赤字率小于地方政府收支盈余率的目标值，则地方政府才能实现债务的可持续性。杜威、姚健（2007）认为，对政府债务可持续的研究应基于某些经济约束条件下，根据经济发展需要，考虑多种经济要素协调性的政府债务的长期发展战略和模式。他们还构建了一个动态模型，分析了地方政府收支流量对债务运行的影响，并提出了实现地方政府债务可持续性的条件。伏润民等（2012）从债务举借成本和投资收益间的总量平衡等角度综述了国内学者对政府债务可持续性的一些看法，并认为这仅仅是从可持续性表象去认识我国地方政府债务问题，对我国地方政府债务可持续性问题需要从内核上进行分析，应形成地方政府债务可持续性动态测度体系，重点还需要考虑地方经济运行的不确定性预期、经济主体危机发生的概率、政府担保债务转嫁的可能性等问题。董仕军（2013）根据地方政府可支配财力对地方政府现时可借款的限度进行研究，认为未来还款期内的还款能力是量化地方政府现时融资能力的关键。邓晓兰等（2013，2014）则在概述公共债务可持续概念基础上，从可持续性判断指标和检验方法两方面评述了可持续条件研究的内容和方法。

二是对我国或部分省市债务可持续性的评价。伏润民、王卫昆、缪小林（2008）在综合评价国内外债务风险和可持续性规模分析方法基础上，探讨了适合我国地方政府的横向类比债务风险区间的划分方法和单一主体当期可持续性债务预警理论模型。并在此基础上，对我国西部某省 129 个县（市、区）风险区间划分和单一主体 A 市的可持续债务规模进行实证研究。李腊生等（2013）、赵树宽、李婷婷（2014）、倪筱楠等（2014）则基于国家层面，借鉴国际判断债务规模的几个指标参数，如负债率、偿债率等，对我国整体性地方政府债务风险进行了综合评价。而沈沛龙、樊欢（2012）则通过引入可流动性资产负债表认为，只有政府资产低于其负债时，政府债务才会面临风险，并通过对我国资产负债表的估算，认为只要我国政府的或有债务规模不超过 24 万亿元人民币，则我国的政府债务风险是可控的。魏向杰（2014）构建了一个地方政府债务动态可持续模型，利用1997—2012 年数据，估算样本区域（包括北京、浙江、江苏、安徽、湖北、山西、贵州、云南八个省市）2012 年地方政府债务的最优规模与实际规模。结果发现，目前地方政府债务均具有可持续性，政府债务实际规模呈现"东高西低"的特征，最优规模不具有这种特征，债务逾期率则呈现"西高东低"的特征，但样本区域仍处于安全值内，地方政府债务融资仍具有一定空间，但需加强监管。

上述文献对于地方政府债务可持续的相关概念以及判断方法等方面的研究得出了很多颇有价值的结论。但是由于各种不同原因，不同的省市，其负债水平、偿债能力等多方面存在很大差异，因此各省市债务风险必然存在很大不同，若不客观评估与比较不同省市之间的债务风险，就可能忽视区域性的地方政府债务风险，而一旦这些风险被放大就可能传导至整个金融体系，从而对整个国民经济造成危害，因此对我国地方政府债务风险现状的评判仍有待深入研究。

3. 有关地方政府融资平台问题的研究

早期，国内相关研究主要集中于如何利用地方融资平台为地方经济建设做贡献。如河南省镇平县县长王清选（2001）提出要营造融资平台，把广大群众和社会投资主体吸引到经济发展热点上来，加速资本流动，大力培育财源。通过营造经营好城镇平台，推进资金筹措的多元化、市场化和社会化，营造经营好县乡工业企业平台，加快盘活县里资产存量，培植工业财源。中共长春国家高新区工委书记、长春市科技局局长刘泽臣（2002）阐述了政府应该如何搭建高新技术产业化的融资平台，他认为，在市场经济条件下，地方政府科技行政部门的一项重要任务，就是为技术与资本的融合搭建市场化的平台，营造高新技术产业化的融资环境，并介绍了长春市在这方面的实践经验。闫鸿鹂（2005）研究贵州省通过构建有效的投融资平台，提高企业技术创新能力，推动贵州省经济快速增长。他认为，贵州省需要建立投资机制，积极拓展项目融资、租赁融资等多种投融资方式，使欠发达地区逐步形成以政府投入为导向、以企业投入为主体、以银行贷款为支撑、以社会集资为补充的多元化投融资体系。陈东平等（2006）认为，要坚持市场化改革方向，充分发挥财政资金的导向作用，建立以政府投入为导向、依靠社会资金的西部城市化建设的多元化投融资机制，形成西部城市化建设投资主体多元化格局，要全面推进城市基础设施建设运营市场化，健全基础制度，培育信用体系，构建支持投融资体系的信用平台。

自2008年开始，随着地方融资平台数量的不断膨胀，有关地方政府融资平台问题的研究方向开始了转变。邹宇（2008）开始探索如何加快政府投融资平台转型，他认为市场化的投融资制度要求有市场化的投融资主体和平台企业，特别是在城市基础设施建设领域，更要摆脱传统的政府集决策、投资、运作、经营于一体的城市基础设施建设模式，要打造一个完全市场化运作的城市建设投融资企业，实现城市基础设施建设资金筹措和城市基础设施国有资产保值增值的双重使命，从而提出了政府投融资平要由政府主导向市场驱动转变。2008 年 11 月中国实施积极财政政策和适度宽松货币政策以来，全国信贷投放增长异常迅猛，仅 2009 年上半年的信贷投放就高达 7.37 万亿元。在高速信贷投放的主体中，地方政府的投融资平台是其中最为活跃，也是最为引人注目、同时也是最值得关注的融资主体（巴曙松，2009）。因此自 2009 年开始，地方融资平台问题逐渐成为热点与焦点问题，有关地方融资平台研究的相关文献与日俱增。主要集中在两个方面：一是关于地方融资平台产生的原因。如马柱、王洁（2013）通过构建一个纵向预算内财政竞争和纵向预算外财政竞争的博弈分析框架，并结合地方财政数据，认为地方纵向预算外财政竞争压力是导致地方融资平台形成发展的重要原因。李圣军等（2014）则从政策法律变动方面阐述了地方融资平台的产生原因，由于我国《预算法》和《担保法》的出台，抑制了地方政府自身的借债、抵押和担保能力，在资金需求推动下，迫不得已而进行的一种融资创新，并认为相关主体预算约束缺失以及资金供需双方推动了地方融资平台债务高企。二是关于我国地方政府融资平台的债务规模及风险。许安拓（2011）综合国际评级机构穆迪、银监会、渣打银行等机构对我国地方政府融资平台债务规模的估测，认为数据上虽然存在一定差异，但整体上政府债务总量风险可控，局部风险凸显。许友传、陈可桢（2013）在资产价值跳跃情景下，分析了地方融资平台的违约风险要素，并构建了地方融资平台的信用风险测度模型，测试结果显示：当地方融资平台资产价值的跃降幅度超过 30% 时，我国 7.66 万亿元的地方融资平台债务中约有 2 万亿元处于违约风险状态。张平（2014）运用雷达图分析法，针对融资规模、政府隐性担保、债务期限、资金使用灵活性、市场约束力、融资门槛和融资成本 7 个方面进行赋值分析，展示了地方融资平台通过银行贷款、债券融资、信托融资、股权融资四种融资方式的优缺点及其风险控制关键节点。

4. 关于地方政府债务膨胀的原因及风险分析

刘尚希、赵全厚（2002）认为，我国地方政府债务膨胀的主要原因在于各经济主体存在利益激励、缺少风险约束的制度安排等内在缺陷所致。马海涛、吕强（2004）则认为，我国地方政府债务风险成因主要表现经济体制、财政体制和债务管理三个方面。马昊（2010）等主要从市场机制不完善的一些非制度性因素方面进行了分析；时红秀（2008、2010）、袁飞等（2008）主要从分税制改革后的财政体制因素进行了阐述；肖耿等（2009）、魏加宁（2010）等则从宏观政策的角度认为地方政府债务规模快速增长源于2008年以来地方融资平台债务的快速积累；还有部分学者认为地方干部任命与考核制度以及预算的软约束等因素也是造成地方政府债务规模膨胀的一个重要原因。郭剑鸣（2011）认为，我国地方政府债台高筑并非单纯的经济问题，而是有其内在的政治逻辑，这一政治逻辑就是"大举债—硬发展—政府扩权—大举债"。"硬扩权"是地方政府热衷于举债发展的政治因果，而举债发展是地方政府绕开体制强行扩权的捷径。缪小林、伏润民（2013）则基于权债时空分离的角度，从非理性的利益动机、债务责任转移预期和债务责任预期破灭三个方面分析了我国地方政府举债扩张的动机。楚永生、蔡霞（2014）认为，地方政府债务膨胀是内因与外因相互交织并共同发挥作用的结果，而官员晋升锦标赛竞争机制使地方政府债务膨胀具有制度的内生性特征，主要体现在：一是官员晋升锦标赛与地方政府公司化；二是预算软约束与地方政府投资冲动；三是逆向预算软约束与土地财政金融化。

伴随地方政府债务规模的不断扩张，自然会给整个社会与经济带来深远影响，也必然涉及地方政府债务风险的分析。郭剑鸣（2011）认为，由地方政府债务规模扩张引发的政治风险结果是纵向政府间的博弈日益硬化。因而，分析和治理地方政府债务问题，不能仅仅囿于经济视角，还需要从政治视角寻找解方。循着地方政府债务膨胀的政治逻辑，当务之急需要采取疏堵结合的两手政治举措，即一手改善对地方政府的授权，一手强化对地方政府财政责任的硬约束。魏伦通（2012）认为，地方政府债务规模膨胀将破坏社会信用，引发社会矛盾，影响财政资金使用效率。楚永生、蔡霞（2014）认为，地方政府债务膨胀一方面增加了地方政府对商业银行呆账、坏账的信用风险，影响到政府信用；另一方面也可能会诱发潜在的金融风险和经济危机，影响到国民经济的健康运行。他们提出的政策良方是要建立科学的地方政府及官员政绩考核机制、建立以地方政府征税权力为抵押的举债融资机制、构建"财权与事权"相匹配的财政分配体制和建立地方政府债务监管体系和风险预警机制。

上述文献充分说明，导致我国地方政府债务风险产生的原因非常复杂，既有源于政治体制、制度以及非制度性因素等方面原因，也有源于经济主体自身原因，因此对于地方政府债务风险的防范也将是一个系统工程。

二 对政府债务与经济增长关系的相关研究

我国学者对于政府债务与经济增长关系的研究较少，且对该问题的研究大多也是借用国外模型与方法，从国家层面分析政府债务对经济增长的影响。这方面主要有以下几位学者进行了研究：

尹恒（2006）通过对 208 个国家或地区 1970—2002 年间的数据进行横截面数据回归和面板数据回归发现，政府债务对长期经济增长存在明显的消极影响，在文献中识别出的影响经济增长率的变量控制后，政府债务占 GDP 比率较高的国家，人均实际 GDP 增长率较低，在进一步考虑政府债务与 GDP 比率的方差和二阶项后，他们认为政府债务占 GDP 比对经济增长的消极影响很可能来自政府债务的波动，政府债务对经济增长的影响呈现出一定的非线性。并且他们还认为政府债务对经济增长的消极影响主要存在于发展中国家。

李刚等（2013）采用面板数据模型，以 2001—2010 年 OECD 中 19 个主要国家为研究对象进行实证分析。结果发现，对经济增长贡献最大的因素是劳动，其次是资本，公共债务对经济增长没有显著的影响，也不存在滞后效应，他进一步认为公共债务融合了政府的货币政策和财政政策，也必须和市场机制的状况相适应才能发挥应有的作用，否则就极易转化为债务危机，并进一步转化为金融危机和经济危机。

杨攻研、刘洪钟（2014）在细分债务类型的基础上，利用 18 个 OECD 国 1980—2009 年的面板数据，采用动态面板 GMM 方法分别考察了政府债务、企业债务和家庭债务对经济增长及波动的影响。实证结果表明：1980—2009 年，三种类型的债务均对经济增长产生了抑制作用，私人债务（尤其是企业债务）的负向影响大于政府债务，但后者的影响随时间不断增强；同时经济增长越缓慢，债务的抑制作用越明显。从经济波动层面考察，政府与家庭债务对宏观经济的平稳运行起到了积极作用，企业债务是经济波动的重要来源，并且波动幅度较大时，企业债务对波动的放大效应也随之增加。

刘洪钟等（2014）基于 61 个国家 1980—2009 年面板数据，采用系统

GMM方法对政府债务与经济增长之间的非线性关系进行了实证检验，他们认为，政府债务与经济增长之间存在着非线性（倒U形）关系，这种关系普遍存在于发达国家和发展中国家，他们还证明了债务阈值的存在性，且政府债务阈值的大小在发达国家和发展中国家两者中存在差异；并进一步认为，政府债务阈值并不具有唯一性和确定性，它随利率、通货膨胀、经常账户和金融发展的变化而显示出动态性特征，这些变量对发达国家和发展中国家两者的影响存在显著的区别。

程宇丹、龚六堂（2014）基于1960—2010年113个国家面板数据集，运用系统广义矩动态面板方法和稳健性分析，比较了发达国家和发展中国家政府债务经济增长效应的差异，并尝试分析政府债务影响经济增长的渠道。研究结果显示，政府债务对经济增长有非线性影响。发达国家政府债务对经济增长、投资以及全要素生产率均无显著影响；发展中国家对政府债务的直接承受力更弱，但在一个宽松的临界点内，政府债务的增加可以提高投资率。郭步超、王博（2014）通过使用52个国家1970—2011年的面板数据，基于资本回报率的门槛效应进行分析，估算了发达国家与新兴市场国家政府债务对经济增长影响的转折点。研究结果显示，政府债务对经济增长的影响具有门槛效应，但其作用机制在发达国家与新兴市场国家并不相同。由于新兴市场国家的资本回报率较高，其政府债务转折点高于发达国家的水平，并进一步认为，对中国而言，政府债务对经济增长的影响符合普遍规律，但也有其特殊性：中国的政府债务更具生产性特征，政府净资产放大了资本回报率下降和利率上升对政府债务风险的影响。

分析政府债务与我国经济增长的关系文献就更少。其主要原因可能是由于我国2010年前几乎没有完整的政府债务数据公布，大多是直接对国债的经济增长效应进行分析。根据笔者收集的相关文献，对国债的经济增长效应进行研究较早的是刘溶沧和马拴友（2001），他们利用包括人力资本、技术和公共政策的生产函数模型对1980—1999年相关数据进行回归分析发现：无论是基本赤字国债还是全部国债，如果能够用于公共资本投资，就能够显著促进经济增长。郑萍和康锋莉（2005）则采用格兰杰因果检验方法，发现国债短期对经济增长具有拉动作用，但是长期则不明显。王维国、杨晓华（2006）在格雷纳提出的一个包含国债、赤字的内生增长框架内，构建了我国国债和经济增长的模型，并基于扩展VAR模型进行了协整分析及因果关系检验，结果表明我国国债显著地促进了经济增长，理论和实证结果均表明国债促进经济增长的路径在于公共投资领域，而不是政府消费和转移支付并通过进一步研究国债负担与国债的经济增长效应之间的关系，发现我国的国债负担水平还没有构成太大的国债风险，其对国债的经济增长效应影响不显著。谢子远（2007）则利用马拴友（2001）给出的 IS - LM 分析框架，测算 1981—2005 年财政政策乘数在 1. 46—1. 61，并利用此方法测算国债对经济增长的贡献。他们发现，在 1998—2004 年，国债平均每年拉动经济增长 0. 86 个百分点，在 1998 年拉动效应最大，达到 1. 70 个百分点，此后拉动作用下降。赵喜、孙英隽（2012）采用 1985—2009 年中国的国债发行规模和国内生产总值的数据，利用协整分析和格兰杰因果检验，在分析它们的协整关系的基础上，检验了国债发行规模和国内生产总值序列的因果关系。结果表明，我国经济增长是国债发行规模的原因，对国债发行规模具有较强的调控能力，且持续时间比较长，但国债发行的作用发挥存在较长的时滞，对经济增长的影响效果不明显。

　　还有学者选取政府债务的一些代理变量或避开政府债务，从财政赤字等角度间接分析政府债务对我国经济增长的影响。

　　邓晓兰等（2013）参照格雷纳（2000）提出的模型与研究思路，以国债余额作为政府债务余额的代理变量，通过计量分析认为，稳定低位的财政赤字仍然是中国经济长期增长的重要因素，而合理的债务水平是有效发挥财政赤字刺激经济增长的重要保证，并且二者存在一个最优的组合关系，使财政政策刺激经济增长的作用得以有效发挥。因此，在实践中实施扩张性财政政策，通过财政赤字刺激经济的过程，不仅要保持财政赤字规模合理，还要考虑到政府当期的债务规模及其水平的高低程度，并且寻求二者保持一个适当的组合关系，使财政保持可持续性，以有效促进经济增长。并进一步认为，稳定合理的债务水平是刺激中国经济稳定增长的重要推动力，应在扩大政府债务发行和完善政府债券市场的同时，保持谨慎稳步增长的态势，避免政府债务的急速扩张，以避免像日本和拉美国家那样落入经济发展中的债务陷阱，应该在存在其他政府隐性债务风险的背景下，适度扩大政府债券发行规模，保留适当赤字空间，基本遵循平衡预算规则，充分发挥财政赤字刺激经济的作用。

　　贾俊雪、郭庆旺（2011）则构建一个两部门内生增长迭代模型，并采用数值模拟方法考察了不同财政规则下财政政策变化对长期经济增长和政府债务规模的影响。他们认为，在不同财政规则下，财政政策变化对长期经济增长和政府债务规模的影响存在显著差异，凸显出财政规则对于促进长期经济增长和控制政府债务规模的重要作用。总体而言，允许发行公债，为公共物质资本投融资的原始赤字规则更有利于长期经济增长和改善政府财政状况，但经济均衡的稳定性将随公共物质资本投资力度增加变得较为脆弱。

刘震、蒲成毅（2014）则构建一个包含三部门的动态随机一般均衡模型（DSGE），对政府债务扩张是否挤出私人投资以及是否有害于经济增长的问题进行了研究，他们将财政政策工具细化为六项，即政府消费支出、政府生产性投资支出、政府转移支付，以及对消费、劳动和资本征收的三种扭曲性比例税。他们认为，对政府债务膨胀是否挤出私人投资的问题不应该笼统看待。政府债务对经济增长的影响主要依靠的是挤进效应，政府生产性投资的增加对经济增长和私人投资具有显著的促进作用，政府债务的短期扩张并未挤出私人投资，反倒是由于政府债务的积累带来了政府生产性投资的增加，社会总资本存量的增加对经济增长起到了基础性作用，但是该效应对促进经济增长只在短期有效。另外，和刺激消费需求相比，增加投资对经济增长的拉动作用更强，政府投资相比私人投资对经济增长的带动作用更强，税收融资优于债务融资。

从关于该问题已有的研究来看，我国基本都是间接选取其他代理变量或财政赤字来替代政府债务做计量，这一做法实际上很难真实反映政府债务与我国经济增长的关系。根据导论对这几个概念的辨析，无论国债还是财政赤字，或者其他间接度量我国政府债务的替代变量，其数额远远低于我国当前的政府债务，因此计量结果就很难合理估测我国政府债务的合理区间或最佳债务规模。而对于我国合理债务区间的判断，以及政府债务是否促进了我国经济的增长，或对我国乃至地方经济增长影响大小的合理估计，对于我国当前债务风险及政府举债的相关制度的制定，都有很重要的意义。如广州市政府就对本级政府举债指定了两条"红线"：财政债务率（政府性债务余额/当年可支配财力）必须控制在100%以下，财政偿债率（当年政府性债务还本付息额/当年可支配财力）必须控制在20%以下。这一红线的划定理论依据在哪里？这种债务红线是否合理，肯定也备受质疑。随着我国对地方政府性债务数据的公布，利用最新的债务数据来分析相关问题显然具有很强的理论意义与现实意义。

第三章　我国地方政府性债务发展历程、结构及原因

政府债务是一个特殊的财政范畴和历史范畴。最早的政府举债可以追溯到奴隶社会末期，但早期的政府举债实为君主的私债，其发生也极具偶然性。随着政府职能范围的扩大，当靠税收有时已不能满足支出的需要时，才有可能出现政府的举债。在封建时代，"普天之下，莫非王土；率土之滨，莫非王臣"，所有臣民和财富在观念上都隶属于君主，政府与居民个人在经济上平等的借贷关系不可能大规模发生，政府债务规模虽然有所扩大，但进展很慢。现代意义的政府债务产生于封建社会末期，随着资本主义生产关系的产生而产生，并随着资本主义生产方式的发展而发展，尤其是进入资本主义垄断阶段以后，政府的职能范围急剧扩张，财政支出开始膨胀，大规模举债成为必要。不过，政府举债不仅仅是因为财政赤字引起的，而是社会经济发展的必然结果。如果社会没有闲置资金，政府的举债行为也就不可能发生。因此，大量信用资本是政府债务发展的经济基础，而完善的债券市场和全国性的金融机构等则为政府的举债提供了技术条件。在今天，政府债务的发展早已超出了发达的资本主义国家的范围，成为世界性的财政现象和经济问题。政府债务已成为政府筹集财政资金的重要形式和发展经济的重要杠杆。

第一节　新中国成立前中国政府举债的历史演变及特点

一　我国封建社会政府举债的历史与特点

我国封建社会时期，国家财政支出的需要，都是通过赋税徭役等方式来满足的。即使财政处于极度困难时期，往往也是依靠增加赋税、减少官

吏俸禄或巧取豪夺来满足财政的不足。因此，在我国封建社会时期，政府举债很少见。

我国最早的政府举债要追溯到周代末期。战国后期，周赧王听信楚孝烈王，用天子的名义召集六国出兵伐秦，他让西周公拼凑 6000 士兵，由于没有军费，只好向富商地主借钱，可六国根本不听他的话，他借的钱很快就花完，债主纷纷上门讨债，他只好隐藏在宫中的一座高台上。这就是现在我们常说的"债台高筑"的典故。①

东汉时期，在对羌人的战争中，东汉政府耗费极大。据《后汉书·段颎传》记载："永初中，诸羌反叛，十有四年，用二百四十亿。永和之末，复经七年，用八十余亿。"朝廷为了补充军费，往往采取向王侯、富民借贷和削减官俸的方法以解决财政匮乏。汉顺帝时，永和六年（公元 141 年）正月，"诏贷王、侯国租一岁"。同年七月，"诏假民有赀者户钱一千"。② 延熹五年（公元 162 年），"武陵蛮叛，寇江陵……假公卿以下奉。又换王租以助军粮，出濯龙中藏钱以还之"。③ 由此可见，东汉时皇帝举债，主要是向诸侯、官吏和富民预借租税或减少俸禄等方式进行的。

唐德宗时期，由于安史之乱，致使国家财政危机，也出现了国家举债，"度支使杜佑计诸道用军月费一百余万贯，京师帑廪不支数月；且得五百万贯，可支半岁，则用兵济矣。杞乃以户部侍郎赵赞判度支，赞亦无计可施，乃与其党太常博士韦都宾等谋行括率，以为泉货所聚，在于富商，钱出万贯者，留万贯为业，有余，官借以给军，冀得五百万贯。上许之，约以罢兵后以公钱还"。④

宋代政府借债的事例很多，政府将借债作为筹措军费、缓解财政压力的常用手段。当时存在的一种普遍现象是官府向民间借贷，包括朝廷的中央财政和地方官府，且以地方官府例子最多。所借债务包括钱和粮食、绢等物品，借贷的方式，多属强制性，政府借债的主要原因几乎全是因为军费。⑤ 宋太祖乾德元年，荆南高继冲依照五代十国时的陋习，"托以供亿

①　班固：《诸侯王表第二》，http：//www.gushiwen.org/GuShiWen_ d08e1fa6d3.aspx。
②　范晔：《后汉书》卷 6《顺帝纪》，浙江古籍出版社 2001 年版，第 2148 页。
③　同上。
④　刘昫：《旧唐书·卢杞传》，中华书局 1997 年版，第 1207 页。
⑤　宋朝政府借债例子主要参考程民生《宋代的"公债"》，《中国史研究》2006 年第 3 期。

王师，贷民钱帛"。① 宋英宗及宋神宗即位之初，同样要优赏天下官员、军兵，"朝廷自京师应副未及间，故有三两路州军尝借于坊郭富民，然亦即时蠲还"。② 宋徽宗宣和六年，尚书右丞字文粹中言："近岁南伐蛮獠，北赡幽燕，关陕、绵、茂，边事日起……托应奉而买珍异奇宝，欠民债者一路至数十万计。" 宋徽宗宣和七年诏："宰执及观察使、待制以上官，在京有物业者，仍令各进家财，以助国用，事平旋行给还；在京上户，愿进者听，优与官职。"③

南宋初年的扬州，官库不仅空无一物，而且欠公私债务数以万计，其中即包括私人债务。宋孝宗淳熙年间的四川，也是如此："寻常四川钱粮未办，借贷于富家，候朝廷科至，即散还。"四川军用钱粮经常是先借贷于当地富家，等到朝廷所科征的赋税到位后，方予归还。蜀帅郑损曾亲自出面向富户王珙借钱粮，并讨好地请他吃饭："郑制置与富人王珙借钱粮，就请赴面饭。"④ 南宋地方财政极其困难，多有亏损积欠。如新淦县每年有2万余贯的亏空，地方官无奈，只有恳求上户预借，致使"县道之柄，从此倒持。豪强之家，得以控扼，请求关节，残害细民，苟有不从，便生论诉"。⑤ 嘉定年间，重庆府江源县发生火灾，上百家居民房屋被焚毁。知县马范"乃以元补授文书质于富民，得钱则使民各状其业，视费之高下，自二十千至百千，贷为本钱，期以半年责偿。小民欢呼感泣。未几，民庐皆复其旧。君又取所贷缗揭诸方，尽蠲之，民大过望，象而祠之"⑥，这是地方政府借贷救灾的事例。

从上面政府举债事例可以看出，在中国数千年封建社会中，政府举债时有发生，但政府举债并不是一种普遍现象。政府举债往往是发生在战乱时期，社会矛盾异常尖锐，皇权统治岌岌可危，且主要是战争引致军费剧增，出现了财政困难。为了弥补政府的军费扩张，统治阶级采取的向富民、诸侯或官吏借债，具有一定的强制性，债务的偿还也主要是依靠战后的税负、巧取豪夺或削减官吏的俸禄等途径来实现。由此可见，政府债务

---

① 宋朝政府借债例子主要参考程民生《宋代的"公债"》，《中国史研究》2006年第3期。
② 同上。
③ 同上。
④ 同上。
⑤ 同上
⑥ 同上。

的产生往往都有一定历史背景和经济原因。帝国主义列强入侵我国后，我国政府举债规模得以迅速扩大与发展。

二　晚清时期政府举债的演变及特点

西方国家的政府举债，是随着资本主义生产关系的发展而盛行起来的，但在我国没有独立的资本主义阶段。1840 年，鸦片战争爆发，标志着中国近代史的开端，自此中国开始迈入半殖民地半封建社会时期。由于战败赔款以及国内动乱，政府举债无论是次数还是规模都日益增多，而且这时举债范围也进一步扩大，既有内债，也有外债。举债的形式也多样化了，不仅是向商人直接借贷，还通过发行政府债券的形式筹资。这时期政府举债主要呈现以下特点。

（一）晚晴时期政府最早的债务是外债

太平盛世时期，政府一般不会出现财政支出困难，往往是战乱导致军费的异常扩张，致使政府不得不通过举债来满足资金的需求。晚晴时期第一笔政府债务是在 1853—1854 年由苏松太道吴健章经手向上海洋商举借的，此次借款的目的是为了雇用外国船炮去攻打占领上海县城的小刀会起义军，以延期支付的方式向外商购买船炮，这也是中国历史上的第一笔外债。这笔外债的数额不详，仅就 1855 年和 1856 年两次在江海关洋税中扣还的银两来说，已达 12.8 万两。此后，各地还有不少类似借款，如 1858—1859 年，两广总督黄宗汉因军需匮乏，以粤海关印票作抵押，经由广州怡和行行商伍崇曜向美商旗昌洋行借银 32 万两。据不完全统计，在 1861—1865 年，江苏、福建、广东等省，先后至少向英、美各国洋商举借过 12 笔外债，借款总额达 187.9 万两。[1] 1867 年起，左宗棠为了平定回民和捻军起义，需要军饷甚多，又不得不举借大量外债。其中仅左宗棠两次"西征借款"，就向上海英商共借银 220 万两。随后，又因中法战争、中日战争以及八国联军入侵中国等，清政府举借外债次数更加频繁，规模更加庞大。[2]

（二）首次采用发行债券筹集资金

晚清时期的内债出现较晚，共有三笔，第一笔是在光绪二十年即 1894 年。因为中日战争爆发，为了筹集巨额军费，李鸿章联合户部招集

---

① 详见廖常勇《从中国公债起源看公债产生和发展的约束条件》，《光华财税年刊》，西南财经大学出版社 2005 年版。

② 同上。

京城银号票号等巨商，决定向他们借款，并希望以此来带动其他各省的官绅、商民凑集资本，借给官用，称为"息借商款"，发行了中国历史上的第一次政府债券。为此，户部于 9 月 8 日（甲午年八月初九）拟订了六项办法，面呈光绪帝。根据当时户部《酌拟息借商款章程奏折》所订办法，由政府发行债券，每张库平银 100 两，偿还期为两年半，年利七厘，闰年加一月计算，先在北京开始，再交各省推行。据统计，此项息借商款，收入总数为 1102 万两。第二笔内债是光绪二十四年即 1898 年发行的"昭信股票"，定额为 10000 万两，年息五厘，以地丁、盐课为担保，分十年后和二十年后偿还，股票可以自由买卖，偿还时可抵地丁、盐课。到宣统三年，即 1911 年，清政府又发行第三笔内债，名曰"爱国公债"，定额为 3000 万元，年息定为六厘，期限九年。①

（三）政府发债缺乏经济基础，多半途而废

在清后期举借的三次内债中，第一次的"息借商款"是由政府发行债券。为了刺激富商巨贾踊跃借款，清政府把行息酌定为七厘。如果有人情愿借的，可以到藩司关道衙门呈明，按照户部的办法，议定行息，填给印票，印票上必须用藩司关道印信，填明归还本利限期，要求官府按期归还，不得丝毫挂欠，是谓"示人以信"。如集款一万两以上者，给予"虚衔封典"奖励；集款一百万两以上者，其善堂会馆可赠送匾额，以示表彰。但最后借款演变成官绅的变相捐输和对人民的变相勒索。名曰劝募，实际上却公开强迫商人和人民承购，形同摊派，引起各方面的不满，遭到商民反对，于是在第二年不得不宣布："未收者一律伤停，毋庸再行议借"，第一次内债发行只进行了八个月即以失败告终。第二次的"昭信股票"，预计总额为 10000 万两，结果是"募集"总额不足 500 万两，还不到原计划发行的 1/5，实际也是摊派下去的，这是内债发行的又一次失败。第三次的"爱国公债"，在各省商民中无法劝募，公债还没有发行完，清王朝的统治就宣告结束。②

三　北洋政府的举债及特点

1911 年辛亥革命后，南京临时政府成立，但新生的资产阶级政权从一开始就陷入严重的财政危机。为应对严重的财政困难，随即发行军需公

---

① 详见廖常勇《从中国公债起源看公债产生和发展的约束条件》，《光华财税年刊》，西南财经大学出版社 2005 年版。

② 同上。

债，南京临时政府制定并公布了《中华民国军需公债章程》32 条。章程规定，此项公债专充军需及保卫治安之用，定额为 1 亿元。债票不记名，持有者即为债主。票面分 5 元、10 元、100 元、1000 元四种。债票正面用华文，背面用英文。公债由财政部发行，分派各省财政司劝募。[①] 军需公债的发行得到了国外华侨的积极支持，但由于当时全国并未统一，临时政府控制范围有限，国内民众对这一新生政府所发行的公债却持观望态度。由各省都督预先领去的债票，或以抵发军饷，或以贱价出售，且以贱价出售的情况尤为严重。[②] 此次军需公债定额 1 亿元，实募仅 700 余万元。

1912 年 3 月 10 日，袁世凯就任临时大总统，自此我国进入北洋军阀统治时期。北洋政府成立伊始，袁世凯就着手复辟帝制，继而军阀割据混战，财政困难，北洋政府大肆举债。据王宗培（1933）的统计，自 1922—1926 年，北洋政府总共发行了 28 种内债，发行总额达 6.2 多亿元。[③] 另外北洋政府还有数达 13 亿多元（实收额 9.7 亿元）的外债负担。[④] 另根据潘国旗（2007）的统计，北洋政府财政部以债券形式发行的内债共计 25 种，加上前清政府发行的爱国公债之民间认购部分归民国政府继续担任（清王公世爵之认购部分归另案办理）与南京临时政府发行之军需公债，合共 27 种，发行定额合计 837183538 元，而实际发行额 587256128 元[⑤]（见表 3 - 1）。北洋政府时期，政府举债的主要特点在于：

表 3 - 1　　　　　北洋政府以"债券"形式发行的国内公债

债券名称	发行日期	发行定额（元）	实发额（元）
民国元年军需公债	1912 年 1 月至 1916 年 8 月	100000000	7371150
爱国公债	1912 年 5 月至 1915 年 11 月	30000000	1646790
民国元年 6 厘公债	1913 年 2 月至 1920 年 6 月	200000000	135980570
民国三年内国公债	1914 年 8 月至 1914 年 12 月	初定：16000000，后扩充为：24000000	24926110
民国四年内国公债	1915 年 4 月至 1922 年 4 月	24000000	25832965

① 徐沧水：《中华民国公债法规》，银行周报社 1922 年版，第 7—10 页。
② 刘晓泉：《民国元年军需公债初探》，《西南大学学报》2008 年第 5 期。
③ 王宗培：《中国之国内公债》，上海长城书局 1933 年版，第 18 页。
④ 金普森、王国华：《南京国民政府 1927—1931 年之内债》，《中国社会经济史研究》1991 年第 4 期。
⑤ 潘国旗：《北洋政府时期国内公债总额及其作用评析》，《近代史研究》2007 年第 1 期。

续表

债券名称	发行日期	发行定额（元）	实发额（元）
民国五年6厘公债	1916年3月、1921年3月、1921年9月	20000000	7755120
民国七年短期公债	1918年5月、1918年10月	48000000	47027950
民国七年6厘长期公债	1918年5月、1918年10月	45000000	35403470
民国八年7厘公债	1919年2月	56000000	34000000
整理金融短期公债	1920年1月	60000000	60000000
民国九年赈灾公债	1921年1月、1922年1月	4000000	2168475
整理公债6厘债票	1921年5月	54392228	54392228
整理公债7厘债票	1921年6月	13600000	13600000
民国元年公债整理债票	1921年6月	25600000	12150000
民国八年公债整理债票	1921年6月	8800000	1210000
特种盐余库券（一四库券）	1922年1月	14000000	14000000
偿还内外短债8厘债券（九六公债）	1922年2月	56391300	56391300（银元部分）
民国四年公债特种债票	1922年4月	2800000	2800000
民国十一年8厘短期公债	1922年9月	10000000	10000000
使领库券	1923年12月	5000000	5000000
教育库券	1924年6月	1000000	1000000
四二库券	1924年1月	4200000	4200000
民国十四年8厘公债	1925年4月	15000000	15000000
民国十五年春节特种库券	1926年1月	8000000	8000000
北京银行公会临时治安借款债券	1926年5月	2000000	2000000
民国十五年秋节特种库券	1926年9月	3000000	3000000
奥国赔款担保二四库券	1926年12月	2400000	2400000
总　计	27	837183538	587256128

资料来源：潘国旗：《北洋政府时期国内公债总额及其作用评析》，《近代史研究》2007年第1期。

1. 举借形式多样

由于长期军阀混战，北洋政府财政一直非常困难，财源枯竭，中央政府几乎没有收入，基本靠借债过日，为了筹集资金，各种举债方式层出不穷。既有以"公债票"形式发行的内债，还先后发行过数十种记名和不记名的国库证券，更是多次向各银行、公司及堂名户记举借了大量短期借款。其中短期借款又可分为三类：以盐余抵借的所谓盐余借款、一般国内银行短期借款和国内银行垫款。

2. 银行是北洋政府举债的重要平台

封建社会时期，皇室一般是向富商、贵族或官吏等借款。但第一次世界大战爆发后，由于各帝国主义列强无暇东顾，中国资本主义经济在夹缝中得到了一定程度发展，民族资本主义金融业在辛亥革命后也发展迅速。自1897年起，中国第一家银行设立起，至1911年，中国共设立本国银行30家，资本总额达25577000元，仅1912年，新设银行就达24家。① 银行业的快速发展为政府举债创造了有利条件，北洋政府的公债发行主要由银行购买和承销。

3. 北洋政府举债主要用于非生产性支出

北洋政府发行的公债，大部分用于军政费用，只有极少部分投资于经济建设。据统计，北洋政府所借内债的多半用作政府的军政费用，1/3作为整理及偿还旧债，即借新债还旧债，1/10用作整理及调剂金融，唯一的一次称得上"兴有利之事业"的内债是民国九年赈灾公债，此次公债拟发行4000000元，实际发行只有2168475元，仅占北洋政府时期内债总数的2.5%。②

四　国民党统治时期的政府债务

1927年国民党政府成立后，为了推进北伐战争和反共，在国内开始更大规模发行公债。同时由于常年动乱，国民政府还承接了北洋政府不少债务。据杨格（1981）统计，南京国民政府接管全国政权的前夕，即1928年7月1日以前，全国债务总规模是186800万元，同期由于南京政府举借了债务13400万元，这意味着北洋政府留给了南京政府173400万元的债务。且在这17亿多元的债务中，外债为133743万元，占总数77.13%；内债为39657万元，占总数的22.87%。③

不过，与之前历代皇朝不同的是，国民政府也发行过大量的经济建设公债。南京国民政府发行的用于经济的公债分两种情况：一种是专项经济

① 刘华：《公债的经济效应研究》，中国社会科学出版社2004年版，第36页。

② 同上。

③ 金普森、王国华：《南京国民政府1927—1931年之内债》，转引自［美］杨格《1927—1937年中国财政经济状况》，中国社会科学出版社1981年版，第120—121页。

公债。比如 1929 年由财政部发行的金融短期公债，1931 年由行政院令财政部建设委员会发行的电气事业长、短期公债，1931 年由交通部发行交通部电政公债等。此类公债是以发展经济、投资基础建设等为名目。另一种是部分用于经济建设的公债。这类公债尽管不以发展经济为名目，但是实际使用公债收入时，却有少许公债收入用于经济发展。如 1934 年北平政务委员会呈奉国民政府特准发行爱国库券，所得款项名义为巩固国防，实际就是弥补军费开支，但是，有少许公债收入用于基础设施建设。还有 1937 年由财政部发行的四川善后公债，这笔公债收入拟用于四川剿匪工作，但是在后期有部分公债收入用于四川的经济建设事业。

国民政府在 1927—1931 年，共发行公债库券 30 种，总发行额高达 10.58 亿元。[①] 为了吸引投资者购买，这些公债库券由中央政府发行，以低于面值的折扣价格出售，国民政府为了保证公债库券的信誉和偿还，于 1927 年在上海还专门成立了江海关二五附税国库券基金保管委员会。但为此国民党政府每月需巨款偿付本息，到 1931 年即周转不灵，宣告债信破产。经与银行界协商，减息展本，停发新债。但自 1933 年起，又发新债，至 1935 年，共发行 10 种，达 5.78 亿元。

1927—1937 年，南京国民政府共发行约 25 亿元内债，同期借入外债 2700 万美元。[②] 也就是说，10 年间，国民党政府发行公债达 26 亿余元，约为北洋政府 16 年所发公债总额的 4.2 倍。总体来看，国民党统治时期，公债发行频繁，券种庞杂，债务规模庞大。公债发行导致比较严重的通货膨胀，也成为促使中国国民经济破产的重要因素之一。

第二节 新中国成立后我国地方政府性债务发展历程及演变

一 新中国成立后至改革开放前地方政府性债务发展历史

新中国成立之后，我国按照苏联模式建立了社会主义计划经济体制，

---

① 何品：《1932 年公债》，《新民晚报》，http://www.news365.com.cn/wxpd/bhygb/srt/201101/t20110120_2939932.htm，2011 年 1 月 15 日。

② 金普森、王国华：《南京国民政府 1933—1937 年之内债》，《中国社会经济史研究》1993 年第 2 期。

实行高度集中统一的财政预算管理制度，主要收入集中上缴给中央国库，而地方开支则由中央核准、统一拨付。① 这种财政体制在一定程度上符合当时的社会背景。新中国成立初，在经历数十年的民族独立战争和国内解放战争，国家财政必须为照顾生产的恢复和发展及国家建设等任务服务。而当时政府财政匮乏，为了有效利用有限的财政经济资源，保证国家军需民用，中央政府于 1950 年 3 月 3 日颁布了《关于统一国家财政经济工作的决定》。其基本内容可以概括为三个"统一"，即统一全国财政收支、统一全国物资调度、统一全国现金管理。这就是所谓统收统支的财政体制。这种高度集中的财政体制在我国几乎延续了近三十年，直到 1978 年才出现了较大的突破。

新中国成立至改革开放之前，我国政府的举债形式主要是发行政府债券，且举债的目的可以概括为两个方面：

一是为了稳定物价。新中国成立之初，中央政府发行债券的目的主要是为了抑制通货膨胀。原因是 1949 年的解放战争使得中央政府各项支出大量增加，而在当时财政收入受限的条件下，只有通过增发货币来满足这种支出，不过这一做法的结果造成了 1949—1950 年我国物价的飞涨。为了稳定物价，增加财政收入，1949 年 12 月 2 日，中央人民政府委员会第四次会议上正式通过了《关于发行人民胜利折实公债的决定》，该决定计划在 1950 年发行人民胜利折实公债，于 1950 年内分两期发行，每期一万万分，总额为 2 万万分，第一期在 1950 年 1—3 月间定期发行。结果发行第一期公债的结果就使得大批货币回笼，物价逐步稳定，财政状况得以扭转，因此第二期公债也就没有再发行了。②

二是为经济建设筹集资金。1953 年起，我国开始进入第一个五年计划，为了筹集建设资金，1953 年 12 月，中央人民政府委员会第 29 次会议通过并公布了《1954 年国家经济建设公债条例》，同年政务院发出《关于发行 1954 年国家经济建设公债的指示》，1954—1958 年，先后 5 次发行经济建设公债。此次发行公债总额为 35.45 亿元，除了 1954 年发行的公债期限为 8 年，分八次偿还外，其余的期限均为 5 年，分 10 次偿还。③

中央政府举债的同时，各地方政府为了开辟新财源，满足地方经济

---

① 陈共：《财政学》，中国人民大学出版社 2008 年版，第 362 页。

② 迟爱萍：《新中国第一笔国债研究》，《中国经济史研究》2003 年第 3 期。

③ 刘华：《公债的经济效应研究》，中国社会科学出版社 2004 年版，第 42—44 页。

建设需要，我国地方政府也曾经发行过两种地方政府债券（夏景良，1991）：

一是东北生产建设折实公债。1949 年 3 月 6 日，东北行政委员会发布《发行生产建设实物有奖公债的命令》，公债共发行 1200 万分，分上下两期。1950 年 2 月 15 日，东北人民政府颁布《1950 年东北生产建设折实公债条例》，该条例规定，从 1950 年 3 月开始发行 1950 年东北生产建设折实公债（第一期）①，第二期则在 11 月 3 日发行。这次东北生产建设折实公债与新中国成立初国债发行一样，采用行政摊派方式发行，以"分"为计量单位，以实物作为衡量标准，发行对象为东北地区职工、农民、工商界和市民及其他，不过实际主要以工商界为主，并规定这次公债以年息 5 厘，每年付息一次的方式，分 5 年 5 次偿还清。黑龙江地区累计共发行"生产建设实物有奖公债" 3380348 分，哈尔滨完成公债发行任务占黑龙江地区公债发行任务完成数的 78.49%，公债的奖彩分为 10 个等级，奖金也以"分"为单位，并通过抽签对号付奖。黑龙江地区东北银行机构共代理发行 1950 年东北生产建设折实公债 11759355 分，其中松江省（哈尔滨）银行机构代理发行公债数占比达到了 71.65%。②

二是地方经济建设公债。我国地方公债的发行，主要集中在 20 世纪 50 年代末和 60 年代初。1958 年 4 月 2 日，中共中央做出《关于发行地方公债的决定》，决定从 1959 年起停止发行国家经济建设公债。不过该决定还特别指出，在确有必要的时候，允许各省、市、自治区、直辖市发行地方经济建设公债。同年 6 月 5 日，全国人民代表大会常务委员会第九十七次会议，通过并颁布了《中华人民共和国地方经济建设公债条例》③（以下简称《条例》），该《条例》总共八条，对地方政府发债的目的、期限、认购方式、利率等内容进行了规定。《条例》颁布之后，安徽、江西、东北等省区根据本地实际，都不同程度地发行了地方经济建设公债，具体执行情况如下：

（1）《条例》第二条规定：省、自治区、直辖市发行的地方经济建设公债，由各地人民委员会统一领导，同时成立各级公债推销委员会以加强管理，债券的推销和偿还工作由财政部门和人民银行具体办理，由省、自

---

① 宋燕、叶青：《从地方公债的"断与续"看其必然性》，《财政史研究》2010 年第 2 辑。
② 同上。
③ 同上。

治区直属的专员公署、自治州、县、自治县、市人民委员会推销的公债收入，大部分留在当地支配使用，其他部分由省、自治区调剂。[①]

（2）根据《条例》第三条规定："省、自治区、直辖市对于地方经济建设公债的发行数量，应当根据需要和可能加以控制，并且必须在自愿认购的原则下组织推销，不要使工人、农民和其他劳动人民因为认购过多而造成生活上的困难。"各地都严格按照自愿认购的原则推销公债，没有给人民生活造成困难。如江西省分别于 1958 年、1960 年发行了两期地方经济建设公债，发行额分别只占这两年工资总额的 1.63% 和 1.59%，安徽省在 1959 年和 1960 年也发行过两期经济建设公债，发行对象也主要是职工、工商界和市民，1960 年发行额只占该年职工工资总额的 4% 左右。[②]

（3）公债利率突破了《条例》规定的上限。根据《条例》第四条规定："公债的利息，年利率一般不宜超过百分之二。在必要的时候，也可以发行无息公债。"但实际上，各地为了保证公债顺利推销，实际利率大多高于 2%，如江西省 1960 年发行的公债年利率就高达 4%。

（4）各地方政府发行的公债期限一般在 5 年之内，本金偿还方式采取抽签轮次法。各地方政府基本遵循《条例》第五条规定："地方经济建设公债可以分期偿还，偿还期限，一般不宜超过 5 年。利息于还本时一次付清。"如江西省 1960 年发行的 5 年期的经济建设公债，采用抽签方式分次偿还，1963 年 10 月 30 日偿还 20%，1964 年 10 月 30 日偿还 30%，其余 1965 年 10 月 30 日全部偿清。安徽省发行的公债则规定分本金五年五次还清，利息则在偿还本金时一次付清，不计复利。

（5）公债面额以 1 元、2 元、5 元、10 元和 50 元 5 种面额为主，总体来说，发行的公债面额较小。

（6）《条例》第六条规定："地方经济建设公债债券不得当作货币流通，不得自由买卖。"由此可见，那时发行的地方经济建设公债都属于非流通债券。

国家经济建设公债及地方政府公债的发行，为国家和地区经济建设起了极大推动作用。但 20 世纪 50 年代后期，由于高度集中统一的计划经济体制逐步形成，社会经济状况发生了根本性变化，国家基本能够通过税收和

---

① 《中华人民共和国地方经济建设公债条例》相关规定的内容均参考了上述文献。

② 田垒：《关于安徽省 1960 年地方经济建设公债发行办法（草案）的说明》，《安徽政报》1959 年第 12 期。

利润的上缴以及银行信用的方式，将几乎所有的社会财力集中掌握，使得通过发行公债筹集建设资金的做法既无必要也无可能。因此，我国于1959年开始停止公债的发行，并于1968年还清了所有的国内和国外债务。因此在1968—1978年，我国既无内债也无外债，更无地方政府公债。[①]

二 改革开放后地方政府性债务的发展与演变

（一）改革开放以来地方政府债务总体规模发展态势

根据2011年审计署债务公告，我国地方政府负有偿还责任的债务最早发生在1979年，当年有4个县级政府和4个市级政府举借了负有偿还责任的债务。累计占总地区比例分别为1.84%和1.02%。而省级政府（含计划单列市）举借负有偿还责任或担保责任的债务的起始年主要集中在1981—1985年。这一期间，有28个省级政府开始举债，累计占总地区比例为77.78%。而市级和县级政府举借债务的起始年主要集中在1986—1996年，这一期间共有293个市级和2054个县级政府开始举借债务，累计占总地区比例高达90.05%和86.54%[②]（见表3-2），至1996年年底，全国所有省级政府都举借了债务，截至2010年年底，全国2800多个县级政府只有54个没有举借政府性债务，也就是说98%以上的县级政府都有负债。

表3-2 全国各地区政府性债务发生起始年

时间（年）	省级			市级			县级		
	当期开始举借个数	累计个数	累计占总地区比例（%）	当期开始举借个数	累计个数	累计占总地区比例（%）	当期开始举借个数	累计个数	累计占总地区比例（%）
1979—1980	0	0	—	4	4	1.02	51	51	1.84
1981—1985	28	28	77.78	56	60	15.31	300	351	12.63
1986—1990	5	33	91.67	121	181	46.17	833	1184	42.61
1991—1996	3	36	100	172	353	90.05	1221	2405	86.54

资料来源：2011年审计署的政府债务审计报告。

---

① 上述资料来源于宋燕、叶青《从地方公债的"断与续"看其必然性》，《财政史研究》2010年第2辑，或参见高培勇、宋永明《公共债务管理》，经济科学出版社2004年版，第283页。

② 此处数据均根据2011年审计署的政府债务审计报告计算得到。

政府债务规模也从 1981 年的全国债务总额 121.7 亿元飙升到 2010 年底全国地方政府性债务余额 107174.91 亿元。2013 年 12 月 30 日，审计署再次发布政府性债务审计公告，结果显示：截至 2013 年 6 月底，地方政府性债务余额已达 178908.7 亿元。也就是说时隔两年多时间，地方政府性债务总规模又增长了七万多亿元①，差不多又翻了一倍。其中地方政府债务余额增长率最快的两个年份分别为 1998 年和 2009 年，其增长率分别为 48.02% 和 61.92%，而 1997 年和 2008 年分别发生了亚洲金融危机和世界经济危机。这似乎表明每次外围经济的衰退都会伴随我国地方政府债务的异常增长。

（二）地方融资平台的产生与演变

根据 2010 年《国务院关于加强地方政府融资平台公司管理有关问题的通知》（国发〔2010〕19 号）解释，地方融资平台是指由地方政府及其部门和机构等通过财政拨款或注入土地、股权等资产设立，承担政府投资项目融资功能，并拥有独立法人资格的经济实体。最常见的两种形式是各类综合性投资公司和行业类投资公司。这一定义在四部委下达的〔2010〕412 号文中作了进一步的说明："地方融资平台是由地方政府及其部门和机构、所属事业单位等通过财政拨款或注入土地、股权等资产设立，具有政府公益性项目投融资功能，并拥有独立企业法人资格的经济实体。"而银监发〔2011〕34 号文从风险防控的角度将地方融资平台定义为："由地方政府出资设立并承担连带还款责任的机关、事业、企业三类法人，不含由中央政府直接投资设立的部门和机构。"

审计署披露的关于地方政府性债务数据显示，地方政府融资平台是地方政府性债务形成的一个最重要来源。我国第一家地方政府融资平台公司最早可以追溯到 20 世纪 80 年代。诞生于上海市。当时上海为了摆脱产业结构不合理、城市功能老化、工业设备陈旧和基础设施落后等诸多困境，向中央请示，拟利用外资来加快上海改革开放步伐，提出采用自借自还的方式向社会筹资。该请示于 1986 年 8 月 5 日经国务院国函〔1986〕94 号文件批复同意，允许上海筹措 32 亿美元，其中 5 亿美元用于第三产业和旅游业，14 亿美元用于城市基础设施建设，剩下的 13 亿美元用于工业技

---

① 虽然 2011 年的债务审计未包括乡镇级政府债务，但从 2013 年债务审计来看，乡镇级政府债务虽然也有 3000 多亿元，但在地方政府性债务中所占的比重还是很低的。

术改造。之后这项政策被称为"九四专项"。1987 年 12 月 30 日，上海久事公司（取名"94"谐音）应运而生，负责"九四专项"所需资金的统一筹措、安排和综合放款，并具体负责实施上海地铁一号线、上海南浦大桥等五个城市基础设施项目。① 自此，我国第一家地方融资平台公司就这样诞生了。

我国地方融资平台的发展壮大与 1997 年亚洲金融危机和 2008 年世界经济危机密切相关。在 1997 年亚洲金融危机影响下，国家为了稳增长，加大基础设施投资力度，并为此大力筹集建设资金。一是试行了"打捆贷款"模式。在政府资金需求和银行放贷需求的共同推动下，1998 年，国家开发银行试点，后来逐步推广"打捆贷款"模式，这种模式的主要特征是市场化运作、政府承诺和财政兜底，这也是地方融资平台的初始融资模式。二是实行国债转贷地方模式。1998—2003 年，国务院通过发债"转贷"模式，向地方累计转贷 1080 亿元，缓解了地方资金需求。不过总体上来看，应对亚洲金融危机并没有造成地方融资平台债务的急剧增加，到美国次贷危机爆发之前的 2008 年年初，我国地方融资平台数量在 4000 家左右，贷款余额仅为 1.7 万亿元。2009 年，为应对美国次贷危机影响，政府出台了 4 万亿元的巨额投资计划，其中中央投资 1.18 万亿元，很多地方政府则制订了大量投资计划。为满足地方项目配套资金和投资资金需求，一方面，2009 年 3 月，中国人民银行下发了《关于进一步加强信贷结构调整促进国民经济平稳较快发展的指导意见》，支持有条件的地方政府组建投融资平台发行企业债、中期票据等融资工具，以拓宽中央政府投资项目的配套资金融资渠道，致使地方融资平台迅速发展，地方融资平台数量和贷款额均急剧增加。2011 年 6 月 27 日，在第十一届全国人民代表大会常务委员会第二十一次会议上，国家审计署审计长刘家义作了《关于 2010 年度中央预算执行和其他财政收支的审计工作报告》，该报告相关数据显示，至 2010 年年底，全国省、市、县三级政府设立融资平台公司 6576 家，有 3 个省级、29 个市级、44 个县级政府分别设立 10 家以上融资平台公司，2010 年年底，地方融资平台负有的政府性债务余额为

① 资料来源于"上海久事公司简介"，详见 http://www.jiushi.com.cn/about.aspx? flag = 0。

49710.68 亿元，占全国地方政府性债务余额的 46.38%。[①] 而根据 2013 年审计署的政府债务审计报告，截至 2013 年 6 月，地方融资平台仍是地方政府性债务最大举借主体，负有偿还类的债务余额为 40755.54 亿元，占该类地方政府性债务的比重为 37.44%。不过，根据王兵兵（2013）的整理资料显示，对于地方融资平台数量和金额的统计，由于资料来源不同，统计结果差异很大，具体如表 3 - 3 所示。

表 3 - 3　　　　　近几年我国地方融资平台数量和金额统计情况

统计来源	2009 年		2010 年		2011 年	
	数量（个）	举债（万亿元）	数量（个）	举债（万亿元）	数量（个）	举债（万亿元）
财政系统			6576	4.97	8000 +	6
银监系统	8221	7.38	10000 +	14.4	10468	9.1

注：转引自王兵兵《地方政府融资平台的发展与转型：深圳经验》，《西南金融》2013 年第 2 期，第 93 页。1. 财政系统包括国务院、财政部、发改委、审计署等，主要以国发〔2010〕19 号文为统计基础；银监系统包括银监会、中央银行、商业银行等，主要以银监发〔2011〕34 号文为统计基础。2. 在实际工作中，由于各部门具体统计口径不完全一样，导致统计结果不同，但一般而言，各系统内统计的结果较为接近。3. 表中的"＋"代指多个。

（三）我国地方政府发行债券的历史演变

地方政府发现债券的主要目的是为地方公共品和地方公益事业发展与建设筹集资金。理论上公共物品的提供者存在两个层次，即中央政府与地方政府。[②] 因此，存在中央政府和地方政府如何确定公共品的供应边界问题。如果不能在中央政府与地方政府之间清晰地划定公共物品的供应边界，必然会导致中央政府与地方政府财权与事权的不匹配，其结果也就造成有些公共物品供应不足，有些公共物品供过于求，导致社会资源浪费和

①　参见审计署发布的《关于 2010 年度中央预算执行和其他财政收支的审计工作报告》。另外还有一些说法：据银监会发布的数据，截至 2009 年年末，地方政府融资平台数量达到 8800 家，贷款余额 7.38 万亿元，仅 2009 年一年的时间，新增贷款 3.05 万亿元。而人民银行 2011 年公布的《2010 中国区域金融运行报告》中显示，截至 2010 年年末，我国地方融资平台贷款规模的上限为 14.4 万亿元左右；银监会统计的 2010 年底地方政府融资平台贷款的规模约为 12.5 万亿元；渣打银行依据各家监管机构发布的数据测算估计，地方融资平台债务规模可能在 9 万亿—10 万亿元左右（详见李圣军等《地方融资平台演变历程及治理模式》，《国际金融》2014 年第 4 期和许安拓《地方融资平台风险：总量可控局地凸显》，《中央财经大学学报》2011 年第 10 期。

②　刘华等：《我国地方政府发债的可行性思考》，《财贸经济》2003 年第 2 期。

资源配置实效。现实生活中各地方政府的"跑部钱进"以及诸多的重复建设，其原因也在于此。根据收益范围的不同，公共物品可以划分为全国性公共物品和地方性公共物品，地方性公共物品的收益一般局限于本地居民，理应由地方政府提供，且地方政府在提供地方性公共品上具有信息对称的优势，在地方政府财力不足的条件下，通过发债为地方公共物品筹集资金也就具有理论上的依据了。

20 世纪 80 年代末至 90 年代初，部分地方政府为了筹集资金修路建桥，也曾发行过地方政府债券。但到了 1993 年，基于地方政府承付的兑现能力的考虑，国务院颁布的《中华人民共和国预算法》第二十八条明确规定："除法律和国务院另有规定外，地方政府不得发行地方政府债券。"这一规定剥夺了地方政府发债的权力。随着经济形势的发展，地方政府不能发债造成了种种弊端。

尽管如此，我国地方政府发债仍在法律受限的夹缝中得以缓慢发展，其发展的过程我们可以分为三个阶段[1]：

第一阶段：通过中央财政发行国债，再转贷给地方。1998 年，为应对亚洲金融危机，扩大内需，促进我国经济稳定发展，我国采用由中央财政发行国债，再由财政部将一部分国债转贷省省级（包括省、自治区、直辖市及计划单列市）政府用于地方建设项目的做法。1998 年在财政发行的 1000 亿元专项国债资金中，有 500 亿元转贷给了地方，期限为 35 年，利率为 4%—5%。1999 年中央财政又安排了 300 亿元转贷给地方。[2] 这种由中央发债转贷给地方的方式，一直到 2003 年我国经济出现过热趋势后才停止。

第二阶段：中央代发地方债。由财政部代理地方政府发债，列入省级预算管理。2008 年世界性经济危机，催生了中央出台 4 万亿元的投资计划。为了稳定国内经济增长，由省级地方政府与财政部协商，由财政部代理发行地方债。2009—2011 年，全国人大每年批准的地方政府债规模均为 2000 亿元。这样就由 1998 年的转贷逐渐演变为代发。但该模式也产生了一些问题，正如央行副行长潘功胜 2014 年 1 月 7 日在《中国地区金融生态环境评价报告》发布会上所言："上级政府代为发债，下级政府可能会把精力放在争指标、争额度上，不仅债务膨胀风险难以控制，也容易滋

---

① 白彦锋、李然：《中国地方政府自主发债历程问题研究》，《中央财经大学学报》2012 年第 5 期。

② 高培勇、宋永明：《公共债务管理》，经济科学出版社 2004 年版，第 284 页。

生寻租腐败等问题。"①

第三阶段：地方自行发债试点。2011 年 10 月下旬，根据财政部下发的通知，经国务院批准，2011 年，上海市、浙江省、广东省、深圳市地方政府自行发债试点启动。2013 年，江苏省和山东省也加入到自行发债试点的行列中。2014 年 5 月 19 日，财政部公布，经国务院批准，2014年，上海、浙江、广东、深圳、江苏、山东、北京、江西、宁夏、青岛十省市试点地方政府债券自发自还。这样实现了发债主体与偿债主体一致，为地方政府独立发债迈出了重要一步，相信不久的将来，会有更多的省市跨入自行发债行列。

特别值得一提的是，2014 年 8 月 31 日，十二届全国人大常委会第十次会议表决通过了修改预算法的决定，将原来《预算法》中"地方政府不得发行地方政府债券"等内容修改为"经国务院批准的省、自治区、直辖市的预算中必须建设投资的部分资金，可在国务院确定的限额内，通过发行地方政府债券方式筹措"。预算法修正案的通过，为地方政府发行地方债券提供了法律依据，也意味着未来地方政府的举债方式可能发生根本性转变。

第三节　我国地方政府性债务结构及其变化
——基于两次债务审计数据对比分析

根据审计署 2011 年和 2014 年的两次政府债务审计报告中的相关数据，下面对我国地方政府性债务的结构特征及其变化进行对比分析。

从债务类型来看，地方政府性债务主要以负有偿还责任的债务为主，该类型债务占债务余额的比重，两次审计结果都显示在 60% 以上。从债务规模增长幅度来看，负有偿还责任的债务和可能承担救济责任的其他债务增长速度很快，分别从 67109.51 亿元和 16695.66 亿元飙升到 108859.17亿元和 43393.72 亿元，两年半时间增长了 62.2% 和 159.9%，而负有担保责任的或有债务规模控制较好，增长幅度较小（见图 3-1）。

---

① 林灵：《一张图告诉你为何允许地方政府直接发债》，《中国经济周刊》，http：//www. ceweekly. cn/2014/0527/83646. shtml，2014 年 5 月 27 日。

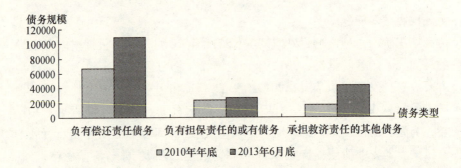

图 3 - 1　地方政府债务类型及债务规模

注：横轴表示债务类型，纵轴表示债务规模。单位：亿元。

　　从负债的政府层级来看，地方政府性债务主要集中在市级政府，2010 年市级政府债务占比为 43.51%，到 2013 年年底，虽然有所下降，但占比仍达 40.70%（见图 3 - 2）。三种债务类型在省、市、县三级政府分布有很大差异。负有偿还责任的政府债务主要集中在市县级，其中市级债务几乎占据了半壁江山，两次审计都接近 50%，省级债务占的比重较低，不到 20%，且略有下降，而县级债务所占比重略有上升，不过还在 40% 以下；负有担保责任的政府债务主要集中在省级，该类债务省级所占比重上升到了接近 60%，其次是市级也占了近 1/3，县级最小，且县市级都略有下降；而承担救济责任的其他债务主要集中在省级和市级，总体上说，政府层级越高，担保类和救济类债务所占比重就越高；从债务总规模来看，市级政府所占比重最高，两次审计报告显示该类债务都在 40% 以上，而省级与县级所占比重都基本相当，接近 30%（见表 3 - 4）。

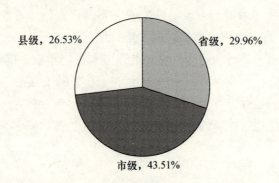

图 3 - 2 - 1　2010 年年底各政府层级举债占比

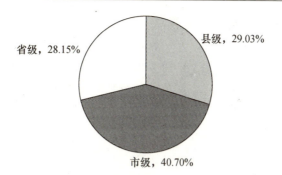

图 3 - 2 - 2　2013 年 6 月底各政府层级举债占比

表 3 - 4　　　　　　　　　各级政府债务规模　　　　　　单位：亿元、%

债务类型	时间	省级		市级		县级	
		金额	比重	金额	比重	金额	比重
负有偿还责任的债务	2010 年年底	12699.24	18.92	32460	48.37	21950.27	32.71
	2013 年 6 月	17780.84	16.33	48434.61	44.49	39573.6	36.35
负有担保责任的债务	2010 年年底	11977.11	51.25	7667.97	32.81	3724.66	15.94
	2013 年 6 月	15627.58	58.63	7424.13	27.85	3488.04	13.09
其他相关债务	2010 年年底	7435.59	44.54	6504.09	38.96	2755.98	16.50
	2013 年 6 月	18531.33	42.71	17043.7	39.28	7357.54	16.96

资料来源：本表数据根据审计署 2011 年和 2013 年两次债务审计报告整理计算得到。

　　从举债主体看，地方政府性债务最重要的举债主体是地方融资平台公司，其次是政府部门和机构及经费补助事业单位，不过两年多时间后，虽然各举债主体总体债务规模还在增长，但是各举债主体结构也发生了明显的变化，地方融资平台公司所举借的债务比重有较明显的下降，其比重从 46.38% 下降到 39.0%，国有独资和控股企业举债债务异军突起，在 2013 年债务审计过程中被单列出来，举借各类债务总额 31355.94 亿元，占地方政府性债务余额的比重高达 17.52%，略低于地方政府部门和机构的债务比重，已成为地方政府性债务的第三大举债主体。

　　从债务资金来源看，地方政府融资方式逐渐多元化，不过银行贷款仍是地方政府各类债务的主要来源。2010 年年底，银行贷款占地方政府债务总额的比重高达 79.01%，不过，截至 2013 年 6 月，该比重已降至 56.56%。自 2009 年财政部出台了《2009 年地方政府债券预算管理办法》，给地方政府不能发行债券打开了缺口，地方政府通过发行债券融资，从 2010 年年底的 7567.31 亿元飙升到 2013 年 6 月底的 18456.91 亿元，翻了 2 倍多。且在 2013 年债务审计报告中，关于地方政府债务来源还有一个重要的变化是：BT 被单列，成为一种重要的地方政府融资的方式，其规模接近于政府发行债券形成的债务规模，已成为地方政府性债务的第三大来源。

从债务资金投向看，地方政府融资主要用于市政建设、交通运输和土地收储，2010 年年底该三项形成的债务比重占七成以上，2013 年 6 月底，该三项比重虽然有所下降，但仍占地方政府债务总额六成以上，不过比较突出的是 2013 年 6 月，保障性住房建设形成的债务增长明显，该项形成的债务总额已高达 10947.83 亿元，是 2010 年年底教科文卫和保障性住房两项形成的债务总和的两倍多（见图 3-3）。

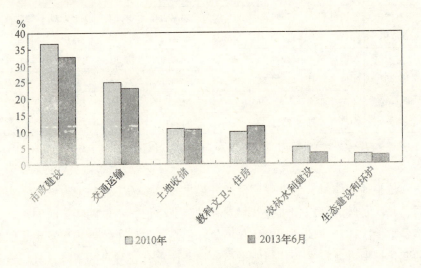

图 3-3 债务资金投向对比

从债务还债期限看，两次审计结果显示未来 3 年需要偿还的债务比重基本都在 60% 左右，而 2013 年债务审计显示五年以后偿还的债务占债务总额只有 18.76%，而 2011 年债务审计显示却高达 27.84%，这说明我国地方政府举借债务大部分是短期债务，长期债务所占的比重较小，且短期债务所占比重有增大的特点，这样导致地方政府还债压力较大，地方政府性债务风险可能更趋集中（见表 3-5）。

表 3－5　　　　地方政府负有偿还责任债务未来偿还情况　　单位：亿元、%

2011 年债务审计			2013 年债务审计		
年份	债务额	比重	年份	债务额	比重
2011	18683.81	27.84	2013 年 7—12 月	24949.06	22.92
2012	12982.52	19.35	2014	23826.39	21.89
2013	7991.36	11.91	2015	18577.91	17.06
2014	6177.01	9.20	2016	12608.53	11.58
2015	4934.69	7.35	2017	8477.55	7.79
2016 年及以后	16340.12	24.35	2018 年及以后	20419.73	18.76

第四节　我国地方政府性债务膨胀原因分析

一　投资依赖型经济增长模式

为什么 1998 年和 2009 年地方政府性债务增长速度最快。稍加分析我们就知道，决定经济增长的短期因素主要是消费、投资与出口，而 1997 年和 2008 年分别因为亚洲金融危机和世界经济危机的影响而使出口受到很大打击。1997 年相对 1996 年我国货物和服务净出口增长率为 143.3%，而 1998 年该值就出现断崖式下降到 2.23%，之后一直到 2001 年都是负增长。再看 2007 年，我国货物和服务净出口增长率为 40.6%，2008 年该值降为 3.4%，2009—2011 年几乎都为负增长，2012 年略有回升。对于内需（见图 3－4），2000 年之前，我国消费率基本都在 60% 左右，但 2000 年以后，我国消费率就呈明显的下降趋势，最终消费率从 2000 年的 62.3% 下降到 2010 年的最低值 48.2%，近两年开始才微幅上升，但仍低于 50%。[①] 在消费与出口都不景气的条件下，投资无疑成为稳增长和拉动经济增长的最关键因素。改革开放初，我国投资率只有 30% 左右；2000 年以后，投资率几乎逐年上升，当前已接近 50%（详细数据见表 3－6）。投资资金来源于哪？除了各级政府的财政收入外，只能是通过政府举债满足这一需求。根据审计署债务审计数据，截至 2013 年 6 月底，政府性债务资金投向市政建设、交通运输设施建设、保障性住房和农林水利建设占

---

① 该部分数据根据《中国统计年鉴》（2014）中的相关数据计算得到。

其债务余额的比重高达 65.3% 。[①] 正如郎咸平所言："中国把大部分的社会资源拿去修桥铺路了，搞得 GDP 每年 10% 的增长，其实大部分都是钢筋水泥。钢筋水泥 2008 年是 57%，2009 年变为 70%，这就是说我们整个社会能够创造财富的，能够消费的资源，都被拿来搞钢筋水泥了。"[②]

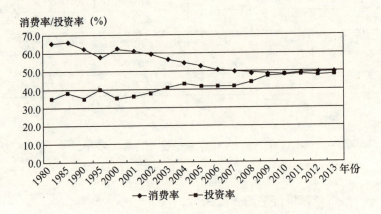

图 3 - 4　我国消费率和投资率的年度变化

表 3 - 6　　　　　　　　支出法计算的历年国内生产总值　　　　　单位：亿元、%

年份	国内生产总值	最终消费支出	资本形成总额	货物和服务净出口	最终消费率（消费率）	资本形成率（投资率）
1981	5008.8	3361.5	1630.2	17.1	67.1	32.5
1982	5590.0	3714.8	1784.2	91.0	66.5	31.9
1983	6216.2	4126.4	2039.0	50.8	66.4	32.8
1984	7362.7	4846.3	2515.1	1.3	65.8	34.2
1985	9076.7	5986.3	3457.5	-367.1	66.0	38.1
1986	10508.5	6821.8	3941.9	-255.2	64.9	37.5
1987	12277.4	7804.6	4462.0	10.8	63.6	36.3
1988	15388.6	9839.5	5700.2	-151.1	63.9	37.0
1989	17311.3	11164.2	6332.7	-185.6	64.5	36.6

---

①　根据 2013 年《全国政府性债务审计结果》公告的相关数据计算得到，这其中还不包括科教文卫、工业和能源方面的基础设施的投资，若包括这部分投资，该比重将更大。

②　郎咸平：《中国人为什么收入低》，http://finance.qq.com/a/20100204/003755.htm，2010 年 2 月 4 日。

续表

年份	国内生产总值	最终消费支出	资本形成总额	货物和服务净出口	最终消费率（消费率）	资本形成率（投资率）
1990	19347.8	12090.5	6747.0	510.3	62.5	34.9
1991	22577.4	14091.9	7868.0	617.5	62.4	34.8
1992	27565.2	17203.3	10086.3	275.6	62.4	36.6
1993	36938.1	21899.9	15717.7	-679.5	59.3	42.6
1994	50217.4	29242.2	20341.1	634.1	58.2	40.5
1995	63216.9	36748.2	25470.1	998.6	58.1	40.3
1996	74163.6	43919.5	28784.9	1459.2	59.2	38.8
1997	81658.5	48140.6	29968.0	3549.9	59.0	36.7
1998	86531.6	51588.2	31314.2	3629.2	59.6	36.2
1999	91125.0	55636.9	32951.5	2536.6	61.1	36.2
2000	98749.0	61516.0	34842.8	2390.2	62.3	35.3
2001	109028.0	66933.9	39769.4	2324.7	61.4	36.5
2002	120475.6	71816.5	45565.0	3094.1	59.6	37.8
2003	136613.4	77685.5	55963.0	2964.9	56.9	41.0
2004	160956.6	87552.6	69168.4	4235.6	54.4	43.0
2005	187423.4	99357.5	77856.8	10209.1	53.0	41.5
2006	222712.5	113103.8	92954.1	16654.6	50.8	41.7
2007	266599.2	132232.9	110943.2	23423.1	49.6	41.6
2008	315974.6	153422.5	138325.3	24226.8	48.6	43.8
2009	348775.1	169274.8	164463.2	15037.0	48.5	47.2
2010	402816.5	194115.0	193603.9	15097.6	48.2	48.1
2011	472619.2	232111.5	228344.3	12163.3	49.1	48.3
2012	529399.2	261993.6	252773.2	14632.4	49.5	47.7
2013	586673.0	292165.6	280356.1	14151.3	49.8	47.8

资料来源:《中国统计年鉴》(2014) 最终消费率是指最终消费支出占支出法国内生产总值的比重；资本形成率是指资本形成总额占支出法国内生产总值的比重。

二　宏观经济政策因素

通过剖析我国2011年债务审计报告发现，我国的地方政府性债务规模主要有两个较快增长时期，分别是在1997年的东南亚金融危机和2008的全球金融危机后，其中1998年和2009年债务余额分别比上年增长了

48.20% 和 61.92%，而其他年份债务规模增长一般不超过 30%。而每次外部经济的危机与衰退，之后几乎都会伴随我国宏观经济政策的扩张。1998 年为应对国外的金融危机与经济衰退，国家连续几年对国民经济实施以积极财政政策为主旋律的宏观经济调控政策，主要表现为 1998 年 8 月向商业银行增加发行 1080 亿元特种国债，并增发了 80 亿元人民币的外债。中央财政赤字达到 960 亿元，比年初预算赤字 460 亿元增加 500 亿元。货币政策方面，则为了配合财政增发 1000 亿元特种国债，银行相应地增加 1000 亿元贷款与其配套，各项贷款余额增长了 16.7%。中央银行运用再贷款等手段，增加货币供给。1998 年年底，M_0 比上年增长 10.1%，M_1 和 M_2 则分别增长 11.9% 和 15.3%。[①] 2008 年，为了应对全球性经济危机，我国宏观经济政策又发生了根本性逆转，2007 年年底，中央经济工作会议定调是 "稳健的财政政策，适度从紧的货币政策"，而差不多仅半年时间，即 2008 年 7 月，宏观经济政策就改成了 "积极的财政政策，适度宽松的货币政策"。随后就推出了旨在扩大内需的财政支出规模高达 4 万亿元的财政扩张政策，也导致我国地方政府融资平台空前繁荣。纵观我国近二十年宏观经济政策的调整，我们发现每次外围经济的危机乃至危机后的头几年，中央政府都曾实施积极的财政政策和适度宽松甚至是非常宽松的货币政策。积极的财政政策刺激了地方政府的投资冲动，而宽松的货币政策则为宽裕的流动性提供了支持，进而也促进了地方政府性债务规模的不断扩张。

三　GDP 政绩观的驱使——以万庆良仕途升迁为例

长期以来，政绩都是决定官员升迁的至关重要的要素。而政绩的体现无外乎就是一系列跟经济相关的 GDP、财政收入、人均收入等量化指标，在我国几乎绝大部分地方，这些指标与官员的升迁奖罚紧密结合在一起。在以升迁为动力的政绩观引导下，中国 GDP 被放在一个至高无上的地位。现实中，GDP 获得了政策上、体制上、文化上的全面支持，只要 GDP 做大了，其他所有对官员的考核指标都可以修缮与美化，官员的仕途也可以凭此得以升迁。下面我们列举一个典型的案例来分析。

2014 年 6 月，广东省委常委、广州市委书记万庆良落马。回顾他的

---

① 钟瑛：《20 世纪 90 年代以来中国宏观经济政策调整》，《当代中国史研究》2005 年第 4 期。

个人简历不难发现，仅用 26 年时间就由县宣传部干事火箭般步列省部级领导。这都得益于其主政的蕉岭县、揭阳市 GDP 的快速增长。通过其升迁轨迹，可以看到无论其主政梅州蕉岭县、揭阳市还是广州市，其施政思路几乎是一脉相承：通过大肆举债，大搞城市建设和开发，迅速拉动当地 GDP 增长。之后政绩频频获得上级的肯定，为其仕途升迁奠定基础。下面我们来分析他主政过的地方：

　　他主政过的梅州蕉岭县，在他离任后该县财政亏空上亿元（然而直到 2005 年，蕉岭县财政一般预算收入才达到 1.04 亿元）。由于该县经济的突出表现，2003 年让万庆良得以升迁为揭阳市委书记。在揭阳走马上任后，万庆良又立马推行"30 亿工程"，其中包含市政建设等 106 个具体项目。然后我们再看揭阳的财政收入水平，据 2005 年《揭阳日报》一篇文章称：揭阳是广东经济最落后的一个地级城市。建市以来，全市财政一般预算收入每年都不到 10 亿元。相对这些项目的微薄收入，要推动这些项目，虽然没有具体债务数据，但依次也足以推断要靠政府多大的举债才能推动这些项目的实施。同时也归功于这一系列项目的拉动，在他主政揭阳的 5 年时间，揭阳的 GDP 一路攀升，年增长率分别为 7.3%、7.4%、9.0%、14.1%、22.1%，简直就是奇迹！2008 年凭此异常政绩，44 岁的万庆良当选广东省副省长。①

　　通过这一案例，似乎可以看出中国地方政府官员升迁的一个普遍规律：要想仕途升迁，必须获得上级对自己工作成绩的肯定，而这又源于在有限的任期内做出突出"政绩"。而实现这一目标的不二途径就是主政期间大肆举债，改善民生，推动地方经济增长，或者说得更直白一点，就是"谁胆子大、谁借钱多，谁就升官快"。万庆良这一案例只是中国地方官员升迁的一个典型缩影。对于某些官员，眼中紧盯的只有 GDP，为了 GDP 增长，大肆举债，根本不会考虑该地区经济的偿还能力。且就中国目前而言，"万庆良"又何其多呢？虽然国家最高决策层领导多次提出不以 GDP 论英雄，但从目前来看，对官员的这一考核制度还并没有发生根本性的转变，在对官员进行债务追责制度尚未健全之前，地方政府举债的冲动短期内恐怕仍难以真正抑制。

----

　　①　此处作者整理的材料来源于周清树《原广州市委书记万庆良"升迁密码"》，《新京报》，http://news.xinhuanet.com/legal/2014-07/14/c_126750562.htm，2014 年 7 月 14 日。

四 地方政府性债务监管体系不完善

中国地方政府举债方式隐蔽、结构复杂，地方官员为追求政绩，不计成本、不惜后果，大肆举债，造成前任借钱，后任还债，甚至后任也置风险于不顾，又继续举债大搞建设，这种现象在我国各地并不少见。所以地方政府债务问题乱象丛生，一个很重要的原因就是地方政府债务监管体系漏洞太多。当前地方政府债务监管基本上是以各地方政府制定的一些暂行办法为主，而这些办法在举债主体、举债程序、举债方式、举债规模、债务风险控制和预警机制等方面的相关规定并未细化，可操作性弱。部分地方政府没有统一的举债规划，缺乏计划性、统一性和规范性。在这种情况下，有些单位和部门通过签订虚假合同、提供虚假证明等方式，套取银行资金或违规提供担保，从而造成地方政府性债务规模的膨胀。而且地方政府举债基本都是一把手说了算，债务能不能按时偿还、违约造成的后果也没有具体的责任追究措施。如一个很典型的案例，湖南某地方本科院校（一全额拨款事业单位），学生只有 14000 多人，学校固定资产才 5 亿元左右，却在某校长（后来升迁为校党委书记）任职期间，大兴土木，所有重大项目投资形式上通过党委集体决策和教代会投票表决，实际都是个别领导操纵，致使学校负债 3 亿多元，而根据该校 2013 年财务决算统计表显示，1000 多名教师职工所有工资福利支出为 74410682.77 元，但债务利息支出就高达 16629691.4 元（还不包含一些私人项目垫资拖欠的款项，这些款项并未付息），该年预算支出为 177919200 元，而决算支出却高达 247744154.82 亿元，高出预算近 40%，若不是该领导因贪污受贿而落马，仅举债问题根本就不影响个人仕途。这些问题凸显了我国地方政府举债监管方面存在的各种纰漏。

五 财政体制缺陷

在计划经济时期，我国实行的是统收统支的财政体制，根本不存在地方政府性债务，改革开放至分税制改革前，我国实行了利改税，地方政府性债务开始出现，不过规模并不大。但利改税后，却出现了一个意想不到的结果：中央财政收入与经济增长速度严重失衡，全国经济增长速度远远高于中央财政收入的增长速度，尤其是 1992 年和 1993 年，我国 GDP 增长速度分别为 14.24% 和 13.96%，而中央财政收入 1992 年仅增长为 4%，1993 年更是出现了负增长。而地方财政收入在 1992 年和 1993 年分别增长了 13% 和 35%，中央的支出却在不断增加，几乎年年赤字，从而造成国家财政特别是中央财政十分紧张。由于财政收入占 GDP 比重和中央财政收入占整个财政收入的比重迅速下降，中央政府面临前所未有的"弱中央"的状态。在这一背景下，中央政府为了加强宏观调控能力，才有了 1994 年的分税制改革后，从而得以扭转这一状况。中央财政收入占我国财政收入的比重迅速由 1993 年的 22% 跳跃到 1994 年的 56%，然而分税制改革后，又出现了地方政府普遍面临财权与事权不匹配的新问题。地方政府财政收入占比由 1993 年的 78% 猛跌到 1994 年的 44%，之后年份该占比基本维持在 50% 左右，而财政支出占比自 1990 年以来几乎都维持在 70% 以上，且自 2003 年以来几乎每年都在上升，至 2012 年该比值已高达到 85%[①]（见表 3 - 7）。也就是说，地方政府拿国家财政一半的钱，却要干 85% 的事。对于这一庞大的支出缺口，地方政府只有通过举债才能填补。因此这种财权与事权的严重失衡，就成为地方政府举借债务的一个重要原因，且各级地方政府几乎一致预期在自身偿债能力出现问题时，中央政府将会为地方政府债务埋单，因为在中国当前体制下，中央政府不可能会让地方政府破产的。

表3-7　　　　　　　　地方政府财政收入与支出历年数据统计

年份	财政收入（亿元）					财政支出（亿元）				
	总额	中央	地方	中央占比（%）	地方占比（%）	总额	中央	地方	中央占比（%）	地方占比（%）
1978	1132.26	175.77	956.49	0.16	0.84	1122.09	532.12	589.97	0.47	0.53
1979	1146.38	231.34	915.04	0.2	0.8	1281.79	655.08	626.71	0.51	0.49
1980	1159.93	284.45	875.48	0.25	0.75	1228.83	666.81	562.02	0.54	0.46
1981	1175.79	311.07	864.72	0.26	0.74	1138.41	625.65	512.76	0.55	0.45
1982	1212.33	346.84	865.49	0.29	0.71	1229.98	651.81	578.17	0.53	0.47
1983	1366.95	490.01	876.94	0.36	0.64	1409.52	759.6	649.92	0.54	0.46
1984	1642.86	665.47	977.39	0.41	0.59	1701.02	893.33	807.69	0.53	0.47
1985	2004.82	769.63	1235.19	0.38	0.62	2004.25	795.25	1209	0.4	0.6
1986	2122.01	778.42	1343.59	0.37	0.63	2204.91	836.36	1368.55	0.38	0.62
1987	2199.35	736.29	1463.06	0.33	0.67	2262.18	845.63	1416.55	0.37	0.63

---

① 数据根据《中国统计年鉴》（2013）计算得到。

续表

年份	财政收入（亿元）					财政支出（亿元）				
	总额	中央	地方	中央占比（%）	地方占比（%）	总额	中央	地方	中央占比（%）	地方占比（%）
1988	2357.24	774.76	1582.48	0.33	0.67	2491.21	845.04	1646.17	0.34	0.66
1989	2664.9	822.52	1842.38	0.31	0.69	2823.78	888.77	1935.01	0.31	0.69
1990	2937.1	992.42	1944.68	0.34	0.66	3083.59	1004.47	2079.12	0.33	0.67
1991	3149.48	938.25	2211.23	0.3	0.7	3386.62	1090.81	2295.81	0.32	0.68
1992	3483.37	979.51	2503.86	0.28	0.72	3742.2	1170.44	2571.76	0.31	0.69
1993	4348.95	957.51	3391.44	0.22	0.78	4642.3	1312.06	3330.24	0.28	0.72
1994	5218.1	2906.5	2311.6	0.56	0.44	5792.62	1754.43	4038.19	0.3	0.7
1995	6242.2	3256.62	2985.58	0.52	0.48	6823.72	1995.39	4828.33	0.29	0.71
1996	7407.99	3661.07	3746.92	0.49	0.51	7937.55	2151.27	5786.28	0.27	0.73
1997	8651.14	4226.92	4424.22	0.49	0.51	9233.56	2532.5	6701.06	0.27	0.73
1998	9875.95	4892	4983.95	0.5	0.5	10798.2	3125.6	7672.58	0.29	0.71
1999	11444.1	5849.21	5594.87	0.51	0.49	13187.7	4152.33	9035.34	0.31	0.69
2000	13395.2	6989.17	6406.06	0.52	0.48	15886.5	5519.85	10366.65	0.35	0.65
2001	16386	8582.74	7803.3	0.52	0.48	18902.6	5768.02	13134.56	0.31	0.69
2002	18903.6	10388.64	8515	0.55	0.45	22053.2	6771.7	15281.45	0.31	0.69
2003	21715.3	11865.27	9849.98	0.55	0.45	24650	7420.1	17229.85	0.3	0.7
2004	26396.5	14503.1	11893.4	0.55	0.45	28486.9	7894.08	20592.81	0.28	0.72
2005	31649.3	16548.53	15100.8	0.52	0.48	33930.3	8775.97	25154.31	0.26	0.74
2006	38760.2	20456.62	18303.6	0.53	0.47	40422.7	9991.4	30431.33	0.25	0.75
2007	51321.8	27749.16	23572.6	0.54	0.46	49781.4	11442.1	38339.29	0.23	0.77
2008	61330.4	32680.56	28649.6	0.53	0.47	62592.7	13344.2	49248.49	0.21	0.79
2009	68518.3	35915.71	32602.6	0.52	0.48	76299.9	15255.8	61044.14	0.2	0.8
2010	83101.5	42488.47	40613	0.51	0.49	89874.2	15989.7	73884.43	0.18	0.82
2011	103874	51327.32	52547.1	0.49	0.51	109248	16514.1	92733.68	0.15	0.85
2012	117254	56175.23	61078.3	0.48	0.52	125953	18764.6	107188.34	0.15	0.85

资料来源：《中国统计年鉴》（2013）。

第四章　地方政府性债务影响区域
经济增长机理分析

从时间维度可以将经济增长分为短期与长期，短期经济增长的一个基本分析框架就是凯恩斯的有效需求原理，有效需求主要由居民消费、企业投资、政府支出和进出口四部分构成，其中政府支出主要来源于政府的税收和举债，举债不但直接影响有效需求，还会影响家庭消费和企业投资，乃至进出口，进而间接地影响社会有效需求，从而影响区域经济的短期波动。长期经济增长理论主要是在新古典经济增长理论的基础上衍生的系列解释经济长期增长的模型与思想，地方政府举债主要通过影响区域资本存量和经济结构等途径影响区域经济的长期增长。下面我们将基于短期与长期两个视角从理论上阐述地方政府性债务影响区域经济增长的作用机理。①

第一节　地方政府性债务影响区域经济
短期波动机理分析

一　一般均衡分析框架：IS—LM 模型

凯恩斯有效需求原理的核心思想可以用 IS—LM 模型来概括，我们将借用这一模型来分析政府债务对社会总需求的影响。下面我们将对该模型进行简要描述。

若暂不考虑对外部门，参与经济活动的主体就只有家庭、企业和政府三部门，凯恩斯的有效需求理论的基本思想是社会产出主要取决于社会总

---

① 无论是中央政府性债务，还是地方政府性债务，对经济增长的影响，理论上二者并没有实质性的区别，因此本章的论述也没有因为二者概念不同而加以区分。

需求，即消费、投资与政府支出①，分别用 Y、C、I、G 表示，则有：

$$Y = C + I + G \qquad (4.1)$$

家庭消费是可支配收入的函数，二者呈正相关，即 $C = C(Yd)$，Yd 表示可支配收入，且 $Yd = Y - T$，T 为税收；若消费函数为线性的，则：

$$C = C(Yd) = \alpha + \beta(Y - T) \qquad (4.2)$$

其中，α 为必不可少的自主消费，β 为边际消费倾向，$\beta(Y - T)$ 表示可支配收入引致的消费，即消费等于自主消费和引致消费和。

决定企业投资行为的因素尽管很多，但最重要的一个因素是利率水平，所以投资是利率的函数，即 $I = I(r)$，r 表示利率。且一般情况下，利率上升，投资需求量就会减少；利息下降，投资需求量就会增加，即二者负呈相关，因此投资函数可具体化为：

$$I = e - dr \qquad (4.3)$$

其中，e 为自主投资，d 为投资对利率的敏感系数。

在凯恩斯对政府行为描述中，政府的收入主要来源于税收，即税收是收入的函数，且假设税收是一种比例税，即税收随着国民收入的增加而增加，我们可以将税收函数简化为：

$$T = \tau Y \qquad (4.4)$$

将式（4.2）、式（4.3）和式（4.4）代入式（4.1），通过变形处理可得：

$$r = \frac{\alpha + e + G}{d} - \frac{1 - \beta(1 - \tau)}{d} Y \qquad (4.5)$$

式（4.5）即为 IS 曲线方程，IS 曲线主要说明了产品市场均衡的条件。接下来我们进一步描述货币市场的均衡条件。

古典学派曾认为，投资和储蓄都是利率的函数，二者相等时就决定了利率水平。而凯恩斯则认为，家庭储蓄行为不仅取决于利率，更重要的是取决于收入水平，利率不是由储蓄和投资决定的，而是由货币供给和货币需求决定的。

货币供给是一个存量概念，是一个国家在某一时点上所保持的不属于

---

① 政府支出按照其经济性质可以分为购买性支出和转移性支出，而购买性支出会直接影响社会总需求。转移性支出一般会间接影响居民消费和企业投资行为，即间接影响社会总需求。本章未考虑转移性支出，因为政府债务根据其资金投向基本用于购买性支出，所以后面分析都忽略了转移性支出，从理论上讲这并不会影响分析结果。

政府和银行所有的硬币、纸币和银行存款的总和。且货币的供给量是由国家货币政策决定的，一般由国家加以控制，其大小与利率水平没关系，因而可以看作一个外生变量。① 即实际货币供给可以表示为：$m = \dfrac{M}{P}$，M 为名义货币供给量。

而货币需求则取决于三类不同的动机：一是交易动机，即个人和企业为了进行正常的交易活动需要持有一定货币。一般情况下，收入越高、交易量越大，为应付这种经济活动所持有的货币就越多。二是预防性动机，即个人和企业需要持有一定货币为应付事故、失业、疾病等意外事件。从整个社会来看，这一货币需求量大体上也是取决于收入水平。三是投机动机，即人们需要持有一定货币进行证券投资等一些投机性活动。证券的价格与利率水平是负相关的，而人的投机活动取决于对证券价格变动的预期。利率水平越低，则证券价格越高，人们就会预计证券价格将下降，就会卖出证券而持有更多的货币，从而投机性货币需求与利率水平是负相关的。

根据上述描述，货币需求（L）主要取决于收入水平和利率，即可以看作交易性和预防性货币需求（$L_1 = ky$）以及投机性货币需求（$L_2 = -hr$）两部分组成，LM 方程描述的是货币市场的均衡，即货币供给等于货币的需求，因此可以表示为：

$$\frac{M}{P} = kY - hr，或表示为：$$

$$r = \frac{k}{h}Y - \frac{1}{h} \cdot \frac{M}{P} \tag{4.6}$$

完成对产品市场和货币市场均衡的描述后，联立式（4.5）和式（4.6），我们就可求出一般均衡条件下均衡的利率与产出。同时，我们也可以结合图 4-1 来描述一般均衡状态。

在图 4-1 中，IS 曲线和 LM 曲线的交点 E 就是一般均衡点，相对应的均衡产出和均衡利率分别为 Y_e 和 r_e。下面来分析政府支出的变化对均衡产出的影响。

在其他条件不变的条件下，且政府支出是外生的，因此 G 的变化只影响了式（4.5）中右边第一项，也就是说，只影响了 IS 曲线与纵轴的截

---

① 高鸿业：《西方经济学》（宏观部分），中国人民大学出版社 2011 年版，第 424 页。

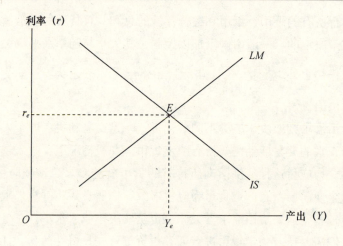

图4-1 IS—LM 模型示意

距项，也就意味着 IS 曲线上下或左右平行移动，如果是政府支出 G 增加，就意味截距项增加，IS 曲线就会向上或向右平行移动至 IS'，如图4-2所示，均衡点也将从 E 移动到 E'，均衡产出也将从 Y_e 增加到 Y_e'，利率水平也将从 r_e 上升到 r_e'。若政府支出减少则会导致均衡产出和均衡利率的减少。同理我们也可以分析自主消费和自主投资的增加，其效应和政府支出的效应是一样的。

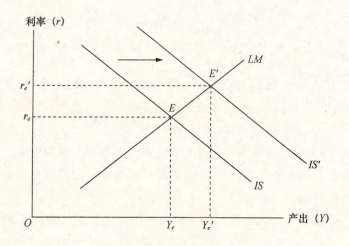

图4-2 IS 曲线移动示意

二　政府债务的引入：对 IS—LM 模型的拓展分析

根据我国实际情况，政府支出来源于税收与举债，假设 $G = T + D$，且若负债率为 ψ，则政府支出：$G = \tau Y + \psi Y = (\tau + \psi)Y$（此处利用了 $T = \tau Y$），IS 曲线方程式（4.5）就可以转化为：

$$r = \frac{\alpha + e}{d} - \frac{1 - \beta(1 - \tau) - (\tau + \psi)}{d}Y \tag{4.7}$$

或 $Y = \dfrac{\alpha + e - dr}{1 - \beta(1 - \tau) - (\tau + \psi)}$，而由该式对 Y 求 ψ 的导数为：

$\dfrac{dY}{d\psi} = \dfrac{1}{[1 - \beta(1 - \tau) - (\tau + \psi)]^2} > 0$，这意味着随着负债率 ψ 增加，均衡产出也会增加。下面也可以结合图 4-3 来分析其一般均衡，初始状态同图 4-2 相似，不过，IS 曲线与纵轴的截距为 $\dfrac{\alpha + e}{d}$，若政府负债率 ψ 增加，由式（4.7）可知，IS 曲线与纵轴的截距项保持不变，但 Y 前面系数的绝对值将变小，这意味 IS 曲线将会变得更平缓，也就是说，IS 曲线将绕着与纵轴的交点逆时针旋转至 IS'，在货币政策不变的条件下，将与 LM 曲线相交于 E'，该点即为新的均衡点，相对应均衡产出将从 Y_e 增加到 Y_e'，利率水平将从 r_e 上升到 r_e'。也就是说，负债率的提高，从短期来看提高了均衡产出，也提升了利率水平。

上述分析只是考虑政府债务对需求的直接影响，而没有考虑到其对居民消费和企业投资的间接影响。根据我国地方政府债务资金投向分析我们

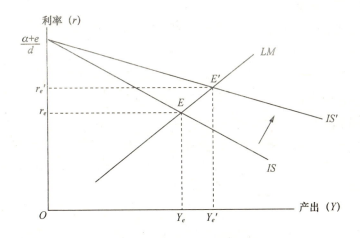

图 4-3　IS 曲线的转动示意

知道，债务资金绝大部分是用于财政投资，这就意味着地方政府举债越多，财政投资的规模就越大，对当地社会总需求的直接影响就越大。且地方政府部门由债务形成的支出还会间接影响社会的总需求。因为由地方政府投资推动的一些项目，还会促进该地区的就业，刺激该地区私人部门的投资与消费。尤其是在经济增长放缓或衰退时，私人投资意愿不足，稳定经济增长更多的是依赖公共投资。

若基于这一点，政府举债增加，改变的就不仅仅是 IS 曲线的斜率，还能使自主消费 α 增加和自主投资 e 增加，也就是说，将使 IS 曲线与纵轴的截距项增加，即 IS 曲线不仅是逆时针转动，还会向上移动，这将导致更大的均衡产出和更高的利率水平。因此，地方政府举债不仅仅通过直接刺激需求拉动经济增长，还能通过刺激居民消费与企业投资间接地促使经济增长。所以，举债投资成为确保经济增长最快、最有效的方式日益受到各级地方政府的青睐，从我国各省市地方政府债务发展态势及相关数据来看似乎就是一个很好的例证。

第二节　地方政府性债务影响区域经济增长机理分析

一　经济增长理论简要回顾

（一）哈罗德—多马模型

经济增长理论的第一个数学模型是由英国经济学家罗伊·哈罗德在1939 年发表的关于动态理论的一篇论文（An Essay in Dynamic Theory）和1948 年出版的《走向动态经济学》提出的，而美国经济学家多马分别在1946 年和 1947 年也发表了两篇有关经济增长的论文，独立提出了与哈罗德经济增长模型结构相似、结论相似，但出发点不同的经济增长模型。[①]他俩的研究成果如今被命名为哈罗德—多马模型。该模型是基于凯恩斯有效需求不足理论的基础上，将凯恩斯的短期静态或比较静态分析拓展到长期动态分析，从而开创了模型化的现代经济增长理论。

---

① 左大培：《经济学、经济增长理论与经济增长理论模型（之二）》，《社会科学管理与评论》2005 年第 3 期。

凯恩斯认为，1929 年出现的资本主义国家大萧条的主要根源在于有效需求不足，要摆脱经济衰退的政策良方就是通过刺激投资，增加社会总需求。而哈罗德在他的关于动态理论的一篇论文中认为，在凯恩斯的收入分析中，凯恩斯只考虑了投资变动如何引起收入变动，却没有考虑收入变动也会对下一轮投资产生影响，并且认为凯恩斯只看到了以投资刺激需求增加，从而实现总需求与总供给的本期均衡为目标，没有看到总供给的变化以及新的均衡，从而认为凯恩斯的收入决定理论是一种静态的、短期的均衡分析。哈罗德进一步认为，投资增加引起的国民收入成倍增加可以使本期实现就业均衡，但投资增加不仅刺激总需求，引起收入的成倍增加（凯恩斯的乘数原理），而且刺激总供给，引起生产能力的增加，追加的生产能力会带来下一期收入的更快增长，更多的收入又会转化为更多的追加投资（汉森的加速原理），如此累进不已。因而，本期的国民收入在下一期就不足以提供充分就业，从而总供求也不能保持均衡。所以，要实现充分就业，本期投资必须大于上期投资。为了解决这一问题，哈罗德提出了"资本—产出比"概念，利用它来推算第二期达到充分就业所需的追加投资，以使投资与国民收入的均衡增长相适应。这样，哈罗德在经济增长理论中引入了时间因素，并且用"比率分析法"（增长率、储蓄率）代替凯恩斯的"水平分析法"（国民收入、储蓄与投资的水平），从而将凯恩斯的理论长期化、动态化。

1. 哈罗德—多马模型的基本假设是：

（1）假设全社会只有一种产品，既是资本品又是消费品。即假定社会只存在一个生产部门、一种生产技术。

（2）假定只有两种生产要素：资本和劳动。两者按照一个固定的比例投入生产，不能相互替代。

（3）假定规模收益不变，即单位产品的成本与生产规模无关。

（4）假定不存在技术进步，因而资本—产出比 C 不变。

2. 经济增长率 G 的计算

若 Y 表示产出，K 表示资本，I 表示净投资（净投资等于从一个时期到另一个时期资本存量的变化），S 表示储蓄，G 表示经济增长率，则经济增长率：

$$G = \Delta Y / Y \tag{4.8}$$

储蓄率 $s = S / Y$

由于储蓄等于投资，即 $S = I$，所以：

$$s = S/Y = I/Y \tag{4.9}$$

令资本—产出比 $C = \Delta K/\Delta Y$，因为资本存量的变化（ΔK）来源于投资（I），所以：$\Delta K = I$

从而，$C = \Delta K/\Delta Y = \Delta I/\Delta Y$

经济增长率：

$$G = \Delta Y/Y = (S/Y)/(\Delta K/\Delta Y) = (S/Y)/(I/\Delta Y) = s/C \tag{4.10}$$

即 $G = s/C$。

哈罗德的主要贡献在于将凯恩斯的收入决定理论动态化和长期化，在其分析框架中引入了时间因素和资本—产出比概念，强调了投资既可以增加收入，又可以增加生产能力的双重效应。

哈罗德的基本思想是经济增长率主要取决于储蓄率与资本—产出比两个因素，且经济增长率与储蓄率呈正相关，与资本产出比负相关。

3. 哈罗德的三个增长率

哈罗德模型提出了三个增长率：

（1）有保证的增长率。定义为与人们想要进行的那个储蓄以及人们拥有为实现其目的而需要的资本货物额相适应的增长率，其公式可表达为：

$$G_W = S_f = C_r \tag{4.11}$$

其中，G_W 代表有保证的增长率，S_f 为人们在一定收入条件下满意的储蓄率，C_r 为投资者满意并与其资本存量相适应的资本—产出比。因而，经济稳定增长的条件是：人们愿意进行的储蓄恰好等于投资者预期的投资需求，经济就可以实现稳定增长。因为在有保证的增长率下，资本家的预期投资需求若恰好等于本期的储蓄供给，就能使储蓄全部转化为投资，实现储蓄与投资相等，从而促进经济稳定增长。

（2）实际增长率是单位时间内经济的实际增长率，是由实际发生的储蓄率与实际发生的资本—产出比决定的。即：$G = s/C$，要实现经济稳定增长，必须：

$$G_W = G \tag{4.12}$$

但二者相等是很困难的，因为二者相等只会在偶然情况下实现，这恰如在"刃锋"上行走，二者相等的均衡道路十分狭窄。正是实际增长率与有保证的增长率不一致，导致经济的收缩与扩张，从而产生了经济的波动。

若 $G_W < G$，表明实际储蓄率（实际投资率）小于满意的储蓄率，形成累积性的投资缩减，导致经济收缩与失业。

若 $G_W > G$，引起累积性经济扩张。

（3）自然增长率是在人口增长和技术进步允许的范围内所能达到的长期最大增长率，它反映了人口与劳动力增长、技术进步与劳动生产率提高同经济增长的关系。其公式可以表示为：

$$G_n = S_n / C_n \qquad\qquad (4.13)$$

其中，G_n 是社会最适宜的自然增长率，S_n 是一定制度安排下最适宜的储蓄率（或投资率），C_n 是最适宜的预期资本—产出比，体现人口增长与技术进步条件下现有的资本存量能够吸收全部劳动力，实现充分就业。自然增长率有助于研究长期经济的波动问题。

当 $G_W > G_n$ 时，储蓄和投资的增长率超过了人口增长与技术水平所允许的程度，增长受到劳动力不足和技术水平限制，储蓄过度，经济长期停滞。

当 $G_W < G_n$ 时，储蓄和投资未达到人口增长与技术进步所允许的程度，生产的增加有充分的余地，经济将出现长期繁荣趋势。

当 $G_W = G_n$ 时，社会出现均衡增长。

总之，实现经济长期稳定增长的基本条件是：$G = G_W = G_n$，G 表示实际经济增长率，G_W 表示有保证的经济增长率，G_n 表示人口增长率，而这三种增长率只有在偶然情况下才会相等，因为 G、G_W、G_n 各自取决于不同的因素，G 取决于有效需求，G_W 取决于资本家的意向与预期，G_n 取决于人口与技术进步，三者之间没有必然的联系。当三者出现不一致时，就会产生长期的经济波动，因此现实中资本主义经济几乎不可能实现稳定增长，该模型的一个重要意义在于：该模型突出了储蓄率在长期经济增长中的重要作用，并暗含了可以通过提高储蓄率（投资率）来促进经济的增长。

（二）新古典增长模型

1956 年，罗伯特·索洛发表了在经济增长理论方面具有里程碑式的论文，同年斯旺也发表了内容类似的论文，从而创建了新古典经济增长理论模型。索洛—斯旺模型成了以后半个世纪几乎所有经济增长理论模型研究的基础，同时迈出了经济增长理论模型中外生变量内生化的第一步：它们使给定人们掌握的技术水平下的资本—产出比和劳动生产率变成经济增长模型的内生变量，从而也将这种条件下的资本—劳动比变成内生变量。而这样一种外生变量的内生化也是为了消除哈罗德—多马模型中长期均衡增长的"刀刃"性质。

索洛在构建他的经济增长模型时，既吸取了哈罗德—多马经济增长模型的优点，又摒弃了后者的那令人疑惑的假设条件。索洛认为，哈罗德—多马模型只不过是一种长期经济体系中的"刀刃平衡"，其中，储蓄率 s、资本—产出比率 c 和劳动力增长率 n 是主要参数。这些参数值若稍有偏离，其结果不是增加失业，就是导致长期通货膨胀。用哈罗德的话来说，这种"刀刃平衡"建立的基础是以保证增长率 G_W 和自然增长率 G_n 的相等来支撑的。索洛进一步指出，G_W 和 G_n 之间的这种脆弱的平衡，关键在于哈罗德—多马模型中两个基本的假设：一是劳动力不能取代资本；二是生产中的劳动力与资本比例是固定的。一旦放弃这两个假设，G_W 和 G_n 之间的"刀刃平衡"也就随之消失。基于这一思路，索洛建立了一种没有固定生产比例假设的长期增长模型。

1. 新古典增长模型基本假定和思路①

新古典增长模型基本假定是：

（1）只有一个部门，该部门生产一种既可以用于投资也可以用于消费的商品。

（2）不存在国际贸易的封闭经济，且不考虑政府部门。

（3）生产规模报酬不变。

（4）技术进步、人口增长和资本折旧速度等变量都是外生的。

（5）生产要素的边际收益递减。

（6）社会储蓄函数为 $S = sY$，s 为储蓄率，Y 为产出该模型的逻辑思路可以用图 4 - 4 加以说明：

图 4 - 4 说明，社会产出的大小取决于资本存量，而资本存量的变化又来源于投资，投资又来源于社会储蓄，储蓄的大小又最终取决于社会产出。

2. 新古典增长模型基本方程

在没有技术进步条件下，假设生产函数为：

---

① 此处参考了《西方经济学》编写组《西方经济学》下册，高等教育出版社、人民出版社 2011 年版，第 217—221 页。

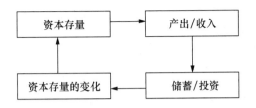

图4-4 产出、资本存量和投资（或储蓄）相互依赖关系

$$Y = F(N, K) \tag{4.14}$$

其中，Y 为总产出，N 和 K 分别为总劳动量和总资本量。且它们均是时间的函数，随时间的变化而变化，从而总产出 Y 也将随时间的变化而变化。

由于假定生产规模报酬不变，从而有：

$$\lambda Y = F(\lambda N, \lambda K) \tag{4.15}$$

对于任意 $\lambda > 0$，式（4.15）均成立，特别是取 $\lambda = 1/N$，代入式（4.15），就可以得到：

$$Y/N = F(1, K/N) \tag{4.16}$$

如果整个社会人口均参与生产，即社会人口就等于社会劳动力，从而式（4.15）表明人均产量 Y/N 只取决于人均资本 K/N，令 $y = Y/N$，$k = K/N$，即 y、k 分别表示人均产出和人均资本，则式（4.16）可以表示为：

$$y = f(k) = F(1, k) \tag{4.17}$$

资本的积累主要取决于两个因素，即投资和折旧，投资形成新资本存量，折旧则是资本存量的损耗，假定投资为 I，折旧为 δK，δ（$0 < \delta < 1$）为折旧率，人口增长率为 n，且储蓄能有效地转化为投资，即 $S = sY = I$，资本存量的变化：

$$\dot{K} = I - \delta K = S - \delta K = sY - \delta K \tag{4.18}$$

将式（4.18）两边同时除以 N，可以得到：

$$\dot{K}/N = sY/N - \delta K/N = sy - \delta k = sf(k) - \delta k \tag{4.19}$$

对 $k = K/N$ 两边关于时间变量求导，可得：

$$\dot{k} = \dot{K}/N - (\dot{N}/N) \cdot (K/N) = \dot{K}/N - nk \tag{4.20}$$

将式（4.20）变形可得：

$$\dot{K}/N = \dot{k} + nk \tag{4.21}$$

联合式（4.19）和式（4.21），整理可得：

$$\dot{k} = sy - (n+\delta)k \qquad\qquad\qquad (4.22)$$

式（4.22）即为新古典增长模型的基本方程，这一关系式说明人均资本增量$\dot{k}$等于人均储蓄sy减去$(n+\delta)$ k项，n为劳动力增长率，δ为折旧率，$(n+\delta)k$项表示一定量的储蓄，必须用于替换折旧资本和装配新工人，这也被称为资本的广化，而$\dot{k}$被称为资本的深化。

3. 新古典增长模型的基本结论

新古典增长模型的基本结论是：一国的长期经济增长取决于储蓄率、人口增长和技术进步。只有人均储蓄大于资本的广化，人均资本才能增加，人均产出才能增加。也就是说，储蓄率增加，短期内能提高收入水平，且储蓄率的提高可以通过"资本的广化"和"资本的深化"等资本积累途径得以实现。但从长期看，由于资本边际效率的下降，经济增长率又会回到稳态水平，从而储蓄率提高不能影响稳态增长率，只有技术进步才能改变稳态经济增长率。不过该模型的一个缺陷是，没有进一步解释技术进步，也就是说，技术进步在该模型中一直是外生的。

新古典增长模型对于地方政府举债的经济行为具有重要的理论意义，通过之前对地方政府举债的来源我们知道，地方政府举债的主要途径是银行贷款。且随着地方政府发行地方债这一融资政策的逐步放开，以后通过发行地方债融资也必将成为地方政府举债的一种重要方式，不论是银行贷款还是发行地方债，都会对一个地区的储蓄率产生影响，而一个地区的储蓄率是由公共部门和私人部门共同组成的，其中任何一方的储蓄率和权重的变化都会影响整个地区的储蓄率的变化，从而必然影响"资本的广化"和"资本的深化"①，不论是短期还是长期，都会影响该地区经济的增长。

（三）内生经济增长理论

新古典增长理论表明技术进步是比物质资本和劳动投入更为重要的经济增长的决定因素，该理论将技术进步对经济增长的作用推向了一个新高度。但是，这一理论却将技术进步看作一个外生变量，没有进一步解释技术进步是由什么因素决定的，所以对知识的生产过程仍然一无所知。因此，如果这个外生的技术进步的来源被切断，经济终究难以摆脱零增长的

---

① 刘华：《公债的经济效应研究》，中国社会科学出版社2004年版，第94页。

稳定均衡状态，那么经济的长期增长仍是无法解释的现象。

为突破新古典经济增长理论的不切实际的假定前提和最终结论，在技术进步"内生化"方面做了最初尝试的是阿罗。他指出，技术进步与投资过程是联系在一起的，投资都是在做新事情，这无疑将产生新知识，他用"干中学"来解释这一过程。此后，宇泽弘文、谢辛斯基等的研究首次分析了知识积累和技术进步的来源，并强调生产经验的积累或教育投资的内生化知识是经济持续增长的源泉。

20世纪80年代，以保罗·罗默和卢卡斯等为代表的一批经济学家发展了阿林·扬、熊彼特、阿罗等的经济增长思想，通过对新古典经济增长理论的基本假定进行修正，重新探讨长期经济增长的源泉，提出了新的经济增长理论，即内生经济增长理论。该理论与新古典经济增长理论的重要区别在于：在新古典经济增长理论中，有一基本假定条件是资本的边际收益递减，而罗默的知识溢出模型和卢卡斯的人力资本溢出模型拓展了资本的范畴，新古典经济学中所指的资本主要是物质资本，其服从要素边际收益递减有一定的合理性。但在新经济增长理论中，资本不仅包括物质资本，还包括人力资本、知识资本，这些资本具有很强的外部性与边际收益递增的特点，从而这种广义的资本边际收益可以不变甚至可以递增。

另外，与新古典经济增长模型将技术进步视为外生变量不同，新增长理论把技术进步看成是经济系统决定的内生变量，从而保证均衡增长路径的存在。也就是说，新古典经济学认为经济增长是由处于经济体系之外的因素—技术进步决定的，而内生增长理论则认为那些外生因素可以由经济体系内部的资本投入决定，如对研究、教育和培训的资本投入可以促进技术进步或提高技术进步率，从而经济增长率是由经济体系内部决定的。

根据内生经济增长理论各种模型在基本假设上的差别，可以将内生经济增长理论分为三类。第一类模型是建立在收益递增和外部性的假设上来考察经济增长的决定，主要有罗默的知识溢出模型和卢卡斯的人力资本溢出模型。这类增长模型认为技术进步取决于知识资本或人力资本的积累和溢出，内生的技术进步保证了均衡增长路径的存在。第二类增长模型强调决定经济增长的关键因素是资本积累而不是技术进步，他们将资本的范畴拓宽了，认为资本积累涵盖了物质资本积累和人力资本积累，他们否认知识或人力资本的溢出效应在整个经济范围的重要性，强调只有资本的不断积累才能保证经济的可持续增长。主要代表性模型有琼斯—真野惠里模型和雷贝洛模型等。这类模型和第一类模型都是在完全竞争的基础上构建的。第三类模型则是抛弃了完全竞争的假设条件，开始在垄断竞争的基础上考察经济增长的决定。这类增长模型着重研究技术商品的特征和技术进步的类型，认为技术进步对经济增长起决定性作用，不存在政府干预经济的均衡增长是一种社会次优。

二　地方政府性债务影响区域经济增长机理分析

上述经济增长理论都强调了储蓄、投资、技术进步对经济长期增长的重要作用。其基本逻辑是：技术进步和资本存量是经济增长的源泉，而技术进步和资本存量无外乎都来源于资本投资（包括人力资本、知识资本和物质资本等广义资本的投资），而投资又最终取决于储蓄，储蓄又取决于收入水平。同时这些经济增长理论或思想还对资本属性进行了拓展，即并不是所有的资本都服从边际收益递减规律。这些理论与思想对一国或一地区的政府举债等政策具有重要指导意义。

首先，地方政府举债的目的主要是用于投资，而投资必然会增加该地区的资本存量，而资本存量是影响经济长期增长的一个重要因素。根据审计署及各省市审计厅（局）公布的债务审计结果，我国地方政府债务融资大部分是投向一些市政建设和交通运输等基础设施，这些基础设施一旦完工，实质就转变成了该地区的公共资本。公共资本具有非排他性和非竞争性的特点，该地区企业和个人可以廉价甚至免费地使用政府提供的公共资本，且一般认为公共资本与私人资本具有互补作用，公共资本可以提高私人资本的效能，从而提高私人资本的边际产出，进而促进整个区域经济的发展，如果公共资本投入不足，将引起生产效率的下降。不过公共资本也会受边际资本生产力递减的约束，在社会资本一定的条件下，公共资本与私人资本存在相互替代，公共资本过多就会导致私人资本过少，从而导致资本的错配，生产效率不但得不到提高，还会影响正常发挥。部分地区盲目举债扩张，导致基础设施利用率低，资源闲置与浪费严重，而债务的偿还需要依赖税收等方式，这必然会加重当地企业负担和个人的可支配收入，从长期来看，可能削弱资本积累能力，反而不利于该地区经济的长期增长。因此理论上存在公共资本与私人资本的最佳匹配，政府举债及债务资金的投向必须考虑对本地区私人资本的影响。

其次，政府债务不仅仅是通过影响投资存量这一渠道作用于经济，也可能在名义支出不变的条件下，通过举债使得资金在私人部门与公共部门的重新配置而提高投资的效率①（Catherie Pattillo et al.，2002）。也就是说，政府债务资金通过转化为政府投资影响经济增长实质包含两层意思，即通过投资不仅影响资本存量，还可能影响投资效率。不过，地方政府通过举债投资于基础设施建设，改善了投资环境，促进市场机制的生成与发展（张卫国等，2010），也有利于吸引私人部门的投资，从而增加该地区的资本存量。

此外，地方政府债务还可能影响该区域的经济结构。现有研究成果及国际实践都表明，经济结构的调整与优化有利于经济可持续增长。而且一般来说，长期经济增长都是以经济结构的不断调整为基础的，因此不同的区域经济结构，往往对应着不同的区域经济增长速度和发展方式，地方政府的投资规模和领域对区域经济的发展和经济结构的调整都具有重要的影响。不过地方政府投资对区域经济结构的调整与优化也是"双刃剑"，若地方政府具有前沿与长远的眼光，其投资能积极推动区域经济结构的调整与优化。但若地方政府比较短视，只顾眼前的经济利益，而忽视了区域经济的长期发展，其投资也会带来区域经济结构的趋同，反而不利于区域经济的长期发展。而地方政府债务主要通过转化为区域投资这一渠道引领区域经济结构的调整。债务资金若投资于基础设施，会推动该区域的建材、水泥等产业的扩张，若投资于工业和能源，也会带动相关制造业和能源及其上下游产业的快速发展，若投资于生态建设与环境保护，也可能引领旅游资源的开发以及一些污染型行业结构的调整，若投资于保障性住房的建设，也会影响本地区房产的市场供给及房产价格，从而对房地产市场产生很深远的影响。总之，政府债务资金的投向，对私人投资会起到风向标的作用，会影响要素在各行业的配置，导致各区域产业发展程度的差异与产业结构的变迁。并且由于产业结构的变化，也会导致消费、劳动力市场、技术等经济结构的调整和经济增长方式的转变。

综上所述，地方政府债务影响区域经济增长的作用机理可以用图4－5表述。

---

① Catherie Pattillo, Héléne Poirson and Luca RicciI, "External Debt and Growth", *IMF Working Paper*, WP/02/69, 2002.

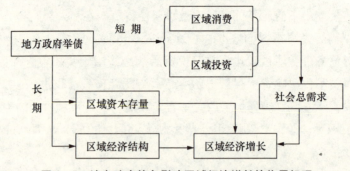

图 4 - 5　地方政府债务影响区域经济增长的作用机理

第三节　"强政府"背景下的我国地方政府举债与区域经济增长

　　基于上述相关内容分析，并且根据本书对我国地方政府债务资金的投向分析，我们知道，我国地方政府债务资金绝大部分是用于财政投资，这就意味着政府举债越多，财政投资的规模就越大，对社会总需求的直接影响就越大，"强政府"的特征也越明显。而且由政府债务形成的支出还会间接影响社会的总需求，尤其是市政建设、交通运输和保障性住房等由政府投资推动的这些项目，不仅会促进该地区的就业，还可能带动该地区私人部门的投资与消费，即对社会需求产生"挤入效应"。但是另一方面地方政府的举债也必将导致该区域可贷资金存量的重新配置，甚至挤占了私人部门的投资，对社会消费也可能产生抑制效应。而且我们还不能忽视，在具有中国特色的"强政府"这一背景下，地方政府举债的经济行为甚至可能导致资源配置扭曲，其中包含地方政府债务资金使用效率低下、投资方向的错误决策等，比如当前很多由地方政府债务资金投资形成的各种烂尾工程，浪费了社会资金，从而政府举债对区域社会需求就可能产生"挤出效应"。总之，地方政府举债对区域社会需求既可能产生积极影响，也可能产生消极影响，那么究竟哪种效应大呢？下面我们通过相关数据的分析来探究其答案。

一　地方政府举债对区域消费的影响

　　区域消费是区域经济个体消费的总体，影响个体消费行为的因素非常复杂。根据消费的相关理论我们知道，既有暂时性收入、预期收入和持久性收入，还有收入的结构性因素等，如财富占收入的比重①，还有利率、价格水平、收入分配、消费习惯等众多因素，地方政府的举债对这些因素或多或少都会有一定的影响，而这些因素中的任何一个因素的变化都会影响个体的消费行为，也就必然影响整个区域的社会消费。

为了探究地方政府举债对区域消费的影响，不得不抛开这些具体的因素，从数据上去探究二者之间的关系。也正是有众多影响因素，少量的样本可能因为一些偶然的因素使得二者在数据上很难有良好的统计性质，也很难真实地反映二者之间的关系，而样本的均值往往能在一定程度上弱化这一缺陷。因此，我们整理了30个省市自治区②2010—2013年的消费率，并依次计算了2010—2013年的平均消费率，然后依据负债率由低到高进行排序。先将30个省市自治区按照负债率高低分成两组，计算得到两组消费率均值分别为45.446%和50.682%，也就是说负债率高的省份其消费率均值整体上明显高于负债率低的省份，这是否意味着地方政府举债对区域消费确实具有促进作用呢？接下来我们又把30个省市自治区按照负债率高低分成三组，依次计算得到三组消费率均值分别为44.726%、45.874%和53.592%（见表4-1），结果再次佐证了地方政府举债与区域消费正相关的结论。

二　地方政府举债对区域投资的影响

影响区域投资也一样存在众多因素，为了探究地方政府举债对区域投资的影响，可以采取上述同样的方法。首先，整理30个省市自治区2010—2013年的投资率，并依次计算了2010—2013年的平均投资率，依据同样方法将负债率由低到高进行排序。然后，将30个省市按照负债率高低分成两组，计算得到两组投资率均值分别为60.510%和64.200%，也就是说，负债率高的省份其投资均值整体上明显高于负债率低的省份，这是否意味着地方政府举债同样对区域投资也具有促进作用呢？接下来，我们又把30个省市自治区按照负债率高低分成三组，依次计算得到三组投资率均值分别为56.980%、68.391%和61.693%（见表4-2），这结果并不能支持地方政府举债与区域投资正相关的结论，而是表明二者之间呈现明显的倒U形关系。这意味着地方政府举债对区域投资的影响是比较复杂的，

———————

① 参考凯恩斯的消费理论、弗里德曼的持久收入假说、莫迪利亚尼的生命周期假说、杜森贝利的相对收入假说等都对个体的消费行为进行过论述。

② 由于西藏未进行政府债务审计，所以本书分析都不涉及我国西藏自治区。

表 4 – 1 地方政府举债与区域消费

地区	负债率(%)	消费率(%)					两个区间均值	三个区间均值
	2013 年	2013 年	2012 年	2011 年	2010 年	2010—2013 年平均消费率		
山东	12.998	41.3	41.1	39.9	39.1	40.342		
广东	16.354	51.8	51.3	49.0	46.7	49.694		
河南	17.235	47.5	45.1	43.8	44.2	45.129		
浙江	18.441	47.2	47.6	46.5	45.7	46.767		
福建	20.139	38.6	40.0	40.7	42.6	40.480		44.726
黑龙江	24.243	55.4	53.0	52.2	53.1	53.470		
江苏	24.964	44.7	42.0	42.0	41.6	42.591		
河北	26.550	42.0	41.7	39.3	40.8	40.948	45.446	
内蒙古	26.718	40.9	39.3	38.5	39.5	39.552		
江西	27.424	49.1	48.8	47.8	47.5	48.291		
安徽	27.823	48.3	49.0	49.7	50.3	49.332		
辽宁	28.007	41.4	40.5	39.9	40.5	40.584		
广西	30.115	51.5	50.0	47.8	50.7	49.999		
宁夏	30.423	52.2	50.6	48.5	48.8	50.025		
湖北	31.138	43.9	44.1	44.3	45.7	44.486		45.874
湖南	31.578	46.0	45.9	46.2	47.4	46.374		
新疆	32.268	55.0	56.8	53.3	52.7	54.432		
吉林	32.725	39.4	38.9	39.6	41.1	39.780		
山西	33.161	49.1	45.5	43.3	43.8	45.419		
天津	33.626	39.2	37.8	37.9	38.3	38.313		
四川	35.149	50.4	50.0	49.6	50.1	50.009		
陕西	37.974	44.0	44.2	44.5	45.3	44.508		
北京	38.738	61.3	59.6	58.4	56.0	58.819	50.682	
上海	39.098	57.9	57.1	56.4	54.9	56.574		
海南	44.819	50.5	48.5	46.8	46.2	48.006		
甘肃	47.190	58.8	58.9	59.1	59.1	58.975		
青海	50.309	49.9	52.7	51.5	53.0	51.760		53.592
云南	50.802	62.8	61.2	59.3	59.4	60.669		
重庆	58.154	47.4	47.3	46.4	48.1	47.283		
贵州	78.966	56.6	57.7	60.3	62.7	59.316		

注：负债率 = 政府债务余额/GDP。

资料来源：各地方政府债务余额来源于 2014 年的各省市债务审计报告，GDP 及消费率数据来源于 2011—2014 年《中国统计年鉴》。

地方政府举债能否促进区域投资取决于其对区域投资的"挤入"效应和"挤出"效应的大小。

表 4 - 2   地方政府举债与区域投资

地区	负债率(%)	消费率(%)						
	2013 年	2013 年	2012 年	2011 年	2010 年	2010—2013 年平均消费率	两个区间均值	三个区间均值
山东	12.998	56.6	55.1	55.0	54.9	55.395		
广东	16.354	41.9	40.1	39.5	39.2	40.164		
河南	17.235	77.2	74.5	71.2	69.2	73.024		
浙江	18.441	45.5	44.6	45.6	46.7	45.605		
福建	20.139	58.8	57.4	56.2	54.7	56.640		56.980
黑龙江	24.243	65.6	59.5	54.7	54.3	58.530		
江苏	24.964	48.4	50.4	51.0	51.1	50.232	60.510	
河北	26.550	57.9	57.4	56.7	54.1	56.506		
内蒙古	26.718	93.4	84.6	76.7	77.3	83.012		
江西	27.424	49.9	50.3	51.2	51.4	50.695		
安徽	27.823	52.1	51.5	50.5	49.9	50.985		
辽宁	28.007	62.6	62.4	62.7	62.0	62.406		
广西	30.115	70.5	84.9	85.2	82.4	80.759		
宁夏	30.423	91.0	89.1	83.7	92.5	89.024		
湖北	31.138	56.0	55.4	54.7	52.6	54.671		68.391
湖南	31.578	57.1	56.4	55.5	54.7	55.914		
新疆	32.268	86.0	77.2	63.0	62.0	72.036		
吉林	32.725	69.6	72.0	73.5	78.8	73.484		
山西	33.161	72.8	67.9	64.5	68.9	68.530		
天津	33.626	76.9	76.4	76.0	75.1	76.097		
四川	35.149	51.4	52.3	52.6	53.6	52.495		
陕西	37.974	68.8	68.6	67.8	67.5	68.183		
北京	38.738	40.3	41.4	41.1	43.2	41.517	64.200	
上海	39.098	38.7	38.0	40.3	43.2	40.048		
海南	44.819	73.9	70.4	59.3	57.4	65.257		
甘肃	47.190	60.2	58.4	57.2	56.9	58.171		61.693
青海	50.309	119.9	90.8	83.8	80.5	93.746		
云南	50.802	84.9	83.2	80.3	77.2	81.391		
重庆	58.154	54.6	55.6	57.5	57.7	56.347		
贵州	78.966	65.7	60.8	56.6	56.0	59.778		

资料来源:各数据处理与来源同表 4 - 1。

三 地方政府举债对区域资本存量的影响

各省市区域资本存量很难度量，但是一个地区的资本存量主要是由固定资产投资转化而来的，因此可以间接地通过分析区域固定资产投资的变化，来反映地方政府举债对区域资本存量的影响，我们按照上述同样的方法整理了30个省市自治区2010—2013年的固定资产投资额，并除以当年该省市的 GDP 得到类似于表4－2中的投资率，然后依次计算了2010—2013年的平均投资率，依据同样方法将负债率由低到高进行排序。先将30个省市自治区按照负债率高低分成两组，计算得到两组投资率均值分别为70.09% 和70.93%，也就是说，负债率高的省份其投资均值整体上与负债率低的省份相等，这就意味着，地方政府举债至少从数据上看不出其对区域资本存量的影响。接下来，又把30个省市就按照负债率高低分成三组，依次计算得到三组投资率均值分别为64.1%、76.7% 和70.7%（见表4－3），这种结果显示地方政府债务与区域固定资产投资二者之间呈现更明显的倒 U 形关系，与上述分析地方政府债务对区域投资的影响的结论基本是一致的，也就是说，这一结果再次佐证了地方政府举债与区域投资之间的倒 U 形关系。

表4－3   地方政府举债对区域固定资产投资

地区	负债率(%)	固定资产投资/GDP（%）					两个区间投资率均值	三个区间投资率均值
	2013 年	2013 年	2012 年	2011 年	2010 年	2010—2013 年投资率均值		
山东	12.998	0.6728	0.625	0.5897	0.5943	0.6204		
广东	16.354	0.3589	0.3286	0.3208	0.3395	0.3369		
河南	17.235	0.8113	0.7247	0.6598	0.7182	0.7285		
浙江	18.441	0.5532	0.5091	0.4389	0.4464	0.4869		
福建	20.139	0.7044	0.6314	0.5644	0.5564	0.6141	0.7009	0.641
黑龙江	24.243	0.7739	0.7081	0.5941	0.657	0.6833		
江苏	24.964	0.6148	0.5708	0.5435	0.5597	0.5722		
河北	26.550	0.8196	0.7398	0.6685	0.7396	0.7419		
内蒙古	26.718	0.8363	0.7478	0.7218	0.7648	0.7677		
江西	27.424	0.8962	0.8321	0.7765	0.9282	0.8582		

续表

地区	负债率(%)	固定资产投资/GDP（%）					两个区间投资率均值	三个区间投资率均值
	2013 年	2013 年	2012 年	2011 年	2010 年	2010—2013 年投资率均值		
安徽	27.823	0.9781	0.8962	0.8141	0.9339	0.9056		
辽宁	28.007	0.9265	0.8788	0.7975	0.8692	0.868		
广西	30.115	0.8282	0.7525	0.6817	0.7375	0.75	0.7009	
宁夏	30.423	1.0197	0.8956	0.7824	0.8547	0.8881		
湖北	31.138	0.7827	0.7001	0.6396	0.6427	0.6913		0.767
湖南	31.578	0.7282	0.6556	0.604	0.6025	0.6476	.	
新疆	32.268	0.9086	0.8206	0.7008	0.6296	0.7649		
吉林	32.725	0.7688	0.7967	0.7041	0.908	0.7944		
山西	33.161	0.8754	0.7317	0.6294	0.659	0.7239		
天津	33.626	0.6354	0.6154	0.6251	0.6806	0.6391		
四川	35.149	0.774	0.7138	0.6764	0.7632	0.7319		
陕西	37.974	0.9277	0.8333	0.7537	0.7867	0.8253		
北京	38.738	0.3511	0.3419	0.3433	0.3828	0.3548	0.7093	
上海	39.098	0.2614	0.2536	0.2585	0.2976	0.2678		
海南	44.819	0.8576	0.7513	0.6569	0.6379	0.7259		0.707
甘肃	47.190	1.0362	0.9106	0.7899	0.7664	0.8758		
青海	50.309	1.1227	0.9947	0.8594	0.753	0.9324		
云南	50.802	0.8505	0.7596	0.6962	0.7653	0.7679		
重庆	58.154	0.8245	0.7657	0.7465	0.844	0.7952		
贵州	78.966	0.921	0.8344	0.7429	0.6747	0.7933		

注：此处投资率为固定资产投资/GDP。

资料来源：各数据处理与来源同上。

　　总之，来自我国省级层面的数据显示，地方政府举债与区域消费正相关关系比较明显，而与区域投资和区域资产存量在现有数据上呈现出倒U形关系。从我国及各省市的政府债务审计的数据来看，政府债务资金主要投资于基础设施，那么对投资的拉动作用以及转化为固定资产的比重理论上应该是比较高的，而这一结论却得不到数据的支持，怎么来解释这一现象呢？可能的原因在于：对于负债率高的省份，其债务资金的投向和利用效率可能存在很多问题。不过，不管它们之间存在什么关系，地方政府举债都必然通过对这些变量的影响，进一步作用于区域经济增长。下一章我们将从实证的角度进一步探索地方政府债务与区域经济增长之间的关系。

第五章　我国地方政府性债务影响
区域经济增长的实证分析

据第四章所述，从短期看，地方政府债务可能通过影响区域投资与消费而影响社会总需求，刺激该区域经济的短期繁荣，也可能通过转化为投资而诱致区域经济结构的变迁，或导致该区域资本存量的变化，从而影响区域经济的长期增长，因此地方政府债务对区域经济增长既有积极效应，也有消极效应，那么究竟哪种效应更大呢？本章将在巴罗模型的基础上，对二者关系进行实证检验。

第一节　政府债务影响经济增长的一个数理模型
——基于巴罗模型的分析

巴罗模型特别强调政府在经济增长中的作用，认为政府是推动经济增长的一个决定因素，在该模型中，主要考察了居民、企业与政府三个部门。

一　消费者最优化增长模型

巴罗模型是建立在一个标准的最优化增长模型基础上的。代表性消费者最大化效用贴现流量：

$$\max U = \int_0^\infty e^{-\beta t} u(c(t)) \, \mathrm{d}t \tag{5.1}$$

其中，β 代表消费者的时间偏好率或主观贴现率，且 $\beta > 0$，消费者瞬时效用函数为常相对风险规避型效用函数[1]：

$$u(c(t)) = \frac{c^{1-\delta}(t) - 1}{1-\delta} \tag{5.2}$$

---

[1]　这一效用函数的相对风险规避系数［即 $-cu''(c) / u'(c)$］为 δ，与 c 无关，详见袁志刚《高级宏观经济学》，高等教育出版社 2010 年版，第 99—101 页。

代表性消费者将其储蓄资本租给厂商，并向厂商出售自己的劳动。假设 t 时刻家庭拥有的总资本为 $K(t)$，t 时刻资本的租金率为 $r(t)$，因此，t 时刻给消费者带来的资本收益为 $r(t) \cdot K(t)$，t 时刻获得的劳动收益为 $w(t) \cdot N(t)$，$w(t)$ 为工资率，消费者的总收入除了用于消费外，剩余的就用于储蓄以增加资本存量。因此，消费者面临的预算约束条件为：

$$\dot{K}(t) = w(t) \cdot N(t) + r(t) \cdot K(t) - C(t) \tag{5.3}$$

将上述总量变量进行人均化处理，则式（5.3）可以进一步改写为：

$$\dot{k}(t) = w(t) + r(t) \cdot k(t) - c(t) \tag{5.4}$$

通过以上描述，消费者追求一生效用最大化就相当于求解如下最优化问题：

$$\max U = \int_0^\infty e^{-\beta t} \cdot \frac{c^{1-\delta}(t) - 1}{1 - \delta} \mathrm{d}t \tag{5.5}$$

s. t. $\dot{k}(t) = w(t) + r(t) \cdot k(t) - c(t)$

求解该最优化问题，可以构建以下汉密尔顿方程：

$$H(t) = e^{-\beta t} \cdot \frac{c^{1-\delta}(t) - 1}{1 - \delta} + \mu(t) \cdot [w(t) + r(t) \cdot k(t) - c(t)] \tag{5.6}$$

$\mu(t)$ 为资本的影子价格，该问题最大化的一阶条件为：

$$\frac{\partial H(t)}{\partial c(t)} = 0 \tag{5.7}$$

$$\frac{d\mu(t)}{dt} = -\frac{\partial H(t)}{\partial k(t)} \tag{5.8}$$

再加上横截条件：

$$\lim_{x \to \infty} \mu(t) \cdot k(t) = 0 \tag{5.9}$$

由式（5.6）至式（5.9），可以求得稳态时消费的增长率为：

$$\frac{\dot{c}(t)}{c(t)} = \frac{r(t) - \beta}{\delta} \tag{5.10}$$

假设一新古典生产函数为：$y = f(k(t))$，人均产出 y 唯一地取决于资本 k，$k(t)$ 表示 t 时期的资本投入，这一生产函数满足以下基本性质：

①资本的边际产出为正，即 $f'(k(t)) > 0$；

②资本的边际生产率递减，即 $f''(k(t)) < 0$；

③其他的限制性条件：$f'(0) = \infty$ 和 $f'(\infty) = 0$。

对于竞争性市场，资本的边际报酬 $f'(k(t)) = r(t)$，式(5.10)可以进一步写为：

$$\frac{\dot{c}}{c} = \frac{f'(k) - \beta}{\delta} \tag{5.11}$$

二 引入政府部门

巴罗认为，政府服务可以作为私人生产函数的一个投入要素，也就是说拓展私人资本概念的范畴后，如果政府投入不能保持与私人资本同比例增长，私人投入的边际产出必然下降，Aschauer（1988）也认为，政府基础设施投入对私人生产非常重要。巴罗假设生产函数为以下道格拉斯生产函数：

$$y = f(k, g) = Ak^{1-\alpha}g^{\alpha} \tag{5.12}$$

其中，$0 < \alpha < 1$，g 为政府的购买性支出，且 $g = T = \tau y = \tau Ak^{1-\alpha}g^{\alpha}$，资本的边际产出为：

$$f_k = A(1-\alpha)(g/k)^{\alpha} \tag{5.13}$$

将 $g = \tau y$ 代入式（5.12）化简得：

$$y = kA^{1/(1-\alpha)}\tau^{\alpha/(1-\alpha)} \tag{5.14}$$

且由于：

$$g/k = (g/y)(y/k) = (A\tau)^{1/(1-\alpha)} \tag{5.15}$$

其中，y/k 可以由式（5.14）求得，然后将式（5.15）代入式（5.13）化简得到：

$$f_k = (1-\alpha)A^{1/(1-\alpha)}\tau^{\alpha/(1-\alpha)} \tag{5.16}$$

且此时资本的边际收益率变为 $(1-\tau)f_x$，从而稳态时经济增长率为：

$$\gamma = \dot{c}/c = (1/\delta) \cdot [(1-\alpha)A^{1/(1-\alpha)} \cdot (1-\tau)\tau^{\alpha/(1-\alpha)} - \beta] \tag{5.17}$$

三 巴罗模型的拓展分析

下面根据我国实际情况从两方面对巴罗模型进行拓展分析：

（1）由于在我国类似于高速公路等基础设施是需要使用者付费的，从而政府的这方面支出 g 只能以一定的比例作为企业的投入要素进入企业的生产函数，而需要付费的公共资本实质就相对于企业自有资本的投入，因此原生产函数式（5.12）可以修正为：

$$y = f(k, \lambda g) = Ak^{1-\alpha}(\lambda g)^{\alpha} \tag{5.18}$$

其中，λ 为在政府支出中企业可以免费使用的那部分所占的比重，因此 $\lambda < 1$。且由式（5.13）可得资本的边际产出为：

$$f_k = A(1-\alpha)(\lambda g/k)^\alpha \tag{5.19}$$

（2）政府支出 g 实际一部分来自税收，另一部分来自政府举债。且税收并不是全部用于政府的投资，如果税收用于投资的比重为 φ，g 来源于税收的部分为 $\tau \varphi y$，政府举债用 D 表示，$D = \psi y$，ψ 为负债率，且假设政府举债全部用于公共资本投资①，则有：

$$g = \varphi T + D = \tau \varphi y + \psi y = (\tau \varphi + \psi) y \tag{5.20}$$

将式（5.18）代入式（5.20）得：

$$g = (\tau \varphi + \psi) A k^{1-\alpha} (\lambda g)^\alpha \tag{5.21}$$

由式（5.21）可得：

$$\lambda g/k = [A\lambda(\tau \varphi + \psi)]^{1/(1-\alpha)} \tag{5.22}$$

将式（5.22）代入式（5.19）得到资本的边际产出为：

$f_k = (1-\alpha)A^{1/(1-\alpha)}[\lambda(\tau \varphi + \psi)]^{\alpha/(1-\alpha)}$，而私人资本的边际收益率则可用 $(1-\tau-\psi+\psi \cdot r)f_x$ 替代 $(1-\tau)f_x$，其中 r 为地方政府举债的利率。此时稳态时经济增长率为：

$$\gamma = (1/\delta) \cdot [(1-\alpha)A^{1/(1-\alpha)} \cdot (1-\tau-\psi+\psi \cdot r)(\lambda \tau \varphi + \lambda \psi)^{\alpha/(1-\alpha)} - \beta] \tag{5.23}$$

政府的最优负债率应满足：

$$\partial\gamma/\partial\psi = 0, \text{即} \psi^* = \frac{\alpha}{(1-\alpha)(1-r)}[(1-\tau-(1-r)\varphi] - \tau \varphi$$

当 $\partial\gamma/\partial\psi > 0$ 时，即负债率 $\psi < \frac{\alpha}{(1-\alpha)(1-r)}[(1-\tau-(1-r)\varphi] - \tau \varphi$ 时，稳态时经济增长率将会随着负债率 ψ 的增加而增加。

当 $\partial\gamma/\partial\psi < 0$ 时，即当 $\psi > \frac{\alpha}{(1-\alpha)(1-r)}[(1-\tau-(1-r)\varphi] - \tau \varphi$ 时，稳态时经济增长率将会随着负债率 ψ 的增加而降低。

第二节　我国地方政府性债务与区域经济增长关系的统计分析

下面依次从债务总规模与债务的相对规模来探讨地方政府性债务对区

---

① 根据我国债务审计报告，地方政府融资主要用于市政建设、交通运输和土地收储、科教文卫、保障性住房与农林水利等，基本是用于购买性支出。

域经济增长的影响。

一 地方政府性债务绝对规模与区域经济增长关系

根据 2014 年 1 月我国 30 个省市的审计部门陆续公布的 2013 年各省市债务审计报告，我们整理了截至 2013 年 6 月底我国 30 个省市自治区的各类债务余额及各省市自治区 2013 年的 GDP①（见表 5 - 1），发现债务规模最大的是江苏省，该省各级政府债务总额达到了 14769 亿元，其次是广东与四川分别以 10166 亿元和 9230 亿元占据第二位和第三位。而从负债率②来看，比重最高的前三个省市依次是贵州、重庆和云南，分别为79.0%、58.2% 和 50.8%，最低的依次是山东、广东和河南，负债率分别为 13.0%、16.4% 和 17.2%。

表 5 - 1　　2013 年 6 月底各省市自治区各类债务余额统计结果　单位：亿元、%

省市自治区名称	需偿还债务	已担保债务	可能救助债务	各类债务总和	2013 年 GDP	负债率
贵州	4623	974	725	6322	8006	79.0
重庆	3575	2300	1485	7360	12656	58.2
云南	3824	439	1691	5954	11720	50.8
青海	745	161	152	1058	2103	50.3
甘肃	1221	434	1318	2973	6300	47.2
海南	1050	225	135	1410	3146	44.8
上海	5194	523	2729	8446	21602	39.1
北京	6506	152	896	7554	19500	38.7
陕西	2733	947	2413	6093	16045	38.0
四川	6531	1651	1048	9230	26260	35.1
天津	2263	1480	1089	4832	14370	33.6
山西	1521	2334	324	4179	12602	33.2
吉林	2581	973	694	4248	12981	32.7
新疆	1642	808	296	2746	8510	32.3
湖南	3478	733	3526	7737	24501	31.6
湖北	5151	777	1753	7681	24668	31.1

---

① 由于这次未对西藏进行债务审计，我们后面关于地方政府债务的所有分析都不涉及该自治区，同时也不包含中国香港、中国澳门和中国台湾。且文中涉及 2013 年各省市自治区 GDP 的数据，我们也是根据各省对外公布的一些报告整理得到。

② 此处负债率我们是以各类债务总额占 GDP 的比重来定义的，而之后计量分析中所指的负债率由于受年度数据的可获得性的限制，我们以需偿还债务占 GDP 的比重来定义的。

续表

省市自治区名称	需偿还债务	已担保债务	可能救助债务	各类债务总和	2013 年 GDP	负债率
宁夏	502	181	108	791	2600	30.4
广西	2071	1231	1028	4330	14378	30.1
辽宁	5663	1258	669	7590	27100	28.0
安徽	3077	601	1619	5297	19038	27.8
江西	2426	833	673	3932	14338	27.4
内蒙古	3392	867	283	4542	17000	26.7
河北	3962	949	2603	7514	28301	26.6
江苏	7636	977	6156	14769	59162	25.0
黑龙江	2042	1050	496	3588	14800	24.2
福建	2454	244	1684	4382	21759	20.1
浙江	5088	327	1513	6928	37568	18.4
河南	3528	274	1740	5542	32155	17.2
广东	6932	1021	2213	10166	62163	16.4
山东	4499	1219	1390	7108	54684	13.0

资料来源：债务数据均来源于各省市自治区 2014 年 1 月 24 或 25 日公布的债务审计报告。

我们用图 5 - 1① 来刻画各省市 2013 年 GDP 总量和 2013 年 6 月底各省市对应的各类债务总额之间的关系。

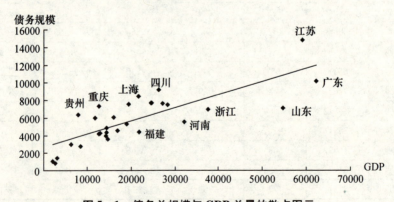

图 5 - 1　债务总规模与 GDP 总量的散点图示

注：横轴表示各省市 2013 年 GDP 总量，纵轴表示 2013 年 6 月底各省市政府债务总规模（单位：亿元）。

———————

① 由于受作图版面限制，我们只在散点图对应点上填写了 GDP 与债务规模比较突出的部分省市。

从各省市 GDP 总量与债务总规模散点图（见图 5 - 1）可以看出，GDP 总量最大的省市，其债务规模并不一定就最大。但总体上仍表现为 GDP 较大的省市，其债务规模一般也比较大，从散点图的趋势线我们也可以看出，各省市的债务规模与本地区经济的发展水平呈正相关关系比较明显。

二　地方政府性债务相对规模与区域经济增长关系

接下来从政府债务的相对规模来探索其对区域经济增长的影响。考虑政府债务转化为公共资本并对经济产生影响一般具有滞后性和持续性特点，且债务余额也是历年累计的一个存量，单一以当年的 GDP 总量与当年的债务余额总量不足以反映债务是否促进了区域经济的增长，下面我们借鉴莱恩哈特和罗戈夫的分析思路①，通过债务余额占 GDP 的比重与 GDP 的增长速度来分析二者之间的关系。

根据我国 2011 年的债务审计报告，我国的地方政府性债务规模主要有两个较快的增长时期，分别是在 1997 年的东南亚金融危机和 2008 年的全球金融危机后，其中 1998 年和 2009 年债务余额分别比上年增长了 48.20% 和 61.92%。也就是说，2013 年 6 月底各省市自治区累计的债务余额基本上是 2008 年全球金融危机后形成的。考虑数据的可得性，考察的主要是 2009 年以来各省市自治区的 GDP 与债务发展状况，同时考虑政府债务对经济的作用周期，根据《中国统计年鉴》（2013）及各省市自治区公布的 2013 年的 GDP，整理了各省市自治区自 2009—2013 年 5 年的 GDP 数据，并根据我国各省市自治区债务审计结果我们发现各省市自治区负债率在 13.0%—79.0%，依据负债率从低到高将 30 个省市分成了三组：债务/GDP≤30%（12 个省市自治区）；30% < 债务/GDP≤50%（14 个省市自治区）；债务/GDP > 50%（4 个省市自治区）。同时考虑一些特殊原因（比如一些自然灾害）可能扰动区域经济个别年度的正常增长，若采用年度数据对我们研究结果可能造成较大的偏差，为了消除这一影

---

① 莱恩哈特和罗戈夫（2010）收集了 20 多个发达经济体自 1946—2009 年的债务与经济增长数据，将样本分成四组：债务/GDP≤30%（443 个观测值）；30% < 债务/GDP≤60%（442 个观测值）；60% < 债务/GDP≤90%（199 个观测值）；债务/GDP > 90%（96 个观测值），然后计算每组 GDP 增长率中位数和平均数，发现前三组没有大的区别，而第四组的 GDP 增长率中位数和平均数明显比前三组低很多。因此，他们认为，债务/GDP 小于 90% 时，债务与经济增长关系并不明显，而债务/GDP 大于 90% 时，债务与经济增长是负相关的。因此，得出了政府债务阈值为 90% 这一结论。

响，我们考察 3—4 年各省市自治区 GDP 累计增长率。先计算 2009—2013 年每组四年 GDP 累计增长率①的平均数和中位数，结果如表 5 - 2 所示。

表 5 - 2　　　　　　　　　　　四年 GDP 累计增长率

债务区间	均值	中位数
债务/GDP≤30%	0.72	0.72
30% < 债务/GDP≤50%	0.83	0.87
债务/GDP > 50%	0.90	0.94

从表 5 - 2 可以看出两个明显特征：

（1）从负债率由低到高的区间来看，各区间四年 GDP 累计增长率的均值分别为 0.72、0.83 和 0.90，中位数分别为 0.72、0.87 和 0.94，也就是说负债率越高的区间，无论是均值还是中位数，GDP 累计增长率都比负债率低的区间要高。这说明，总体上看，负债率高的省市自治区比负债率低的省市自治区其经济增长的速度要快。

（2）从各区间平均数和中位数的差值来看，负债率在区间（30%，50%］的均值和中位数比在区间（0，30%）的要分别高 11% 和 15%，而负债率在大于 50% 的区间的均值和中位数比负债率在区间（30%，50%］的都只高出 7%，这说明随着负债率的提高，各区间均值和中位数的差值明显减小，这也就意味着随着负债率逐步增高，经济增长的速度具有收敛性特征。

为了进一步检验结果的稳健性，又分别计算 2010—2013 年每组三年 GDP 累计增长率的中位数和平均数，结果如表 5 - 3 所示。

表 5 - 3　　　　　　　　　　　三年 GDP 累计增长率

债务区间	均值	中位数
债务/GDP≤30%	0.43	0.43
30% < 债务/GDP≤50%	0.49	0.53
债务/GDP > 50%	0.50	0.61

从表 5 - 3 明显可以看出，从债务区间由低到高看，三年累计 GDP 增长率均值分别为 0.43、0.49 和 0.50，中位数分别为 0.43、0.53 和 0.61，

① 四年 GDP 的累计增长率采用的公式是：（2013 年的 GDP - 2009 年的 GDP）/2009 年的 GDP，三年的 GDP 累计增长率采用的公式是：（2013 年的 GDP - 2010 年的 GDP）/2010 年 GDP。

也就是说，增长率在逐渐增加，但增长率差额在减小。负债率在大于50%的区间的均值与负债率在区间（30%，50%］的均值非常接近了。这一结果进一步强化了表5－2揭示的特征，即负债率越高的区间，经济增长速度越快，而随着负债率提高经济增长速度的收敛性特征更加明显。

另外还可以看出，在负债率大于50%的区间，相对区间（30%，50%］而言，无论是三年还是四年的GDP累计增长率，其均值并没有降低，这就意味着，总体上说，该区间的四个省市自治区的政府债务还没有逾越理论上存在的债务阈值。而该区间四省市负债率均值为59.6%，也间接地说明我国地方政府的债务阈值所在区间其下限应该大于59.6%（否则经济增长率应该下降），但是，该区间的三年GDP累计增长率上升趋势明显钝化，几乎没有增加，因此债务阈值所在区间上限距离59.6%也不会太远，这一结果与国际上公认的负债率60%这一警戒线似乎殊途同归。

第三节 地方政府性债务对区域经济增长影响的计量检验

从上述统计结果发现，中国地方政府性债务与区域经济增长的关系并非简单的线性关系，随着负债率的提高，经济增长速度的收敛性特征预示二者之间可能存在更为复杂的非线性关系，为了进一步深入探究二者之间的关系，下面采用更严谨的计量方法对其进行检验。

一 计量检验的基本模型

基于巴罗模型的拓展分析可以看出，政府负债率的高低会直接影响经济的增长，因此负债率可以直接作为经济增长的一个解释变量，且经济增长还取决于很多其他因素，同时借鉴当前国外的一些处理方法，我们采用了以下动态面板回归模型（Kumar and Woo，2010；Hausmann and Panizza，2012；Cecchetti et al.，2012；Checherita－Westphal and Rother，2012）进行计量检验：

$$y_{i,t-(t-n)} = \alpha \ln y_{i,t-n} + \beta D_{i,t-n} + \gamma X_{i,t-n} + \tau_t + \eta_i + \varepsilon_{i,t} \quad (5.24)$$

其中，$y_{i,t-(t-n)}$表示i国从$t-n$到t时期的人均GDP的增长率，且一般用$t-n$到t时期的人均GDP的自然对数的差来表示，$y_{i,t-n}$表示i国$t-n$时期的人均GDP，$D_{i,t-n}$表示i国$t-n$时期政府债务占GDP的比重，$X_{i,t-n}$

表示 i 国 $t-n$ 时期的影响经济增长的一组控制变量。而这组控制变量主要包括实际人均 GDP、人口增长率、初等教育入学率、政府消费在财政支出中的份额、贸易的开放度、投资占 GDP 比重等。[①]

二　变量描述与数据处理

借鉴上述国外处理方法，并基于数据可得性，将解释各省市经济增长的主要变量确定为负债率、人均实际 GDP 增长率、经济开放度和投资率。

虽然我国地方政府性债务最早产生于 1979 年，但由于我国《预算法》的限制，地方政府性债务很长一段时间规模较小，且很长时间没有公开的地方政府性债务数据。只有最近几年才开始对地方政府性债务数据进行比较全面的审计。根据我国 2011 年的债务审计报告，我国的地方政府性债务规模主要有两个较快的增长时期，分别是在 1997 年的东南亚金融危机和 2008 年全球金融危机后，其中 1998 年和 2009 年债务余额分别比上年增长 48.20% 和 61.92%。由于得不到历年的地方政府债务数据，我们只有根据国家审计署 2011 年及 2013 年的债务审计公报和各省市自治区审计部门对 2013 年这次债务审计公布的结果，整理了 2013 年 6 月底我国 30 个省市自治区的债务余额。[②] 下面我们对解释变量进行简要描述。

（1）负债率。负债率的处理是实证分析最关键也是最难的一个环节，由于各省市自治区债务审计结果只有 2010 年年底、2012 年年底和 2013 年 6 月底的债务数据，且债务审计结果报告中最清晰的只有负有偿还责任的债务数据。所以我们实证分析都只能采用直接的显性债务数据[③]，因此

---

① Sala – i – Martin, X., G. Doppelhofer 和 R. Miller（2004）为了检验经济增长回归的稳健性，曾考虑了 67 个经济增长的解释变量，并根据回归系数的显著程度对其进行排序，后来确定了 18 个对回归模型的解释力有较高边际贡献的解释变量。

② 由于这次未对西藏进行债务审计，后面关于地方政府债务的所有分析都不涉及该自治区，同时也不包含中国香港、中国澳门和中国台湾。且书中涉及 2013 年各省市自治区 GDP 的数据，也是根据各省对外公布的一些报告整理得到，有需要的可以向作者索取。

③ 在各省市自治区公布的债务数据中，贵州、天津没有 2012 年和 2010 年债务数据，但审计报告中对负有偿还责任的债务相对 2010 年的年均增长率有所表述，分别为 25.2% 和 9%，浙江特殊，2013 年 6 月底，浙江省负有偿还责任的债务余额 5088.24 亿元，其中县以上 4861.61 亿元，比 2010 年年底的 3515.74 亿元增加 1345.87 亿元，年均增长 13.84%，江苏有 2012 年数据和年增长率，没有 2010 年数据，其他省市自治区都有 2010 年年底、2012 年年底、2013 年 6 月底的债务数据，因此我们以此并结合各省市公布的年均增长率递推与补齐 2009 年、2011 年、2013 年的年度债务数据，最后除以当年该省市自治区的 GDP，就得到 2009—2013 年五年的时间序列数据。这样得到的时间序列数据固然有一定误差，但比起通过选取债务代理变量所造成的结果偏误要小得多，且根据年均增长率得到的数据也降低了数据的波动性对结果的影响。

下面我们分析的负债率中涉及的债务只包括负有偿还责任的这部分，而不包含政府已担保债务和可能存在救助的债务。

（2）人均实际 GDP 增长率。根据 2009—2013 年《中国统计年鉴》得到各省市自治区历年的 GDP 的数据，并除以当年的该省市自治区的人口数，得到其名义人均 GDP，然后再除以当年该省市自治区的 CPI 指数。[①]

（3）经济开放度。用以衡量该省市经济的外向程度，我们用各省市年度进出口额除以当年该省市的 GDP 总量，进出口额来源于统计年鉴中的按经营单位所在地分地区的数据。而从 2009—2012 年来看，这四年开放度各省市自治区变化很小，所以 2013 年我们用各省市自治区这四年的平均值代替，对计量结果也不会有实质性影响。

（4）投资率。投资率是投资占 GDP 的比重，考虑其对经济影响的滞后性，依次采用上年的投资率来解释当年的经济增长率。

由于以上数据来源于除西藏外的 30 个省市自治区，且数据采集范围在 2009—2013 年，每个变量的观测值为 150 个，各变量的统计性质如表 5-4 所示。[②]

表 5-4　　　　　　　　各变量统计性质

变量	变量含义	样本	均值	标准差	最小值	最大值
y_1	经济增长率	120	0.1217	0.0546	-0.0007	0.2106
i	投资率	150	0.5866	0.1339	0.3400	0.9700
n	人口增长率	150	0.0052	0.0026	-0.0004	0.0112
x	开放度	150	0.3100	0.3772	0.0400	1.5500
z	负债率	150	0.2000	0.1039	0.0623	0.6461

注：经济增长率由于滞后期的原因损失了 30 个观测值。

从表 5-4 可以看出负债率均值为 0.2，根据负债率观测值的数值分布特征，我们将样本分成四组：负债率≤12%（26 个观测值）；12%＜负债率≤20%（69 个观测值）；20%＜负债率≤30%（34 个观测值）；负债

① 由于得不到 2013 年各省市自治区 CPI 指数，2013 年各省市自治区的 CPI 指数统一采用 2.6%，根据《中国统计年鉴》对各省市自治区公布的 CPI 历年指数来看，各省市自治区之间差异很小，因此，这样处理对结果影响甚微。

② 各变量统计性质结果及后面的计量检验均采用软件 Stata11.0 版本。

率 >30%（21 个观测值），然后计算每组人均 GDP 增长率的平均数，计算结果如图 5 - 2 所示，分别为 0. 1216、0. 1159、0. 1079 和 0. 1319。发现前三组人均 GDP 增长率均值随着负债率的增加而逐渐下降，而当负债率大于 30% 以后，人均 GDP 增长率均值由 0. 1079 跃升到了 0. 1319，这说明各省市自治区负债率与人均 GDP 增长率之间可能存在一种 U 形关系。

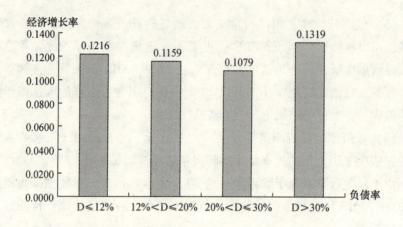

图 5 - 2　各省市自治区负债率与人均 GDP 增长率之间的关系

三　估计方法的选择

在式（5.24）中，由于解释变量中包含了被解释变量的滞后项，是一个典型的动态面板数据模型。对于这种模型，若采用 OLS 估计不论是固定效应还是随机效应，其估计量都是有偏的和非一致的（Badi H. Baltagi）[1]；如果采用工具变量法，Ahn 和 Schmidt 认为，其估计量虽然是一致的，但不一定是有效估计量。因此，一般采用广义矩估计（GMM）。广义矩估计又分为差分广义矩估计（DIF - GMM）和系统广义矩估计（SYS - GMM），DIF - GMM 的基本思想是对原方程进行差分，再用解释变量的滞后项作为差分方程中相应变量的工具变量。由于这种方法不需要寻找另外的工具变量，所以这种方法很受研究人员的青睐。不过，差分广义矩估计的方法通常存在弱工具性问题，在实际回归时，常出现 Sargan 检验显著拒绝原假设的情形。Arellano 和 Bover、Blundell 和 Bond 以及 Wind - meije 对此问题

---

① Baltagi, B. H. , *Econometrics* (4th ed.), Berlin Heidelberg：Springer - Verlag, 2008.

做了研究讨论，并给出了改进的办法，这种方法现在被称为 SYS – GMM 的方法，其实质是对初始模型中的前定变量和内生变量，选择它们一阶差分的滞后项作为工具变量。SYS – GMM 方法和 DIF – GMM 的差异主要在于：SYS – GMM 方法将差分方程和原水平方程联立起来组成方程组，并用变量滞后项作为差分方程相应变量工具，用差分变量的滞后项作为水平方程中相应变量工具。而对于工具变量滞后项的选择，可以用汉森（Hansen）统计量为依据。而且采用 SYS – GMM 方法，检验工具变量合理性的 Sargan 检验的统计值得到部分改善。[1] 另外，邦德·史蒂芬（Bond Stephen）等认为，在时间维度较短的情况下，SYS – GMM 方法得到的估计量优于 DIF – GMM 方法。[2] 考虑到本书的研究只有 5 年的面板数据，因此我们下面计量检验将主要采用 SYS – GMM 方法来估计。

四　计量检验与结果分析

对于变量间的非线性关系检验，尤其是对 U 形关系的检验，一种普遍做法是在解释变量中添加二次项[3]，借鉴这一做法，采用以下模型来检验各省市自治区债务与人均 GDP 增长的非线性关系：

$$y_{it} = \alpha y_{i,t-1} + \beta X_{it} + \gamma D_{it} + \delta D_{it}^2 + \varepsilon_{it} \tag{5.25}$$

其中，y_{it} 表示 i 省 t 时期的人均 GDP 的增长率，X_{it} 表示 i 省 t 时期影响经济增长率的一组控制变量（包括人口增长 n，投资占 GDP 比重 i，经济的开放度 X 等），D 表示负债率，计量结果如表 5 –5 所示。

表 5 –5 中（1）—（2）列是分别采用 DIF – GMM 与 SYS – GMM 两种计量方法得到的计量结果，（3）—（5）列则是考虑到控制变量的不显著性对负债率 D 及 D^2 的影响而采用 SYS – GMM 方法逐步删除解释变量 n、i 和 x 后的结果。从表 5 –5 中，我们明显可以看出负债率前面的系数都为负，且都在 1% 的水平上显著，删除解释变量 n、i 和 x 后，负债率二次项系数却为正，其显著性水平在 10% 以内，说明负债率与人均 GDP 增长率之间存在 U 形关系。

---

① 龙莹、张世银：《动态面板数据模型的理论和应用研究综述》，《科技与管理》2010 年第 2 期。

② Bond Stephen, Anke Hoeffler and Jonathan Temple, "GMM Estimation of Empirical Growth Panel Model", *CEPR Discussion Paper*, No. 3048, 2001.

③ Checherita – Westphal 和 Rother （2012）在检验 12 个欧元区国家的债务与经济增长的关系时，也使用了二次项。

表 5 - 5 　　　各省市自治区负债率与人均 GDP 增长率的非线性关系

变量	(1)	(2)	(3)	(4)	(5)
	DIF – GMM	SYS – GMM	SYS – GMM	SYS – GMM	SYS – GMM
y_{t-1}	0.847 ***	0.843 ***	0.846 ***	0.842 ***	0.810 ***
	(32.89)	(33.44)	(37.40)	(38.04)	(39.77)
D	- 1.424 ***	- 1.599 ***	- 1.648 ***	- 1.649 ***	- 1.313 ***
	(-3.01)	(-3.46)	(-3.72)	(-3.75)	(-3.03)
D^2	1.405 *	1.135	1.204 *	1.129	1.159 *
	(1.90)	(1.57)	(1.71)	(1.62)	(1.65)
i	- 0.131	- 0.122	- 0.130		
	(-0.99)	(-1.00)	(-1.07)		
x	- 0.0377	- 0.144 ***	- 0.144 ***	- 0.116 ***	
	(-0.24)	(-3.38)	(-3.44)	(-3.53)	
n	0.372	- 0.204			
	(0.36)	(-0.21)			
常数	1.999 ***	2.145 ***	2.117 ***	2.072 ***	2.296 ***
	(7.72)	(8.68)	(10.44)	(10.54)	(12.24)
N	90	120	120	120	120

注: t 统计量, * 表示 $p < 0.10$, ** 表示 $p < 0.05$, *** 表示 $p < 0.01$

接下来探索负债率与人均 GDP 增长率这种 U 形关系的临界值, 采用以下面板门限回归模型①:

$$y_{it} = \alpha y_{i,t-1} + \beta X_{it} + \gamma D_{it} + \delta(D_{it} - D_{it}^*)Z + \varepsilon_{it} \qquad (5.26)$$

其中, D^* 代表负债率的临界值, Z 为虚拟变量, 如果负债率高于临界值 D^* , 则取值为 1 , 否则取值为 0 , 其他参数和式 (5.25) 相同。由于各省市自治区负债率所在区间为 (0.0623, 0.6461), 且根据观测值的分布情况, 其临界值我们从 0.15 开始, 然后每间隔 0.05 依次取值, 采用 SYS – GMM 计量方法, 结果如表 5 – 6 所示:

观察到负债率 D 前面系数一直显著为负数, 且该系数绝对值随着临界值的增加在逐渐衰减。而虚拟变量前的系数开始一直显著为正, 但在临界值为 0.25 后, 其系数的显著性水平开始变差, 在临界值为 0.30 后, 虚

---

① 这一模型及处理方法借鉴了凯瑟琳·帕蒂洛 (2002) 的做法。

拟变量前的系数已不显著了，且当临界值为 0.35 时，系数也由正数变为
负数了。为了进一步探索临界值范围，又在 0.25—0.35 之间取临界值
0.275 和 0.325，结果在临界值为 0.275 时，虚拟变量前的系数仍为正，
且依然显著，而在临界值为 0.325 时，虚拟变量前的系数变为负数了，但
不显著。且在临界值为 0.275 时，在负债率前的系数与虚拟变量前的系数
都能通过显著性水平，二者和虽仍为负数，但其和的绝对值明显降低，这
就说明负债对经济增长的边际副作用在逐渐衰减。这一结果也符合图 5 -
2 中的描述性统计分析结果，当负债率在 20%—30%，人均 GDP 增长率
最低。而当负债率超过 30% 时，人均 GDP 增长率明显增加。这些数据的
变化使我们有理由相信负债率与人均 GDP 增长率 U 形关系的临界值范围
应该在 0.275—0.325。

表 5 - 6 　　　　　　　　负债率对人均 GDP 增长率的影响

变量	(1)	(2)	(3)	(4)	(5)	(6)	(7)
D^*	0.15	0.2	0.25	0.275	0.3	0.325	0.35
y_{t-1}	0.853***	0.878***	0.866***	0.853***	0.841***	0.831***	0.829***
	(33.37)	(35.53)	(34.27)	(33.15)	(32.82)	(33.29)	(33.67)
i	-0.114	-0.105	-0.128	-0.128	-0.118	-0.0890	-0.0875
	(-0.95)	(-0.92)	(-1.09)	(-1.05)	(-0.95)	(-0.71)	(-0.70)
n	-0.237	-0.230	-0.142	-0.218	-0.282	-0.453	-0.536
	(-0.25)	(-0.26)	(-0.15)	(-0.23)	(-0.29)	(-0.46)	(-0.55)
x	-0.170***	-0.176***	-0.154***	-0.150***	-0.146***	-0.141***	-0.145***
	(-3.86)	(-4.33)	(-3.72)	(-3.51)	(-3.39)	(-3.27)	(-3.34)
D	-2.083***	-2.291***	-1.704***	-1.399***	-1.115***	-0.861***	-0.810***
	(-3.67)	(-6.78)	(-6.21)	(-5.26)	(-4.33)	(-3.63)	(-3.77)
Z	1.197**	1.661***	1.195***	0.843**	0.376	-0.224	-0.511
	(2.10)	(4.56)	(3.60)	(2.36)	(0.93)	(-0.47)	(-0.90)
常数	2.132***	1.922***	1.966***	2.049***	2.125***	2.175***	2.187***
	(8.69)	(8.08)	(7.97)	(8.13)	(8.42)	(8.71)	(8.75)
N	120	120	120	120	120	120	120

注：t 统计量，* 表示 $p < 0.10$，** 表示 $p < 0.05$，*** 表示 $p < 0.01$。

　　接下来的问题就是为什么负债率小于临界值之前，负债率与人均

GDP 增长率之间负相关非常明显，而大于临界值滞后这种负相关就不再显著了。且由图 5 - 2 显示负债率在 30% 以上的省市自治区人均 GDP 增长率明显比负债率在区间（20%，30%）的省市自治区要高。一个合理的解释是我们发现负债率较低的大部分省市自治区经济比较发达，而总的负债规模却比较大，如山东、江苏、浙江、广东，这些地区中小企业较多，在可贷资金既定的条件下，政府的举债对企业贷款排挤效应可能比较明显，因为一个非常普遍的现象是在发达地区大部分中小企业在资金短缺的情况下，不得不借助于民间高利贷，从而政府举债的一个负面影响就是削弱了实体经济的发展。而对于负债率较高的省市自治区，大部分是中西部省份，如贵州、青海、云南，这些省份经济原本欠发达，企业数目少，政府的举债对企业贷款的排挤效应小。而且政府举债资金主要投向基础设施，这有利于激活社会的闲散资金，从而促进该区域经济的增长。

从其他解释变量看，滞后 1 期的人均 GDP 对数前系数为正，说明经济增长的一种惯性和动力依然存在。而投资率、人口增长率与人均 GDP 增长关系在所有临界值条件下均不显著，但经济开放度在各种临界值条件下都显著为负，似乎表明开放度的提高反而不利于经济的增长，与这经济学的一般直觉似乎有点相反，造成这一结果的一种合理解释是由于 2008 年金融危机后，开放度较高的省市，如北京、上海、广东等地依靠外需来拉动经济增长的因素已经弱化了，而贵州、云南、甘肃等中西部地区内需在拉动经济增长的作用越来越明显，从而数据上显示开放度越高的地区人均 GDP 增长速度慢，开放度低的地区人均 GDP 增长速度反而快。根据 2008—2009 年各地区出口额数据，计算出我国北京、上海、广东三省市在 2009—2012 年四年期间出口额的年均增长率分别为 1.6%、6.5% 和 10.0%，而同期该值的全国均值为 20.7%（见表 5 - 7）。也就是说，开放度比较高的地区，出口额的增速明显比全国的平均水平低很多，而开放度较低的地区，往往出口的增速也很快，这说明外需对经济的拉动作用开放度低的地区更明显，从而计量检验上也会显示开放度与经济增长速度呈反向关系。再从资本的形成率来看，以 2012 年的数据为例，北京、上海、广东分别为 41.4%、38% 和 40.1%，而同期贵州、云南、甘肃分别为 60.8%、83.2% 和 58.4%[1]（见表 5 - 8），这些数据间接地说明了我国近

---

[1] 上述数据是根据 2009—2013 年的《中国统计年鉴》相关数据计算得到。

几年区域经济增长较快的中西部地区无论是外需还是以投资为主的内需拉动作用都比东部沿海地区要明显，从而经济增速也整体表现较快。

表5-7　　2009—2012年我国各省市自治区出口年度增长速度

地区	2009年	2010年	2011年	2012年	四年均值
北京	-0.15861	0.145866	0.064235	0.010762	0.015562
天津	-0.29001	0.253978	0.186665	0.086116	0.059188
河北	-0.34641	0.437732	0.266594	0.035994	0.098478
山西	-0.69335	0.657406	0.153591	0.29325	0.102724
内蒙古	-0.35535	0.440061	0.405631	-0.15294	0.084351
辽宁	-0.20572	0.289804	0.184313	0.135509	0.100976
吉林	-0.3451	0.432301	0.116596	0.197084	0.10022
黑龙江	-0.4001	0.614817	0.085512	-0.18321	0.029256
上海	-0.16169	0.274464	0.160252	-0.01404	0.064747
江苏	-0.16313	0.358131	0.155436	0.050972	0.100352
浙江	-0.13794	0.356746	0.198846	0.037752	0.113852
安徽	-0.21802	0.396827	0.376202	0.56583	0.280209
福建	-0.06444	0.340854	0.298555	0.053802	0.157192
江西	-0.04635	0.820735	0.630587	0.147957	0.388231
山东	-0.14705	0.311167	0.206158	0.023837	0.098529
河南	-0.31473	0.433469	0.827261	0.542442	0.372111
湖北	-0.14776	0.447248	0.352644	-0.00697	0.161291
湖南	-0.34719	0.448642	0.244823	0.272462	0.154685
广东	-0.11514	0.26253	0.173736	0.079192	0.100078
广西	0.139903	0.146585	0.297268	0.241616	0.206343
海南	-0.17551	0.773096	0.095368	0.2339	0.231714
重庆	-0.252	0.749723	1.648126	0.944749	0.772648
四川	0.078962	0.329666	0.540675	0.325273	0.318644
贵州	-0.28628	0.415423	0.554587	0.65899	0.335679
云南	-0.09453	0.685208	0.24543	0.057526	0.223409
西藏	-0.46935	1.053498	0.534117	1.836528	0.738698
陕西	-0.25882	0.556666	0.13318	0.229884	0.165227
甘肃	-0.54069	1.226728	0.318109	0.655355	0.414874
青海	-0.39901	0.850899	0.419621	0.101146	0.243165
宁夏	-0.40961	0.574848	0.367032	0.026064	0.139584
新疆	-0.43342	0.186024	0.297415	0.149766	0.049947

资料来源：根据2008—2013年《中国统计年鉴》计算得到。

表 5 – 8   2012 年按支出法计算的我国各省市自治区 GDP 及构成

地区	支出法地区生产总值（亿元）	最终消费支出	资本形成总额	货物和服务净流出	消费率（%）	投资率（%）
北京	17879.4	10655.1	7409.6	-185.3	59.6	41.4
天津	12893.9	4879.4	9848.4	-1833.95	37.8	76.4
河北	26575.0	11081.1	15244.6	249.28	41.7	57.4
山西	12112.8	5506.1	8223.9	-1617.1	45.5	67.9
内蒙古	15880.6	6244.2	13442.1	-3805.7	39.3	84.6
辽宁	24846.4	10073.2	15492.1	-718.9	40.5	62.4
吉林	12688.4	4942.0	9136.2	-1389.9	38.9	72.0
黑龙江	13691.6	7260.5	8143.7	-1712.6	53.0	59.5
上海	20181.7	11528.6	7674.8	978.3	57.1	38.0
江苏	54058.2	22714.6	27258.1	4085.6	42.0	50.4
浙江	34665.3	16509.4	15460.7	2695.2	47.6	44.6
安徽	17212.1	8439.0	8855.8	-82.7	49.0	51.5
福建	19701.8	7882.9	11304.8	514.1	40.0	57.4
江西	12948.9	6314.3	6513.7	120.9	48.8	50.3
山东	50013.2	20543.7	27551.5	1918.0	41.1	55.1
河南	29599.3	13338.4	22060.0	-5799.1	45.1	74.5
湖北	22659.4	9982.8	12554.7	121.9	44.1	55.4
湖南	22154.2	10166.1	12488.8	-500.7	45.9	56.4
广东	57067.9	29264.3	22871.9	4931.8	51.3	40.1
广西	13035.1	6518.0	11068.5	-4551.3	50.0	84.9
海南	2855.5	1386.3	2009.9	-540.6	48.5	70.4
重庆	11409.6	5393.1	6341.4	-324.8	47.3	55.6
四川	23872.8	11926.7	12496.0	-549.9	50.0	52.3
贵州	6852.2	3950.6	4164.4	-1262.8	57.7	60.8
云南	10309.5	6306.8	8576.4	-4573.6	61.2	83.2
西藏	701.0	452.7	708.7	-460.3	64.6	101.1
陕西	14453.7	6387.1	9915.2	-1848.6	44.2	68.6
甘肃	5650.2	3328.0	3298.1	-975.8	58.9	58.4
青海	1893.5	997.4	1719.3	-823.1	52.7	90.8
宁夏	2341.3	1184.0	2086.9	-929.6	50.6	89.1
新疆	7505.3	4262.5	5792.2	-2549.4	56.8	77.2

资料来源：《中国统计年鉴》（2013）。

五　主要结论

第一，根据 30 个省市自治区截面数据统计分析发现，地方政府债务（包含负有偿还责任的债务、担保类债务和承担救济责任的其他债务）与区域经济增长之间存在正向关系。而这一结论与采用 30 个省市自治区 2009—2013 年的面板数据（政府债务只包含负有偿还责任的债务）所作的实证检验结果①在负债率大于 0.275 时有相似之处。

第二，根据文中的描述性统计方法及计量检验可以得出，我国地方政府负债率与区域经济增长之间存在 U 形关系，这与国外大部分学者认为政府债务与经济增长之间的倒 U 形关系②刚好相反，且通过面板门限回归发现，负债率与人均 GDP 增长率 U 形关系的临界值范围在 0.25—0.30。

第三，这种 U 形关系也间接地说明不能简单地以政府债务规模大小判断政府举债是否合理。因为 U 形关系也隐含说明，较快的经济增长既可以在低负债率的省市自治区实现，也可以在高负债率的省市自治区产生。因此，政府大规模举债并不是促进经济增长的必要条件。

第四，尽管大规模举债确实能在一定程度促进区域经济快速增长，如负债率较高的贵州、重庆就是一个很好的例证，不过我们并不能以此作为政府盲目举债的理论依据与借口。地方政府应该结合本地的经济发展状况、经济增长的内外条件来分析是否需要举债。对于一些经济增长缺乏外在诱因及内在动力的省份，较大规模的政府举债仍可看作拉动区域经济增长的一个可行选项。但是对于一些经济基础较好、内外条件俱佳的省市，并不需要借助政府举债，关键是要激发已有的增长潜力，从而实现区域经济的快速增长。

第五，站在国家角度，不能仅以负债率的高低作为对各省市自治区的政府举债规模是否合理及其风险大小判断的唯一尺度，控制债的规模及增长速度需考虑区域经济的均衡发展，对国家总体债务规模的控制比给各省市自治区制定统一的政府债务"红线"对于防范政府债务风险更有意义。

---

①　即我国地方政府负债率与区域经济增长之间 U 形关系中的递增部分说明：负债率越高，经济增长速度越快。

②　Ugo Panizza and Andrea Filippo Presbitero（2013）也曾发现在一些国家负债率与经济增长率之间存在 U 形关系，详见 Ugo Panizza and Andrea Filippo Presbitero, "Public Debt and Economic Growth in Advanced Economies: A Survey", *Mo. Fi. R. Working Papers* 78, 2013.

　　总之，书中计量检验结果及描述性统计说明在负债率高于 30% 左右以后，负债率的提高有助于经济增长，但并不能以此断言负债率越高就越好，因为一个国家或地区不受限制地通过举债发展经济，会影响经济发展的可持续性。同时，由于我国较长时间序列的地方政府债务数据目前并不能得到，实证结论是基于最近五年的面板数据，较高的负债率与区域经济增长之间的正向关系在长期是否存在，以及在负债率超过某一数值时是否存在拐点？这些都需要更多数据来佐证，也有待进一步深入研究。

第六章 经济增速放缓对我国地方政府性债务可持续问题的影响

地方政府债务不仅会影响区域经济增长，经济增长的变化同样也会影响地方政府性债务。在我国经济增长放缓乃至进入"新常态"的背景下，经济增长速度的变化将对我国地方政府性债务的可持续问题产生怎样的影响呢？鉴于我国地方政府性债务是我国整体性政府债务的主要构成部分，且经济增长的变化不但影响地方政府债务，也对我国整体性政府债务产生影响，也就是说要分析经济增长对政府债务的影响，实质上我们很难将地方政府债务从我国整体性债务剥离出来单独进行分析，因此本章主要分析经济增速的变化对我国整体性债务可持续问题的影响。

第一节 关于我国未来经济增长的相关争论

1978—2013 年，在这 36 年期间，我国年均经济增长率高达 9.9%，其中有 23 个年份经济增长率在 9% 以上，尤其是自 1991—2013 年，在这 23 年期间，年经济增长率均值更是高达 10.2%，除了因为 1998 年东亚金融危机和 2008 年全球经济危机影响的几年内，我国经济增长率几乎每年都在两位数以上（见表 6-1）[1]，按照国内学者白永秀、吴航（2013）对中国经济的发展速度的分类，将经济增长速度划分为四种类型：一是超高速增长：年均 GDP 增长率 9% 及其以上（他们的依据是 9% 以上的增长速度在世界经济中较为罕见，而且很少国家能保持 20 年以上的时间，因此可以称为超高速）；二是相对高速增长：年均 GDP 增长率在 6%—9%，三是正常增长：年均 GDP 增长率在 3%—6%；四是低速增长：年均 GDP

---

① 根据《中国统计年鉴》（2014）计算得到。

增长率在1%—3%。① 依据他们的这一分类，我国绝大部分年份经济增速都处于超高速增长，在全球来说都是罕见的。

表 6 – 1　　　　　　我国经济增长指数（1978—2013 年）一览

年份	国民总收入	国内生产总值	人均国内生产总值	年份	国民总收入	国内生产总值	人均国内生产总值
1978	111.7	111.7	110.2	1996	110.2	110.0	108.9
1979	107.6	107.6	106.1	1997	109.6	109.3	108.2
1980	107.8	107.8	106.5	1998	107.3	107.8	106.8
1981	105.2	105.2	103.9	1999	107.9	107.6	106.7
1982	109.2	109.1	107.5	2000	108.6	108.4	107.6
1983	111.1	110.9	109.3	2001	108.1	108.3	107.5
1984	115.3	115.2	113.7	2002	109.5	109.1	108.4
1985	113.2	113.5	111.9	2003	110.5	110.0	109.3
1986	108.5	108.8	107.2	2004	110.5	110.1	109.4
1987	111.5	111.6	109.8	2005	110.8	111.3	110.7
1988	111.3	111.3	109.4	2006	113.3	112.7	112.0
1989	104.2	104.1	102.5	2007	114.6	114.2	113.6
1990	104.1	103.8	102.3	2008	110.1	109.6	109.1
1991	109.1	109.2	107.7	2009	108.3	109.2	108.7
1992	114.1	114.2	112.8	2010	110.2	110.4	109.9
1993	113.7	114.0	112.7	2011	108.7	109.3	108.8
1994	113.1	113.1	111.8	2012	108.4	107.7	107.1
1995	109.3	110.9	109.7	2013	107.4	107.7	107.1

资料来源：《中国统计年鉴》（2014），本表按不变价格计算（上年 = 100）。

通过探究近些年经济增长的缘由发现，我国经济增长与我国的高投资率是密不可分的，尤其是自 2009 年以来，我国的投资率几乎每年都接近50%，这又与我国 2009 年的强刺激、中央推出的 4 万亿元投资和 10 万亿元配套贷款密切相关。与此同时，地方政府债务规模也呈现疯狂式增长，

---

① 详见白永秀、吴航《中国经济增长速度的演变趋势及相关对策》，《经济学动态》2013年第 8 期。

从 2008 年的 54816 亿元急剧飙升到 2013 年 6 月全国各级政府负有偿还责任的债务 206988.65 亿元①，几乎翻了 4 倍。这充分说明，2008 年以来在拉动我国经济快速增长的因素中，负债与投资可谓"功不可没"，但这种增长模式的可持续性已受到越来越多人的质疑与责难，也因此，着力防控债务风险被明确列为 2014 年我国经济工作的六大任务之一。然而，一旦这种依靠投资拉动经济增长模式的转型及我国经济增长内外环境的变化，我国经济增速是否还能一如既往地保持超高速发展呢？

对于中国未来经济增长预测，国内外有不少学者对这个问题进行了深入研究，霍尔兹（Holz，2006）预测，我国 2010—2025 年的经济增长率会保持在 7.05%—9.42%，张连城和韩蓓（2007）测算我国经济中期的潜在增长率为 9.5%，而长期则为 8.5% 左右。张延群和娄峰（2009）预测 2008—2020 年我国经济增长的平均速度为 7%—8%，且在较差的情况下只能达到 7%—8%，王小鲁等（2009）则认为，中国经济在 2008—2020 年仍然可能保持 9% 以上的增长率。刘世锦（2010）认为，在"十二五"末期，我国经济增长速度可能降低到 7% 左右。秦敬云、陈甬军（2011）基于我国省级面板模型预测我国经济增长长期演变趋势，认为到 2020 年，我国仍然能够维持在 10% 左右的高经济增长率。而由国务院发展研究中心和世界银行 2012 年联合编著的《中国 2030》，更是从多个角度分析和预测 2010—2020 年我国经济的平均增长率将在 7.4%—10.1%，而 2020—2030 年则会回落到在 4.2%—7.8%。袁吉伟（2012）运用 1978—2011 年的宏观经济数据，基于生产函数法估计出，我国此阶段的潜在产出和潜在经济增速为 10%，产出缺口呈现正负交替的古典经济波动周期，全要素生产率开始呈现下降趋势，并预计我国 2012—2030 年的潜在经济增速平均为 7.1%。詹勇（2013）基于拓展的索洛模型预测，中国经济的转折点将在 2—3 年之内到来，之后经济增速将大幅度下降，进入略高于 6% 的中速增长阶段。黄祖辉等（2014）采用可计算的一般均衡模型，利用联合国最新的人口预测，模拟分析中国 2010—2030 年人口结构变化及其相关的人口措施产生的经济效应后发现，由于人口老龄化导致的劳动力人口的下降，中国经济增长呈现逐步放缓的趋势，2025—2030

---

① 2008 年数据根据《全国地方政府性债务审计结果（2011）》报告中年度债务余额增长率推算得到，2013 年数据详见《全国政府性债务审计结果（2013）》。

年，中国的经济增速将下降到5.513%。而在中国发展高层论坛2015年经济峰会上，北京大学国家发展研究院名誉院长林毅夫对此信心满满，"中国未来10年或更长时间，会有年度经济增长8%的潜力，仍将是世界经济增长的最主要引擎。"[①]

从我国经济增长现实表现来看，由于2009年国务院推出的强刺激，使得我国的经济增长速度从2008年年末至2009年第三季度6%—8%这样一个中速度拉高到了2010年第一季度的11.90%（已达到峰值），但10%以上的增速只维持了三个季度。从2010年的第三季度就开始下降，几乎连续14个季度下降，到2014年第三季度，经济增速只有7.30%。而且自2012年第二季度以来，我国经济增长率就一直在8%以下运行（见表6-2）。2014年5月，习近平在河南考察，在他对我国经济增长的表述中，首次以"新常态"来描述当前经济周期中的中国经济。

表6-2　　　　　　自2008年以来中国各季度GDP增长变化一览　　　　单位:%

年份	第一季度	第二季度	第三季度	第四季度
2008	10.60	10.10	9.00	6.80
2009	6.10	7.90	8.90	10.70
2010	11.90	10.30	9.60	9.80
2011	9.70	9.50	9.10	8.90
2012	8.10	7.60	7.40	7.90
2013	7.70	7.50	7.80	7.70
2014	7.40	7.50	7.30	7.30

资料来源：根据中国统计局网站披露的相关数据整理得到。

2014年11月29日，在北京举行的以"寻路中国——告别狂飙突进的年代"主题的搜狐财经变革力峰会上，我国著名经济学家厉以宁也提到了对我国经济增速的看法，认为我国应该告别超高速增长的时代，过去几年的经济强刺激导致的高增长，实际上是没有按照经济规律来增长的，很少国家能够做到多年维持在10%以上的增长，甚至8%、9%也很难长

---

① 欧阳优：《林毅夫：中国经济至少还有10年8%的增速潜力》，《经济日报》，http://www.ce.cn/cysc/newmain/yc/jsxw/201503/22/t20150322_4893864.shtml，2015年3月21日。

期地维持下去。吴敬琏对厉以宁的说法也很认同，他认为，用高投资支撑的超高速度的增长已经不能维持了，中国应进入一个 GDP 增速的换挡期。他进一步解释，所谓狂飙突进，即如车开在四档上，一踩油门就往前冲了，但是，当前因后继无力已经不行了，现在应换到低档去，因为需要爬坡。[①] 他也引用新常态来描述我国当前的经济增长。

总之，关于未来我国经济增长问题已引起了众人的关注与热议，所得结论也有较大差异。不过，笔者认为，从长期来看，我国经济增速放缓应该属于大概率事件，下面我们将分析其原因。

第二节 我国经济增速放缓的必然性分析

从经济增长相关理论知道，影响一国经济增长的因素众多，从这些因素对经济增长影响的空间维度来分析，大致可以将这些因素分为内部因素与外部因素，如影响一国经济增长的经济结构、人口结构与技术进步等因素的变化可以归于内部因素，而世界经济增长与对外贸易环境等因素的变化可以归于外部因素。若从这些因素对经济增长影响的时间维度来分析，可以将影响经济增长的因素划分为短期因素与长期因素。短期因素主要是需求的变化，包含内需（消费和投资）与外需（主要是出口）。而长期因素主要包括生产要素的积累与技术进步，或者说经济长期增长的主要驱动力来自于技术进步、人口增长（包括教育与人力资本）和土地使用的变化等。无论是从空间维度还是从时间维度来分析，我们认为导致我国经济增速放缓的主要因素有以下几点：

一 老龄化的加剧将影响我国经济持续增长

所谓"人口红利"，是指一个国家的劳动年龄人口占总人口比重较大，抚养率（65 岁以上人口和 15 岁以上至 65 岁以下人口比重）比较低，为经济发展创造了有利的人口条件，整个国家的经济呈高储蓄、高投资和高增长的局面。中国近几十年能保持经济持续快速增长，"人口红利"的影响无疑是一个至关重要的原因。自我们实行计划生育以来，人口的出生

---

① 董丽玲：《吴敬琏厉以宁多年后首度同台，都说了些啥》，搜狐财经，http：//business. sohu. com/20141129/n406501329. shtml，2014 年 11 月 29 日。

率已经大幅下降，而另外，随着人们生活水平的提高、医疗服务的不断改善，人的寿命普遍被延长，人口年龄结构老龄化趋势日趋严重。据第五次人口普查数据显示，我国60岁以上的人口比例为10.45%。而第六次人口普查数据则显示，60岁以上的人口比例已跃升为13.31%。在这10年期间，60岁以上的人口比例上升了2.86%；而根据《中国统计年鉴》数据，我国老年人人口及其抚养比几乎逐年上升，老年人数占比已经由1982年的4.9%上升到2013年的9.7%，同期老年抚养比则由8.0%上升到13.1%（见表6-3）。据孟令国等（2014）预测，若不放开二胎，到2050年，我国60岁以上人口占比将达33%，而据世界银行及国务院发展研究中心（2012）的预测，在未来20年，老年人人口的抚养率将会翻倍，工作期年龄的人口则将从2015年后开始下降。根据新古典经济增长理论，影响经济增长的一个重要因素就是劳动人口。而我国人口结构的剧变，即劳动人口数量的下降及需抚养的老年人口数量的上升，将影响我国劳动力的供给，长期支撑我国经济快速发展的"人口红利"必将逐渐消失，这不仅会影响经济总量的增长，而且根据生命周期理论，储蓄率与人口的年龄结构之间往往存在倒U形关系，也就是说年轻人和老年人的储蓄率是比较低的，储蓄率主要集中在中年人，随着老年人占比的提高，必将导致我国整体储蓄率下降，这将进一步削弱影响我国经济长期增长的动力。

表6-3　　　　　　　　我国人口年龄结构和抚养比　　　　　　单位：万人

年份	总人口（年末）	按年龄组分						总抚养比（%）	少儿抚养比（%）	老年抚养比（%）
		0—14岁		15—64岁		65岁及以上				
		人口数	比重（%）	人口数	比重（%）	人口数	比重（%）			
1982	101654	34146	33.6	62517	61.5	4991	4.9	62.6	54.6	8.0
1987	109300	31347	28.7	71985	65.9	5968	5.4	51.8	43.5	8.3
1990	114333	31659	27.7	76306	66.7	6368	5.6	49.8	41.5	8.3
1991	115823	32095	27.7	76791	66.3	6938	6.0	50.8	41.8	9.0
1992	117171	32339	27.6	77614	66.2	7218	6.2	51.0	41.7	9.3
1993	118517	32177	27.2	79051	66.7	7289	6.2	49.9	40.7	9.2
1994	119850	32360	27.0	79868	66.6	7622	6.4	50.1	40.5	9.5
1995	121121	32218	26.6	81393	67.2	7510	6.2	48.8	39.6	9.2

续表

年份	总人口（年末）	按年龄组分						总抚养比（%）	少儿抚养比（%）	老年抚养比（%）
		0—14 岁		15—64 岁		65 岁及以上				
		人口数	比重（%）	人口数	比重（%）	人口数	比重（%）			
1996	122389	32311	26.4	82245	67.2	7833	6.4	48.8	39.3	9.5
1997	123626	32093	26.0	83448	67.5	8085	6.5	48.1	38.5	9.7
1998	124761	32064	25.7	84338	67.6	8359	6.7	47.9	38.0	9.9
1999	125786	31950	25.4	85157	67.7	8679	6.9	47.7	37.5	10.2
2000	126743	29012	22.9	88910	70.1	8821	7.0	42.6	32.6	9.9
2001	127627	28716	22.5	89849	70.4	9062	7.1	42.0	32.0	10.1
2002	128453	28774	22.4	90302	70.3	9377	7.3	42.2	31.9	10.4
2003	129227	28559	22.1	90976	70.4	9692	7.5	42.0	31.4	10.7
2004	129988	27947	21.5	92184	70.9	9857	7.6	41.0	30.3	10.7
2005	130756	26504	20.3	94197	72.0	10055	7.7	38.8	28.1	10.7
2006	131448	25961	19.8	95068	72.3	10419	7.9	38.3	27.3	11.0
2007	132129	25660	19.4	95833	72.5	10636	8.1	37.9	26.8	11.1
2008	132802	25166	19.0	96680	72.7	10956	8.3	37.4	26.0	11.3
2009	133450	24659	18.5	97484	73.0	11307	8.5	36.9	25.3	11.6
2010	134091	22259	16.6	99938	74.5	11894	8.9	34.2	22.3	11.9
2011	134735	22164	16.5	100283	74.4	12288	9.1	34.4	22.1	12.3
2012	135404	22287	16.5	100403	74.1	12714	9.4	34.9	22.2	12.7
2013	136072	22329	16.4	100582	73.9	13161	9.7	35.3	22.2	13.1

资料来源：《中国统计年鉴》（2014）。

二 经济结构变化将抑制劳动生产率的提高

在过去几十年中，国内经济的高速增长主要来自第二产业尤其是制造业部门的驱动，而这很大一部分归因于外资的流入，外资为我国制造业拓展了国外市场，获取了先进技术，这一特征在我国沿海地区尤为明显。最近十来年，随着制造业向我国中西部地区的转移，这一经济增长模式的复制同样也带来了这些地区的经济腾飞。众多事实与相关研究都表明，第二产业的劳动生产率一般高于第三产业，一国或一地区第二产业比重较大，则该国或该地区的经济增长速度也较快。如韩国在 1986—1995 年，第二产业比重在 41% 左右，第三产业比重在 48% 左右，该期间韩国 GDP 年均增长率高达 9.5%；而在 2002—2011 年，第二产业比重下降至 37% 左右，而第三产业比重升至 60% 左右，其 GDP 年均增长率下降至 3.79%。类似的现象在中国台湾也出现过，1981—1988 年中国台湾第二产业比重稳定在 46% 左右，第三产业比重在 47% 左右，这一时期，中国台湾地区的 GDP 年均增长率高达 8.37%，而在 2002—2010 年，第二产业比重降至 30% 左右，第三产业的比重上升至 67% 左右，这一时期中国台湾的 GDP 年均增长率降至 4.43%。殷宁宇（2014）还通过一个两部门经济模型证明了，随着第三产业比重上升，劳动生产率将下降这一结论。根据产业结构演变一般规律，当第二产业发展到一定程度后，第三产业必将取代第二产业成为国民经济的主体。而我国产业结构演变的事实也确实如此，我国第三产业占比已从 1981 年的 22% 上升到了 2013 年的 46.1%，而第二产业正呈现逐年下滑趋势，2006 年为 47.9%，2013 年已降至 43.9%（见表 6-4）。另据世界银行及国务院发展研究中心（2012）的预测，我国服务业在国内总产值中的占比到 2030 年将达到的 67%（《中国2030》），若依次论断，到那时我国第二产业占比将更低。正如国内学者达成的一种基本共识：我国经济增速放缓是经济结构调整必须付出的代价。调结构、转方式是我国近些年宏观调控的主要任务，而推进结构调整不可避免地会带来经济增速的放慢。在新形势下，我国高层领导在不同场合多次提出我们必须提高对经济减速的容忍度。国内各界几乎都认同我国经济目前处于结构调整阵痛期、经济增速换挡期和前期刺激政策消化期"三期叠加"阶段。当前我国宏观调控模式已经不同以往，政府不会片面追求 GDP 增长，而是统筹考虑充分就业、环保、结构调整、防控金融风险等多方面因素。可以说目前经济减速是国家加快经济结构调整，压缩过剩产能、调整债务杠杆、增强资金面约束等积极主动调整的结果，是实现结构调整必须付出的代价。[①]

表6-4　　　　　　　　　　我国 GDP 产值构成　　　　　　　　单位:%

年份	国内生产总值	第一产业	第二产业	工业	建筑业	第三产业
1981	100.0	31.9	46.1	41.9	4.2	22.0
1982	100.0	33.4	44.8	40.6	4.1	21.8

① 祁京梅：《正确看待经济增速放缓》，《中国金融》2014 年第 8 期。

续表

年份	国内生产总值	第一产业	第二产业	工业	建筑业	第三产业
1983	100.0	33.2	44.4	39.8	4.5	22.4
1984	100.0	32.1	43.1	38.7	4.4	24.8
1985	100.0	28.4	42.9	38.3	4.6	28.7
1986	100.0	27.1	43.7	38.6	5.1	29.1
1987	100.0	26.8	43.6	38.0	5.5	29.6
1988	100.0	25.7	43.8	38.4	5.4	30.5
1989	100.0	25.1	42.8	38.2	4.7	32.1
1990	100.0	27.1	41.3	36.7	4.6	31.5
1991	100.0	24.5	41.8	37.1	4.7	33.7
1992	100.0	21.8	43.5	38.2	5.3	34.8
1993	100.0	19.7	46.6	40.2	6.4	33.7
1994	100.0	19.9	46.6	40.4	6.2	33.6
1995	100.0	20.0	47.2	41.0	6.1	32.9
1996	100.0	19.7	47.5	41.4	6.2	32.8
1997	100.0	18.3	47.5	41.7	5.9	34.2
1998	100.0	17.6	46.2	40.3	5.9	36.2
1999	100.0	16.5	45.8	40.0	5.8	37.8
2000	100.0	15.1	45.9	40.4	5.6	39.0
2001	100.0	14.4	45.2	39.7	5.4	40.5
2002	100.0	13.7	44.8	39.4	5.4	41.5
2003	100.0	12.8	46.0	40.5	5.5	41.2
2004	100.0	13.4	46.2	40.8	5.4	40.4
2005	100.0	12.1	47.4	41.8	5.6	40.5
2006	100.0	11.1	47.9	42.2	5.7	40.9
2007	100.0	10.8	47.3	41.6	5.8	41.9
2008	100.0	10.7	47.4	41.5	6.0	41.8
2009	100.0	10.3	46.2	39.7	6.6	43.4
2010	100.0	10.1	46.7	40.0	6.6	43.2
2011	100.0	10.0	46.6	39.8	6.8	43.4
2012	100.0	10.1	45.3	38.4	6.8	44.6
2013	100.0	10.0	43.9	37.0	6.9	46.1

资料来源：《中国统计年鉴》（2014）。

三　技术进步对经济增长的拉动作用将逐步减弱

随着国内技术的不断创新及对先进国家的技术模仿与追赶，与全球前沿技术差距正在逐步缩短。而一般来说，距离前沿技术越近，要维持同样的技术增长速度就越难，因此我国技术进步的节奏必将不断减慢。[①] 同时由于我国人口老龄化的加剧，医疗保健等服务业将快速增长，伴随产业结构的这一演变，服务业占 GDP 的比重将进一步上升，而服务业生产往往需要投入较多的劳动，因此劳动力也将逐步向服务业进军，且由于服务需求的多样性及差异性，制造业中的那种规模效应在服务业中很难产生。鲍莫尔（Baumol，1967）曾认为，由于服务业的许多工作都要手工完成，不能像制造业中可以借助机械设备完成，因此服务业中的劳动生产率整体比制造业低。同时服务业的技术进步比较慢，一些经济学家甚至认为技术进步对服务业的生产率提高几乎发挥不了作用。埃德华·N. 沃尔夫（Edward N. Wolff，1999）采用实证分析方法，对美国制造业部门和服务业部门 1958—1987 年的劳动生产率和全要素生产率进行比较分析，结果发现，无论是服务业部门的劳动生产率还是全要素生产率，都要低于制造业部门。这实质是佐证了鲍莫尔（1967）的观点。因此，随着我国服务业的不断发展及其占 GDP 比重的不断提高，我国经济部门的整体劳动生产率将会呈下降趋势。根据陈彦斌、姚一旻（2012）的研究结论，在我国，技术进步对经济增长的贡献率已经由 1990—1999 年的 14.3% 下降到 2000—2007 年的 7.9%。[②] 由此可见，技术进步对经济增长的拉动作用正在逐步减弱。

四　对外贸易形势的变化将削弱外需对经济的拉动作用

近年来，随着我国劳动力成本的逐渐上升，在低附加值产品中的比较优势相对于低收入国家正在不断下降，且伴随新兴市场国家向价值链高端的爬升，劳动力密集型产品的竞争将进一步加剧，我国在制造业中的支配地位将逐渐被中低收入国家取代。数据显示，对于劳动密集型加工环节，

[①] 国内也有学者认为：中国经济长期以来处于技术发展的追赶阶段，对外部知识和技术的吸收是获取技术进步的主要方式，而吸收能力基本和追赶潜力与世界先进国家的收入差距和技术水平的差距成正比。中国当前与世界先进国家的技术差距和经济差距较之以往已经大幅缩小，这就意味着对外部知识和技术的吸收变得更加困难。（冯玉明：《自主创新：新兴工业化经济体的经验与中国的前景》，《证券市场导报》2007 年第 2 期）。

[②] 陈彦斌、姚一旻：《中国经济增速放缓的原因、挑战与对策》，《中国人民大学学报》2012 年第 5 期。

我国以加工贸易方式出口产品的国际市场份额在2012年出现了十多年以来的首次下降，同时，传统劳动密集型产品的国际市场份额在2011年和2012年也出现了连续下降。并且我国在全球服务业的渗透也接近极限，在海外拓展市场份额已经很难。随着服务贸易竞争的持续恶化，而且高收入国家经济的复苏对于我国出口可能采取更多贸易保护，因此，我国对外贸易形势不容乐观，对外贸易竞争力面临的挑战正日益加剧。从2011年开始，我国贸易总额占全球贸易的比重开始低于我国GDP占全球的比重。另外从近几年我国净出口占GDP比重来看，该比重随年度的变化呈明显的倒U形增长。从2001年的2.1%，几乎逐年增长，2007年达到峰值8.8%，之后该比重几乎逐年下降，至2012年已降至2.8%（见图6-1）。这说明外需对我国经济增长的拉动作用正日益弱化，未来我国经济增长只能更多地依赖国内需求的拉动。

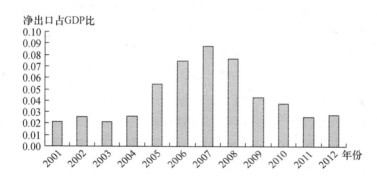

图6-1　中国净出口占比的年度变化情况

资料来源：数据根据《中国统计年鉴》（2013）计算得到。

五　国家的宏观调控削弱内需对经济的拉动作用

根据经济增长相关理论知道，投资、消费和出口是拉动经济增长的"三驾马车"。且投资和出口很长一段时间对我国经济增长做出了很大贡献，尤其是投资（第三章已经进行了详细阐述），一直是各地方政府拉动经济增长的一种主要方式。我国目前立足长远的宏观调控方式对国内短期需求扩张明显有所抑制。调整经济结构、转变经济增长方式是我国近些年以来一直强调的也是一直在努力的政策目标，深化改革则被列为2014年宏观调控的重点，其内容包括推进行政体制、财税、金融领域的改革。治理产能过剩等，尽管这些措施从长期来看是有助于经济增长的，但我们也不能不承认，这些措施大多不利于短期内需的增长，尤其是投资需求的增长。同时，以反腐、监督和放权为代表的行政改革，长期来说，也有利于激发经济增长活力，但短期内也会抑制政府消费和投资。① 治理产能过剩和空气污染，短期内也必将抑制重工业生产和投资。相关数据显示，2013年，我国新开工项目增长已明显放缓，2013年积极的财政政策执行力度也弱于往年水平，政府资金对投资支持力度明显减弱。2014年，国家预算内投资全年增长17%，增幅同比放缓12.7个百分点，新开工项目计划总投资额增速与2013年相比大幅减少了14.4个百分点。② 因此，总体上来看，国家宏观政策的转变及改革的深入虽然对于经济长期增长是一种利好，但短期对于内需还是有一定的抑制作用。

总之，由于各种因素的变化及影响，一国或一地区高增长之后的"增速换挡"是一种必然趋势。从全球范围看，根据世界银行增长与发展委员会统计，除1978年改革开放之后的中国外，第二次世界大战后连续25年以上保持7%以上高增长的经济体只有13个，排除博茨瓦纳、马耳他、阿曼这样的小国，剩余10个经济体基本都从第三个十年开始减速，第四个十年能保持7%以上增速的只有中国台湾，其余经济体基本都掉到了4%以下。③ 世界主要经济体，包括美国、日本、韩国等其他国家走过的道路也都说明，一国（地区）经济在经历一段高速增长之后，需要有一个调整期，增长速度会回落一些，但这种回落不是直线式的，而是波动式的。

第三节　政府债务可持续理论内涵及测度

关于政府债务的可持续性，当前有很多不同表述，且常常与"赤字

---

① 2014年美林银行发布一份报告测算，反腐至少导致2014年中国经济增长减少0.6个至1.5个百分点。粗略估计，因经济活动减少带来的损失可能会有1350亿美元，接近孟加拉国的经济规模。我国经济学家预测，中国政府的反腐运动将在2020年使中国国内生产总值提高0.1个到0.5个百分点，可能相当于获得一笔大约700亿美元的红利。还有专家认为，如果能够做到相对彻底的反腐败，将来能够形成一种制度化的约束，这个影响有可能会超过0.5个百分点。也就是说，反腐红利还不止700亿美元。反腐红利的存在有力地驳斥了一度甚嚣尘上的"反腐影响经济发展论"（《企业观察报》10月21日）。

② 祁京梅：《正确看待经济增速放缓》，《中国金融》2014年第8期。

③ 管清友：《2015年经济增长目标下调的四个理由》，腾讯财经，http://finance.qq.com/a/20141119/020420.htm，2014年11月19日。

可持续性"和"财政可持续性"联系在一起。这几个概念并没有什么实质性的差异，因为政府举债的一个重要原因就是财政收不抵支即赤字引起的，因此政府债务的可持续必然影响赤字的可持续，进而影响财政的可持续（邓晓兰等，2014）。不过，周子康等（2003）认为，财政的可持续性包含的范畴更广，政府债务可持续性仅仅是财政可持续性的一个重要方面。而伏润民等（2012）将对政府债务可持续性内涵的理解从维持财政收支平衡、政府筹资能力、政府偿债能力三个角度分成了三类观点。但笔者认为政府债务可持续问题实质就只有一个问题，即政府未来是否具有偿债能力。政府的筹资能力实际上是偿债能力的衍生物，一个具有偿债能力的政府，其筹资能力应该是毋庸置疑的，若偿债能力受到质疑的政府，试问谁敢借钱给这样的政府？同样，没有偿债能力，赤字也就不可持续。也就是说，政府债务可持续性的实质就是指偿债能力是否可持续。

基于国内外对政府债务可持续性问题的阐述，度量政府债务可持续的一个关键指标就是政府负债率。国际上有一个简单的判断方法，就是根据1991年欧盟制定的《马斯特里赫条约》（以下简称《马约》）中的条件作为一国财政风险和财政可持续的国际警戒线。该条约规定对加入欧元区的国家限制其财政赤字率不得超过3%，债务负担率（即负债率）不能超过60%。不过该警戒线的确定并不是基于严格的推理分析，而是基于一种主观判断，因此也受到一些学者的质疑与批判。但尽管如此，由于负债率和财政赤字率这两个指标数据易得，操作简单，因此《马约》的这一规定仍被许多国家和地区作为判断本国或本地区债务规模是否过大的一个重要依据。

当前理论界关于债务可持续性有一个基本共识，即政府债务可持续必须满足一个基本条件：未来政府负债率必须具有收敛性特征。该问题的实质就转化为：需要满足什么条件，未来政府负债率才会收敛。多玛（Domar，1944）曾提出了一个著名的政府债务可持续条件认为，只有名义GDP的增长率高于名义债务余额的增长率，未来政府的负债率才会收敛，政府债务才可以持续。不过当前国外众多研究开始转向从是否满足跨期预算约束角度来分析政府债务的可持续性。其基本思路如下：

假设 t 时期预算赤字可以写为：赤字 $= rB_{t-1} + G_t - T_t$，其中 B_{t-1} 是 $t-1$ 时期的政府债务余额，r 表示实际利率，rB_{t-1} 表示 t 时期政府对债务利息的支付，G_t 表示 t 时期政府对商品和服务的购买支出，T_t 表示 t 时期税收减去转移支付。又因为 t 时期的赤字实际又表现为 t 时期内政府债务的变化，即：$B_t - B_{t-1} = rB_{t-1} + G_t - T_t$，或者改写为：

$$B_t = (1+r)B_{t-1} + G_t - T_t \tag{6.1}$$

对式（6.1）两边同时除以 $1+r$ 且经过转化得到：

$$B_{t-1} = \frac{B_t}{1+r} + \frac{T_t - G_t}{1+r} \tag{6.2}$$

假设 r_t 保持 r 水平不变，将式（6.2）向前迭代 N 期，得：

$$B_{t-1} = \sum_j^n \frac{T_{t+j} - G_{t+j}}{(1+r)^{j+1}} + \frac{B_{t+n}}{(1+r)^{t+n}} \tag{6.3}$$

由式（6.3）可知，只要 B_{t+n} 以低于实际利率速率增长，并在无穷远处收敛于零，则可满足非蓬齐条件，即：

$$\lim_{x \to \infty} \frac{B_{t+n}}{(1+r)^{t+n}} = 0 \tag{6.4}$$

因此，政府债务可持续的条件应改写为：

$$B_{t-1} = \sum_j^n \frac{T_{t+j} - G_{t+j}}{(1+r)^{j+1}} \tag{6.5}$$

式（6.5）表明，在任何时点上的政府债务必须等于未来预算盈余现值，这也就是所谓的跨期预算约束条件。式（6.5）的意义在于：只要满足该条件，政府在短期拥有较大的赤字和较高的债务余额仍可以接受，仍可以实现政府债务的可持续。并基于这一条件，衍生了许多实证检验模型。如波恩（Bohn，1998）在上述条件提出了一个非常简单的检验模型：$s_t = \alpha + \beta b_t$，s_t 表示基本盈余率（基本盈余①与总产出的比率），b_t 表示负债率（政府债务与总产出的比率），若 $\beta > 0$，即只要基本盈余率是负债率的一个正向线性反应函数，则政府债务就是可持续的。②

上述研究实质隐含了政府收入与负债率是影响政府债务可持续性的两个非常重要的经济指标，而政府的收入主要取决于税收制度和经济增长，因此在税收制度不变的条件下，研究政府债务的可持续或者风险，实质就离不开两个重要的数量指标，即经济的增长率和政府的负债率。接下来我们将着重探讨这两个指标与政府债务可持续性之间的一些内在关系。

---

① 基本盈余 = 政府的收入 - 政府非债务支出。

② Henning Bohn, "The Behavior of U. S. Public Debt and Deficits". *The Quarterly Journal of Economics*, No. 3, 1998, pp. 949 - 963.

第四节　经济增速放缓对我国地方政府性债务可持续性的影响

一　经济增长速度的变化对负债率的影响：基于跨期预算的分析

根据上述跨期预算的相关分析，我们对式（6.1）两边同时除以实际产出 Y_t 得到：

$$\frac{B_t}{Y_t} = (1+r)\frac{B_{t-1}}{Y_t} + \frac{G_t - T_t}{Y_t} \tag{6.6}$$

式（6.6）进一步可以表示为：

$$\frac{B_t}{Y_t} = (1+r)\frac{B_{t-1}}{Y_{t-1}}\frac{Y_{t-1}}{Y_t} + \frac{G_t - T_t}{Y_t} \tag{6.7}$$

由于 $(Y_t - Y_{t-1})/Y_{t-1} = g$，其中 g 表示经济增长率，式（6.7）可以表示为：

$$\frac{B_t}{Y_t} = (1+r)\frac{B_{t-1}}{Y_{t-1}}\frac{1}{1+g} + \frac{G_t - T_t}{Y_t} \tag{6.8}$$

利用 $(1+r)/(1+g) \approx 1+r-g$，式（6.8）可以写为：

$$\frac{B_t}{Y_t} = (1+r-g)\frac{B_{t-1}}{Y_{t-1}} + \frac{G_t - T_t}{Y_t} \tag{6.9}$$

令 $\psi_t = B_t/Y_t$，ψ_t 表示 t 时期的负债率，$\varphi_t = (G_t - T_t)/Y_t$，$\varphi_t$ 表示 t 时期政府的赤字率，则式（6.9）可以进一步改写为：

$$\psi_t = (1+r-g)\psi_{t-1} + \varphi_t \tag{6.10}$$

根据式（6.10）知道，政府的当期负债率与债务利率、上一期的负债率和政府的赤字率呈正相关，而与当期的经济增长率负相关。也就是说，式（6.10）实质上表明：若其他条件不变，一旦经济增长速度放缓，负债率将会上升。

二　经济增长速度的变化对政府债务违约的影响

假设政府债务拖欠概率为 π，政府债券利息为 r，投资者为风险中性，持有政府债务所得的期望收益应该等于无风险收益 $\bar{r}$，政府以 $(1-\pi)$ 的概率支付利息 r，而一旦违约，政府支付为零，即政府以 π 的概率支付为零，因此均衡条件为：

$$(1-\pi)r = \bar{r} \tag{6.11}$$

由式（6.11）可得：

$$\pi = \frac{r - \bar{r}}{r} \tag{6.12}$$

政府债务是否拖欠是由政府的可利用收入决定的，在不考虑借新债还旧债的条件下，假设政府的收入只来源于税收，则只有政府的收入扣除非债务支出后的剩余来偿还，而只有这部分收入大于政府的负债，政府才不会拖欠债务。现在考虑两个时期，本期的借债需要下期部分税收来偿还，若政府下期税收：$T_{t+1} = \tau Y_{t+1}$，τ 为税率，且 $\tau < 1$，Y 为产出，若政府下期的非债务支出为：

$$T' = \varphi T_{t+1} = \varphi \tau Y_{t+1} = \varphi \tau (1+g) Y_t \tag{6.13}$$

此处利用了 $Y_{t+1} = (1+g) Y_t$，其中 g 为当前经济增长率，φ 为非债务支出占税收中的比重，且由于不存在借新债还旧债，因此 $\varphi < 1$，政府下一期可用于的债务支出为：

$$T'' = T_{t+1} - T' = \tau(1+g)Y_t - \varphi \tau(1+g)Y_t = \tau(1+g)(1-\varphi)Y_t \tag{6.14}$$

只有下期可用于的债务支付 T'' 大于下期应支付的债务本息：$(1 + r) D_t$，其中 D_t 为 t 时期应偿还的债务①，政府债务才可能按期支付，即政府债务不拖欠应该满足的条件为：

$$\tau(1+g)(1-\varphi)Y_t > (1+r)D_t \tag{6.15}$$

即 $\tau(1+g)(1-\varphi) > (1+r)\psi_t'$，其中 $\psi_t' = \dfrac{D_t}{Y_t}$，$\psi_t'$ 为 t 时期需要偿还的债务占产出的比重②，很显然，若政府债务还债期限分布越集中，则该值在集中到期的年度就越大。

令：$\Delta = \tau(1+g)(1-\varphi) - (1+r)\psi_t' \tag{6.16}$

则 $\Delta > 0$ 是政府债务不拖欠的条件，可以把这一条件写为：$\pi = \pi(\Delta)$，且该函数满足性质：$\dfrac{d\pi}{d\Delta} < 0$，也就是说 Δ 是政府债务拖欠的函数，且 Δ 值越大，就越不可能拖欠，即 π 是 Δ 的一个减函数。而且从式（6.16）我们可以得出以下基本结论：

（1）式（6.16）对 g 求导，可得：$\dfrac{d\Delta}{dg} = \tau(1-\varphi) > 0$，因此 g 越大，

---

① D_t 是 t 时期需偿还的债务，与之前的 B_t 是不同的两个概念，B_t 是 t 时期的债务余额。

② ψ_t 是负债率，是 t 时期债务余额占产出的比，而 ψ_t' 为 t 时期需要偿还的债务占产出的比重，ψ_t 与 ψ_t' 是有区别的。

则 Δ 越大，π 就越小，也就是说，在政府负债率不变的条件下，经济增长速度越快，政府债务违约的风险就越小。

（2）式（6.16）对 ψ_t' 求导，可得：$\dfrac{\mathrm{d}\Delta}{\mathrm{d}\psi'} = -(1+r) < 0$，因此 ψ_t' 越大，则 Δ 越小，π 就越大，也就是说在经济增长率不变的条件下，年度债务本息的偿还占年度产出的比重越高，政府债务违约的风险就越大。

（3）由式（6.16）还可以得出 $\dfrac{\mathrm{d}\Delta}{\mathrm{d}r} = -\psi_t' < 0$，$\dfrac{\mathrm{d}\Delta}{\mathrm{d}\tau} = (1+g)(1-\varphi) > 0$，也就意味着利率的提升会增加政府债务违约的风险，而税率的提高有助于降低政府债务违约风险。

三　经济增长变化对债务规模的动态影响

由于负债率水平的高低将直接影响政府债务的可持续性，因此通过负债率水平变化的预测可以间接评估政府债务风险。下面通过当前至 2020 年我国 GDP 增长率的变化预测来分析我国负债率未来几年的动态变化。

基于上述分析及债务数据的可得性，我们以 2013 年为基期，分六种情形①分别预测 2014—2020 年我国负债率的年度变化。只要知道当期的债务利息、当前的经济增长率、上一期的负债率和当前的政府赤字率，我们就可以根据式（6.10）求得当期的负债率。依次来分析这几个参数及其对政府负债率的影响。

首先分析政府的债务利息，根据我国 2011 年及 2013 年两次政府债务审计公告中的债务偿还年度内容来看，我国政府债务绝大部分都是中长期债务，且债务资金很大比例是来源于银行贷款②，根据中国人民银行对金融机构规定的基准利率，我们选取 2012 年中长期贷款项目中处于中间档次的三年至五年的 6.65% 的年基准利率，且假设至 2020 年该利率水平保持不变。③

对于政府赤字率，我们发现我国基本都在 0.2 左右微幅波动，2013

---

①　六种情形是指假如 2020 年我国经济增长速度分别为 0.05、0.06、0.07、0.08、0.09、0.10。

②　2010 年年底，银行贷款占地方政府债务总额的比重高达 79.01%，发行债券占 7.06%，2013 年 6 月，银行贷款所占比重已降至 56.56%，发行债券所占比重 5.63%。

③　尽管利率水平在各年之间有波动，但波动的幅度相对较小，且该利率水平是相对保守的，很多商业银行一年期贷款利率水平都比这高。根据本书的分析，其他条件不变的话，利率水平越高，政府负债率上升得越快。

年为 0.021，因此根据我国政府总赤字率的变化特点，假设 2014—2020
年我国赤字率一直保持 2013 年的水平，因为该参数变化很小，这对后面
估计我国负债率的变化影响甚微。

对于基期负债率水平，根据 2013 年 6 月政府债务审计结果，我国各
级政府需偿还债务总额为 206988.7 亿元，2012 年年末我国外债余额为
7369.9 亿美元，这部分也是必须偿还的，按照当年汇率（1 美元 = 6.315
元人民币）折算成以人民币标价的债务为 46522.49375 亿元，这两部分债
务余额除以 2013 年的 GDP 总额，可以得到我国 2003 年的负债率
为 44.6%。[①]

最后关于 GDP 增长率的估算。根据众多学者对我国未来 GDP 的预测
分析，假设至 2020 年我国的 GDP 增长速度在 5%—10%，并以间隔 1%
分六种情形进行讨论。为了使估测更科学，根据 1978—2013 年已有的
GDP 增长速度，并采用 Matlab 软件利用线性插值法分别对这六种情况
的其他 6 年（2014—2019 年）GDP 的增长速度进行数值模拟，结果如表
6 - 5 所示：

表 6 - 5　　　　　　　2013—2020 年中国经济增长率的数值模拟

年份	2013	2014	2015	2016	2017	2018	2019	2020
情形一	0.0770	0.0731	0.0693	0.0654	0.0616	0.0577	0.0539	0.0500
情形二	0.0770	0.0746	0.0721	0.0697	0.0673	0.0649	0.0624	0.0600
情形三	0.0770	0.0760	0.0750	0.0740	0.0730	0.0720	0.0710	0.0700
情形四	0.0770	0.0774	0.0779	0.0783	0.0787	0.0791	0.0796	0.0800
情形五	0.0770	0.0789	0.0807	0.0826	0.0844	0.0863	0.0881	0.0900
情形六	0.0770	0.0803	0.0836	0.0869	0.0901	0.0934	0.0967	0.1000

然后根据式（6.10）及上述各参数的取值，可以得到六种情形下我
国的负债率在 2014—2020 年的动态变化值，如图 6 - 2 所示。

---

① 根据我国外债余额的年度变化，我国外债余额是年度递增的，因此实际上 2013 年我国
负债率应该略高于该水平。且该负债率我们没有包含担保类政府债务和其他债务，若将这两类债
务也算在一起，负债率会更高。

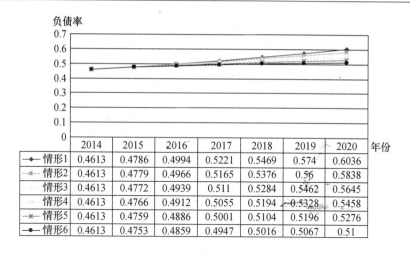

负债率	2014	2015	2016	2017	2018	2019	2020
情形1	0.4613	0.4786	0.4994	0.5221	0.5469	0.574	0.6036
情形2	0.4613	0.4779	0.4966	0.5165	0.5376	0.56	0.5838
情形3	0.4613	0.4772	0.4939	0.511	0.5284	0.5462	0.5645
情形4	0.4613	0.4766	0.4912	0.5055	0.5194	0.5328	0.5458
情形5	0.4613	0.4759	0.4886	0.5001	0.5104	0.5196	0.5276
情形6	0.4613	0.4753	0.4859	0.4947	0.5016	0.5067	0.51

图 6 - 2　2014—2020 年中国负债率动态变化预测

从图 6-2 可以看出，若 2020 年我国 GDP 增长速度下降至 0.05，我国负债率将上升至 0.6036，将超越 60% 这一国际警戒线。而 GDP 增长速度只要在 0.06 及以上，2020 年我国负债率将仍处于国际警戒线以下。当然这一估计结果的前提是我国赤字率不再增加，银行利率维持不变，若因为通货膨胀等原因导致利率水平上升（分析的结果采用的是基准利率，而商业银行贷款的实际利率比基准利率更高[①]），在经济增速放缓的前提下，我国负债率触及超越国际警戒线的时间将会更早。当然，若我国能采取增收减支的相关政策，逐渐降低赤字率 φ，甚至还可以出现财政盈余的话，且经济仍能维持较快的经济增长速度，那么我国的负债率也可能逐渐下降，政府债务风险也会逐渐降低。

四　主要结论

本章分析是基于全国整体债务水平来看的，而对于我国不同省市自治区，负债率水平存在很大的差异，部分省市自治区负债率早已超过国际警戒线，且大部分省市自治区的财政收入基本都是依赖卖地收入。根据财政部公布的《2013 年全国财政决算情况》数据，2011 年，我国地方政府土

[①]　英国《金融时报》前驻北京首席记者、《中国震撼世界：饥饿之国的崛起》一书作者詹姆斯·金奇（James Kynge）2014 年 10 月 28 日撰文称，中国的负债成本为 7%，比美国、爱尔兰、希腊等国均要高，中国政府、企业和家庭债务累计已达国家 GDP 的 240%，几乎是 2008 年全球金融危机时期的两倍。因此，本书采取 6.65% 的利率来分析是相对比较保守的，详见 http：//business. sohu. com/s2014/debt/index. shtml，2014 年 10 月 28 日。

地出让金总收入达到 3.1 万亿元高峰；2013 年，土地出让金收入超过 3.9 万亿元，占我国地方本级财政收入近六成，再创历史新高。[①] 由于地方政府财政收入主要来源于卖地，因此地方政府债务的偿还就更离不开卖地的收入。以湖南省为例，截至 2012 年年底，该省的 14 个市级、96 个县级承诺以土地出让收入偿还的债务余额为 942.42 亿元，占省市县三级政府负有偿还责任债务余额 3052.78 亿元的 30.87%。[②] 如果一旦我国经济增长放缓，开发商拿地意愿降低，地价势必下跌。而随着地方政府债务的陆续到期，以卖地收入还债的资金链条很可能断裂，地方政府性债务违约将无法避免，甚至可能将风险传导至整个金融体系，因此经济增速的放缓会产生一系列连锁反应，不仅仅会放大我国政府性债务风险，还会波及整个金融体系。

那么在经济增速放缓已成为一种不可扭转的必然趋势，又有哪些措施可以防范与规避这些风险而进入政府的政策选项呢？在此为降低政府债务违约风险提供一些思路。

表 6-6　　　　我国财政收入占 GDP 比重的历年变化情况　　单位：亿元

年份	财政收入	GDP	财政收入/GDP	年份	财政收入	GDP	财政收入/GDP
1978	1132.26	3645.2	0.310615	1996	7407.99	71176.6	0.104079
1979	1146.38	4062.6	0.28218	1997	8651.14	78973.0	0.109545
1980	1159.93	4545.6	0.255175	1998	9875.95	84402.3	0.11701
1981	1175.79	4891.6	0.240371	1999	11444.08	89677.1	0.127614
1982	1212.33	5323.4	0.227738	2000	13395.23	99214.6	0.135013
1983	1366.95	5962.7	0.229252	2001	16386.04	109655.2	0.149432
1984	1642.86	7208.1	0.22792	2002	18903.64	120332.7	0.157095
1985	2004.82	9016.0	0.222362	2003	21715.25	135822.8	0.159879
1986	2122.01	10275.2	0.206518	2004	26396.47	159878.3	0.165103
1987	2199.35	12058.6	0.182388	2005	31649.29	184937.4	0.171135
1988	2357.24	15042.8	0.156702	2006	38760.20	216314.4	0.179185
1989	2664.90	16992.3	0.15683	2007	51321.78	265810.3	0.193077
1990	2937.10	18667.8	0.157335	2008	61330.35	314045.4	0.195291

[①] 陈益刊、徐燕燕：《3.9 万亿：土地出让金"超收"五成》，《第一财经日报》2014 年 7 月 14 日。

[②] 《湖南省政府性债务审计结果》（2014 年 1 月 24 日公告）。

年份	财政收入	GDP	财政收入/GDP	年份	财政收入	GDP	财政收入/GDP
1991	3149.48	21781.5	0.144594	2009	68518.30	340902.8	0.200991
1992	3483.37	26923.5	0.12938	2010	83101.51	401512.8	0.206971
1993	4348.95	35333.9	0.123081	2011	103874.43	473104.0	0.219559
1994	5218.10	48197.9	0.108264	2012	117253.52	518942.1	0.225947
1995	6242.20	60793.7	0.102678	2013	129143	568845	0.227027

资料来源：1978—2012 年数据来源于《中国统计年鉴（2013）》，2013 年数据根据中国统计局对外公布的数据整理得到。

1. 开源节流仍是政府化解政府债务风险的一个重要选项

从财政收入占 GDP 的比重来看，自 1995 年以来，该比值几乎逐年增加，已从 1995 年的 0.103 上升到 2013 年的 0.227（见表 6 – 6）。而对于西方国家，财政收入占 GDP 的比重一般为 30%—40%，甚至超过 50%，这说明财政收入占比在我国还有提升空间。而根据式（6.16），τ 值的提高有利于化解政府的债务风险。不过多年来国内一直抱怨税负太重，因此 τ 值的提升可能存在一定难度与阻力。而对于节流方面，政府应该有很多事情可做，除了要严控政府的一些不必要的开支外，更重要的是要切实将地方政府无约束的举债冲动关进"制度的笼子"。每次新的举债必须进行科学论证，充分考虑举债项目的经济效益和社会效益，要充分发挥地方人大监督作用，强化监管与责任意识，构建债务责任追究制度。对于负债沉重的地方政府更要有计划地逐年化解债务存量，降低地方政府债务增量。

2. 合理的债务期限结构有利于降低政府债务风险

根据式（6.16），年度债务本息偿还占年度产出的比重越高，即 $\psi_t{}'$ 值越大，政府债务违约的风险就越大。而 $\psi_t{}'$ 值明显取决于债务的年度分布，还债期限年度分布越集中的话，$\psi_t{}'$ 值就会越大，政府债务的拖欠概率 π 就会变小，而债务期限分布较匀称的话，$\psi_t{}'$ 就会越小，则 Δ 就会变大，π 就会变小，这也就说明合理的负债结构对于防范政府的债务风险也是至关重要的。但目前的数据显示我国地方政府债务期限分布很不合理，个别年度负债比重较大，如 2013 年政府债务审计公告的披露，2013 年 7 月至 12 月和 2014 年我国到期的地方政府债务比重就分别达到 22.92% 和 21.89%，而 2017 年到期的债务比重只有 7.79%，这种债务期限结构将使短期政府的还债压力过大，债务风险过于集中。因此，政府在举借新债时不仅要考虑已有未尝债务规模，还应该考虑还债的期限结构。

3. 本章主要是基于我国整体的政府性债务规模来分析其未来可持续性问题，并认为未来几年我国经济增速若下降过快，或者负债成本增加，将会使政府债务的可持续问题变得更加严峻

根据我国各省市自治区 2014 年 1 月公布的政府债务审计的结果，贵州的负债率（包含担保和可能存在救济责任的债务）已高达 79%，已超过国际债务风险控制线 60% 这一标准 19 个百分点。且所有省市自治区都存在债务违约现象，部分省市自治区这一现象比较严重。如湖南和云南负有偿还责任的债务违约率分别达到 4.1% 和 4.09%，甘肃担保的债务违约率高达 10.27%，内蒙古可能存在救济责任债务的违约率更是高达 28.31%。这也就意味着很多省市自治区在未达到国际警戒线就已经出现政府债务可持续问题了，因此本书将在下一章对各省市自治区目前的政府性债务风险进行评估及预警。

第七章　我国地方政府性债务风险评价及预警

要防范我国地方政府债务风险，就必须对我国地方政府债务风险有一个客观的认识与评价，因此本章主要基于我国 30 个省市自治区的省级层面的相关数据，通过因子分析法对其进行风险大小的排序，然后通过三倍标准差法确定预警区间，并对 30 个省市自治区的债务风险进行预警标示。

第一节　评估地方政府债务风险的方法

对于地方政府债务风险，不同学者从不同角度有不同理解。但经济学对风险的解释就是指一种不确定性，这种不确定性可能给当事人造成损失。基于这层意思，地方政府债务风险，实质可以这样理解：作为债务人的地方政府是否能履行其未来应承担的偿还责任和义务具有不确定性，而这种不确定性可能使债权人乃至整个经济、社会的稳定与发展遭受到损害的一种可能性。而这种风险的实质表现就是地方政府能不能按时偿还或者根本就不能偿还。那么怎么来评判这种可能性是否会发生呢？实际上，地方政府性债务是否能按时偿还主要取决于地方政府的偿债能力。基于如何衡量地方政府的偿债能力，当前主要有两种评估方法：

一　指标评估法

该方法主要是通过债务与其他经济变量的比率来构建一些数量指标，并通过计算一国或地区的这些指标值与国际上认可的该指标值的上限进行比较来测度该国或地区政府的偿债能力。目前，衡量政府偿债能力的一些常用指标主要有：

（一）债务依存度

债务依存度是指地方当年政府举借的债务额占当年财政支出的比重，

该指标反映了政府财政支出对举借债务的依赖程度。该指标值越大，说明政府财政过于依赖债务收入，此时财政处于弱政府状态，并未对财政的发展构成潜在的威胁，因为当年的举债总需要未来的税收来偿还。这一指标的计算有两种不同的口径：一个是用当年的债务收入额除以当年的全国财政支出额，再乘以 100%，习惯上把它叫作"国家财政的债务依存度"；另一个是用当年的债务收入额除以当年的中央财政总支出，再乘以 100%，称为"中央财政的债务依存度"。该指标国际上有一个公认的控制线（或安全线），即国家财政的债务依存度是 15%—20%，中央财政的债务依存度是 25%—30%。

（二）负债率

负债率又称为债务负担率，是指当年政府的债务余额占当年 GDP 的比重。GDP 反映了一个国家或地区的偿债能力，是最终的偿债基础。当前该指标用得最广，西方国家和国际经济组织经常使用这一指标。1991年欧盟制定的《马斯特里赫条约》（以下简称《马约》）规定该指标的警戒线为 60%，目前很多国家以此作为控制债务规模的目标。

（三）债务率

债务率是指当年政府的债务余额占当年财政收入的比重。财政收入的大小比 GDP 更直接地反映了政府的偿债能力，该指标和负债率相似，但同期比较该值比负债率要高，因为同期财政收入总是小于 GDP。如根据我国 2013 年的债务审计结果，截至 2012 年年底，我国负有偿还责任类债务的负债率为 36.74%，而债务率为 105.66%。

（四）偿债率

偿债率是指政府当年债务的还本付息额占当年财政收入比重。它反映财政的债务清偿能力，该比值越低，说明政府偿债能力越强。国际上通常以 10% 作为警戒线。

（五）借债率

借债率是指政府当年的债务发行规模与当年 GDP 的比重，它反映了一国或地区的经济增量对政府新增债务的承担能力。

（六）赤字率

赤字率是指政府当年的财政赤字与 GDP 的比重。赤字率表面上与借债率相似，但实际上由于政府举债不仅仅是弥补财政赤字，还有很大部分是用于偿还，即存在借新债还旧债的现象，因此借债率一般大于赤字率。

若不存在这一情况，赤字率与借债率就是一致的。《马约》规定欧盟成员国赤字率的警戒线为3%。

（七）逾期债务率

逾期债务率是指年末逾期债务余额占年末债务余额的比重，是反映到期不能偿还债务所占债务总额的比重，该比重越大，说明政府债务违约现象越严重。

指标法的主要优点在于数据易得、操作简单，容易观察。因此，该方法常被一些国家和地区作为判断政府债务规模是否适中以及用于评估地方政府的债务风险。如2011年7月，广州市公布了《广州市政府性债务管理办法》，该办法规定了广州市政府举债的两条"红线"：一是债务率不能超100%，二是偿债率不能超20%。湖南省人民政府办公厅于2014年5月8日出台了《湖南省政府性债务实施细则》，该《细则》明确政府性债务以综合债务率为预警指标，结合湖南城市化地区、农产品主产区和重点生态功能区三类主体功能区不同特点设置不同调整系数，以100%为警戒线。综合债务率用公式表示为：综合债务率 = （政府债务余额/综合财力）×调整系数×100%。城市化地区、农产品主产区和重点生态功能区的调整系数分别设为0.85、0.90、1①，系数越大说明该地区的偿债能力越弱，生态功能区的债务偿还能力要弱一点，所以系数要大一些。对于能否直接用国际警戒线（或上限）作为判断所有国家和地区的政府债务风险，也有很多学者提出了一些质疑。其理由是各个指标中涉及的经济变量由于各国财政体制及统计口径存在差异，且指标的设定并不存在严格的理论依据，因此认为不同国家的指标上限不能一概而论。

二　引入资产负债表评估

通过引入资产负债表对地方政府债务风险进行评估，其理论基础是基于企业的融资理论。该理论认为，企业借债和筹资能力取决于投资者的信心，而决定投资者信心的一个基本因素就在于企业的资产净值，或者说一个投资者是否对这个企业"以手投票"，关键取决于该企业的资产负债表。如果一个企业的资产净值为负，表示这个企业已经不具有偿债能力，企业也就丧失了融资能力或借债能力。政府融资（借债）与企业融资也

---

① 详见湘政办发（2014）32号文件《湖南省政府性债务实施细则》，http：//www. hnczt. gov. cn/cztzcfg/JinRongZhaiWu/24774. html，2014年5月20日。

是一样的道理。若政府资产净值为负，说明政府不能偿还当前债务，一旦投资者意识到这点，政府就很难借到新债。因此政府的负债应由政府资产来提供保障，在政府无力偿债时还可以变卖其资产，也就不可能出现偿债危机。总之，政府举债的前提是必须保证政府资产净值为正。

洪源、李礼（2006）根据 Kudoki 和 Kumo（1993）提出的资产分析框架，构建了我国地方政府资产负债表①，在他们的基础上，对其进行补充与修正（见表7-1）。

表7-1　　　　　　　　　　我国地方政府资产负债情况

地方政府资产	地方政府负债
1. 地方国有企业的净值（包括地方政府拥有的国有企业和在其他企业持有的所有者权益的市场价值） 2. 地方金融机构的净值 3. 地方建设基金及建设项目的市场价值 4. 地方国有非经营性资产的市场价值 5. 地方政府拥有的自然资源的市场价值 （包括：土地、矿产、森林、旅游资源等）	1. 地方政府直接显性负债，包括国债转贷资金、地方政府发行的债券、其他名义举借的债务等 2. 地方政府直接隐性负债，包括社会保障资金缺口、拖欠工资、粮食企业挂账等 3. 地方政府或有显性负债，包括地方政府给其他企业和个人提供担保的各类贷款 4. 地方政府或有隐性负债，包括地方金融机构的不良资产、地方国有企业的亏损和债务的最后清偿等
地方政府资产净值 = 地方政府资产 - 地方政府负债	

但用该方法来评估地方政府债务风险还存在严重的缺陷：一是地方政府资产会受到一系列宏观与微观因素的影响，其价值是动态变化的，因此地方政府资产净值具有很大的不确定性。二是地方政府资产并非都能变现，在债务违约后哪些地方政府资产能够进行债务偿还存在很大争议。三是政府不同于企业的显著特点在于它不是追求的利润最大化，而且在必要的时候可以征税。虽然我国地方政府没有税收立法权，不拥有调整税收政策的权力，但其可以拓宽税基，其税收收入也有较大的弹性空间，甚至可能按照自己的意愿设立各种行政性收费或者通过变现国有资产来增加财政收入。而在地方财政收入不足的情况下，可能会通过减少提供公共产品数

---

① 洪源、李礼：《我国地方政府债务可持续的一个综合分析框架》，《财经科学》2006 年第4 期。

量和公共服务水平,延迟发放工资等。这样导致对地方政府资产与负债的评估显得尤为困难。即使利用不全面的资料编制了地方政府资产负债表,但不能全面反映地方政府的财务状况。在这种情况下,通过地方政府资产负债表来对地方政府债务风险预警也就显得比较片面,并不能把握风险全貌。

综上所述,两种方法各有优劣,在实际操作过程中,可以以指标法为主,在评估的过程中,地方政府的资产负债情况也可以作为我们的参考依据。

第二节 地方政府性债务风险评价体系的构建

一 基本原则

构建地方政府债务风险评估指标体系必须遵循以下原则:

(一)科学性原则

科学性原则主要体现在理论和实践的结合,以及所采用的科学方法等方面。因此,在设计评估指标体系时,首先要有科学的理论作指导,使评估指标体系能够在基本概念和逻辑结构上严谨、合理。同时,评估指标体系必须是理论与实际相结合的产物,它不仅要以理论为指导,又不能脱离实际,要针对具体的事物或现象来设计。对我国地方政府债务风险评价的指标选取一方面我们要借鉴当前国内外已有的相关研究成果,另一方面也要考虑我国地方政府债务产生的特殊背景及渊源。

(二)完备性

地方政府债务的违约是由很多原因造成的,因此地方政府债务的风险不是单一或随便选取某几个指标就能判断其风险程度,比如负债率高的省市自治区,若其有较快的经济增长率,其债务的偿还也可能是有保证的,其债务的违约风险也不一定很高,因此债务风险评估体系的构建一定要从不同的角度或者覆盖不同的风险层面去选择评估指标。从理论上说,设置的指标越多越能够全面反映各省市自治区政府债务风险状况,但指标设置得过多会给数据收集与处理带来很多不便,甚至可能会造成重复计算,所以在进行政府债务风险评价体系时要尽量选择那些对债务风险有较大影响的具有代表性的指标。

（三）可操作性

构建的风险预警体系必须能有效地对地方债务风险进行识别与预警，从而有助于政府债务的监管。选取指标面面俱到固然好，但若没有相应的数据支撑也是"巧妇难为无米之炊"。因此这就要求在评估指标的选取时要考虑数据的可得性，且数据来源必须可靠，同时各指标数据还要具有可比性。本书涉及的数据均来源于 2014 年 1 月各省市自治区公布的政府债务审计报告，或中国历年统计的年鉴，因此各省市自治区之间的数据同一年度具有较强的可比性。

二　基本步骤

（一）构建风险评估维度

首先必须根据科学性和完备性原则的要求，思考从哪几个方面或分几个层次来评价地方政府债务风险这一目标比较合适。

（二）建立指标集

根据风险评价维度，借鉴已有债务风险评估研究成果，并考虑地方政府债务形成的特殊性及数据的可得性，有针对性地依次选择评估指标。

（三）确立指标权重

一般来说，各个指标的重要程度是不同的，为了反映各因素的重要程度应对每个指标赋予一定的权重。因此，权重的确定是很重要的，它将直接影响到债务风险的最终评估结果。赋予权重的方法通常可以采用专家咨询法、层次分析法、因子分析法等，可根据具体情况选用不同的方法，本书将采用因子分析法。

（四）综合评估及预警

计算指标得分及综合得分，依据得分对评价对象进行排序，再按照一定的原则确定评判等级，如可将风险由低到高划分为低风险、中度风险、高风险等等级，并依此对评价对象采用信号灯的形式进行标示。

第三节　基于因子分析法的我国地方
政府性债务风险综合评估

一　因子分析法概述

因子分析起源于英国心理学家 C. E. 斯皮尔曼对学生考试成绩的研

究。他发现，学生的各科成绩之间存在着一定相关性，一科成绩好的学生，往往其他各科成绩也比较好，从而推想是否存在某些潜在的共性因子，或某些一般智力条件影响着学生的学习成绩。

因子分析法是从研究变量内部相关的依赖关系出发的，把一些具有错综复杂关系的变量归结为少数几个综合因子的一种多变量统计分析方法。它的基本思想是将观测变量进行分类，将相关性较高，即联系比较紧密的分在同一类中，而不同类变量之间的相关性则较低，那么每一类变量实际上就代表了一个基本结构，即公共因子。该方法对于所研究的问题就是试图用最少个数的不可测的所谓公共因子的线性函数与特殊因子之和来描述原来观测的每一分量。因子分析法主要用于解释被解释变量之间的相关或协方差之间的结构。研究多指标问题时我们常常会发现，这些指标相关性形成的原因是各种各样的，其中共同的原因被称为公共因子，每一个变量也含有其特定原因，称为特定因子。因子分析的实质就是用几个潜在的但不能观察的互不相关的随机变量去描述许多变量之间的相关关系（或协方差关系），这些随机变量被统称为因子。

（一）因子分析法基本模型

因子的基本模型①可以表示为：

$$
\begin{cases}
Z_1 = L_{11}F_1 + L_{12}F_2 + \cdots + L_{1m}F_m + \varepsilon_1 \\
Z_2 = L_{21}F_1 + L_{22}F_2 + \cdots + L_{2m}F_m + \varepsilon_2 \\
\qquad\qquad\qquad \vdots \\
Z_n = L_{n1}F_1 + L_{n2}F_2 + \cdots + L_{nm}F_m + \varepsilon_n
\end{cases}
\tag{7.1}
$$

在式（7.1）中，F_1，F_2，…，F_m 为公共因子，ε_1，ε_2，…，ε_n 为特殊因子，其中包含了随机误差，L_{ij} 称为 i 个变量 Z_i 在第 j 个因子 F_j 上的载荷，由其构成的矩阵 L 称为因子载荷矩阵。式（7.1）也可以更简洁地用矩阵形式表示如下：

$$
Z = LF + \varepsilon
\tag{7.2}
$$

式（7.2）中，$F = (F_1, F_2, \cdots, F_m)'$；$\varepsilon = (\varepsilon_1, \varepsilon_2, \cdots, \varepsilon_m)'$，$F_1$，$F_2$，…，$F_m$ 是不可观测的随机变量，为了使模型具有特定的且能验证的协方差结构，下面对 F、ε 做一些假定：

---

① 参见高铁梅主编《计量经济分析方法与建模》（第二版），清华大学出版社 2009 年版，第 471—472 页。

$$E(F) = 0, \quad COV(F, F) = E(FF') = I \tag{7.3}$$

$$E(\varepsilon) = 0, \quad COV(\varepsilon, F) = E(\varepsilon F') = 0 \tag{7.4}$$

$$COV(\varepsilon, \varepsilon) = E(\varepsilon\varepsilon') = \Psi = \begin{pmatrix} \psi_1 & 0 & \cdots & 0 \\ 0 & \psi_2 & 0 & 0 \\ \vdots & & & \\ 0 & 0 & 0 & \psi_n \end{pmatrix} \tag{7.5}$$

满足式 (7.3) —式 (7.5) 假定的模型 (7.2) 称为正交因子模型,式 (7.3) 假定公共因子的协方差矩阵为单位阵,说明公共因子之间相互独立,如果 COV (F, F) 不是对角矩阵,这时模型称为斜交因子模型。

(二) 因子分析基本步骤

1. 确认待分析的原始变量是否适合作因子分析

因子分析的潜在要求是变量之间要有相关性,判断变量之间的相关性一般采用 KMO 检验和 Bartlett 球形检验。

(1) KMO 检验。用于检查变量间的偏相关性,取值在 0—1。KMO 值越接近于 1,变量间的偏相关性就越强,因子分析效果就好。实际运用中,KMO 值在 0.7 以上,效果比较好;KMO 值在 0.5 以下时,不适合应用因子分析。

(2) Bartlett 球形检验。用于判断相关矩阵是不是单位阵,即各变量是否有较强的相关性。若 $P > 0.05$ 时,不能拒绝原假设,说明各变量相互独立,不能作因子分析。

2. 构造因子变量

因子分析中有很多确定因子变量的方法,如基于主成分模型的主成分分析和基于因子分析模型的主轴因子法、极大似然法、最小二乘法等,不过最常用的方法是主成分分析,该方法是将多个变量通过线性变换以选出较少个数重要变量的一种多元统计分析。因为在很多情形下,变量之间是有一定相关关系的。当两个变量之间有一定相关关系时,可以解释为这两个变量反映客体的信息有一定的重叠。主成分分析是对于原先提出的所有变量,将重复的变量(关系紧密的变量)删除,建立尽可能少的新变量,使得这些新变量是两两不相关的,而且这些新变量在反映客体的信息方面尽可能保持原有的信息。

3. 因子变量的命名解释

因子变量的命名解释是因子分析的另一个核心问题。经过主成分分析得到的公共因子主成分是对原有变量的综合。在实际应用分析中，主要通过对载荷矩阵进行分析，得到因子变量和原有变量之间的关系，从而对新的因子变量进行命名。利用因子旋转方法能使因子变量更具有可解释性。

4. 计算每个样本的因子变量得分

因子变量确定以后，对于每一个样本数据，我们希望得到它们在不同因子上的具体数据值，即因子得分。计算因子得分应首先将因子变量表示为原始变量的线性组合。估计因子得分的方法主要有：回归法、Bartlett法等。因子得分可用于模型诊断，也可用作进一步分析如聚类分析、回归分析的原始资料。

（三）因子分析计算过程

（1）将原始数据标准化，以消除变量间在数量级和量纲上的不同。

（2）求标准化数据的相关矩阵。

（3）求相关矩阵的特征值和特征向量。

（4）计算方差贡献率与累计方差贡献率。

（5）确定因子：设 F_1, F_2, …, F_P 为 P 个因子，其中前 m 个因子包含的数据信息总量（即其累计贡献率）不低于80%时，可取前 m 个因子来反映原评价指标。

（6）因子旋转：若所得的 m 个因子无法确定，或其实际意义不是很明显，这时需将因子进行旋转，以获得较为明显的实际含义。

（7）用原指标的线性组合来求各因子得分：采用回归估计法、Bartlett估计法或Thomson估计法计算因子得分。

（8）综合得分：以各因子的方差贡献率为权，由各因子的线性组合得到综合评价指标函数。计算公式为：$F = (w_1 \cdot F_1 + w_2 \cdot F_2 + \cdots + w_m \cdot F_m)/(w_1 + w_2 + \cdots + w_m)$，此处 w_i 为旋转前或旋转后因子的方差贡献率。

（9）得分排序：利用综合得分可以得到得分名次。

二 指标选取与数据描述

根据我国和各省市自治区债务审计报告的相关内容及可能得到的相关数据，并结合上述构建评估指标体系的三个基本原则，我们主要从四个方面来评价各地方政府的债务风险。

（一）反映政府举债的原因

政府举债的一个最直接的原因就是收不抵支，因此财政赤字率本来是一个很好的衡量政府举债原因的指标。但是根据中国财政年鉴得到的数据我们发现，涉及各省市自治区预算收入中并没有详细列出中央返还的及其他中央给予地方的专项资金，因此以此计算的各省市自治区财政赤字率很难测度各省市自治区的负债原因，或者说以此计算的地方政府赤字与地方政府债务之间根本就没有必然关系①，因此本书舍弃了这一指标。其次依据我国审计署及各省市自治区审计厅的政府债务审计报告，政府举债资金主要投向基础设施，因此选择年度固定资产投资占 GDP 比重这一指标一定程度上能间接反映某一年度地方政府举债的原因。

（二）政府的偿债能力

政府的偿债能力将直接影响各地方政府能否按时偿还所举借的政府债务，因此是影响政府债务风险最直接、最重要的一个方面。政府的偿债能力主要取决于政府的收入，而且政府的收入又与当地经济发展状况有很大的关系，因此我们选取了各省市自治区 GDP 的增速、负债率和债务率三个指标。

（三）政府债务风险水平

衡量债务风险水平的一个最好的评估指标就是违约率，根据债务审计对地方政府的分类，且各省市自治区公布的债务审计报告几乎都包含需偿还债务、担保债务和可能承担救济责任的其他债务三类债务的违约率，因此我们依次就选取了这三个指标。同时债务增长率也能间接反映债务风险水平，在我们所收集的这些报告中有关于 2013 年相对 2010 年负有偿还责任债务增长率的描述，因此我们也选取了这一指标。

四是可能影响政府偿债能力的一些宏观因素。已有的研究成果显示，CPI 指数和失业率能在一定程度上反映各区域经济的运行状况，会间接影响政府的偿债能力。因为失业率的高低会影响到地方政府对失业人员的最低生活保障等转移性支出的规模。一般来说，失业率越高，地方政府未来的财政负担就会越重，而通货膨胀率的变化将通过税收效应和资产效应等影响地方政府的收入与支出，进而影响地方政府的债务规模及偿还。由于各省市自治区 2013 年的数据我们暂时无法得到，因此我们就选择了各省市自治区 2012 年的 CPI 指数和 2012 年的失业率。基于上述分析，构建以下评估指标体系（见表 7 - 2）。

---

① 如在一些西部省份青海与甘肃，根据财政年鉴列出的财政收入与财政支出计算 2012 年的财政赤字率高达 51.4% 和 27.4%，而经济发达的地区如北京、上海、广东等省市同期的财政赤字率却只有 2% 左右，所以各省市自治区之间该指标几乎不具可比性。

表 7-2 地方政府性债务风险预警评估指标

指标分类	指标名称	指标代码
举债的原因或用途	固定资产投资/GDP	x1
偿债能力	负债率	x2
	债务率	x3
	GDP 增速	x4
债务风险水平	需偿还债务违约率	x5
	担保债务违约率	x6
	可能救助债务违约率	x7
	2013 年相对 2010 年负有偿还责任债务增长率	x8
影响偿债能力的宏观因素	2012 年的 CPI 指数	x9
	2012 年的失业率	x10

根据这十个指标,通过对 30 个省市自治区的债务审计报告中的相关内容及涉及的相关数据进行了整理,并查阅了相关年度的中国统计年鉴,得到了下列原始数据(见表 7-3)。

表 7-3 原始数据

地区	x1	x2	x3	x4	x5	x6	x7	x8	x9	x10
北京	0.3419	0.3874	0.9986	0.0831	0.0014	0.0167	0.0003	0.33	0.0326	0.0127
天津	0.6154	0.3363	0.7245	0.1027	0	0.0004	0.0142	0.09	0.0273	0.036
河北	0.7398	0.2655	0.8062	0.061	0.0256	0.0308	0.0471	0.18	0.026	0.0369
山西	0.7317	0.3316	0.5255	0.0388	0.0191	0.0047	0.0819	0.2	0.025	0.0333
内蒙古	0.7478	0.2672	0.7718	0.0658	0.0366	0.0198	0.2831	0.23	0.031	0.0373
辽宁	0.8788	0.2801	0.7104	0.0832	0.0256	0.0084	0.0315	0.16	0.0284	0.0355
吉林	0.7967	0.3272	0.8413	0.0803	0.0179	0.0129	0.0312	0.14	0.0249	0.0365
黑龙江	0.7081	0.2424	0.5441	0.0749	0.0236	0.011	0.0531	0.2	0.0318	0.0415
上海	0.2536	0.391	0.8762	0.0657	0.0001	0.0028	0	0.16	0.0283	0.0305
江苏	0.5708	0.2496	0.6034	0.0863	0.0138	0.0087	0.0214	0.18	0.0257	0.0314
浙江	0.5091	0.1844	0.6611	0.0773	0.0015	0.0014	0.0032	0.14	0.0218	0.0301
安徽	0.8962	0.2782	0.5295	0.0959	0.0244	0.01	0.0317	0.33	0.0226	0.0368
福建	0.6314	0.2014	0.5547	0.0945	0.0094	0.0183	0.0056	0.28	0.0243	0.0363
江西	0.8321	0.2742	0.6805	0.0969	0.0155	0.0113	0.0859	0.24	0.0275	0.03
山东	0.625	0.13	0.5522	0.0854	0.0272	0.0091	0.0882	0.23	0.021	0.0333

续表

地区	x1	x2	x3	x4	x5	x6	x7	x8	x9	x10
河　南	0.7247	0.1724	0.4801	0.0795	0.034	0.0704	0.0362	0.26	0.0254	0.0308
湖　北	0.7001	0.3114	0.88	0.098	0.0191	0.0292	0.0349	0.24	0.029	0.0383
湖　南	0.6556	0.3158	0.7414	0.0958	0.041	0.0558	0.0404	0.22	0.0201	0.0423
广　东	0.3286	0.1635	0.5941	0.082	0.019	0.0339	0.0155	0.04	0.0281	0.0248
广　西	0.7525	0.3012	0.5786	0.0934	0.0188	0.0099	0.0194	0.16	0.0323	0.0341
海　南	0.7513	0.4482	0.8103	0.0923				0.19	0.0321	0.0201
重　庆	0.7657	0.5815	0.699	0.0985	0.0246	0.0045	0.0337	0.11	0.0258	0.033
四　川	0.7138	0.3515	0.7765	0.0909	0.0319	0.0339	0.052	0.22	0.0253	0.0402
贵　州	0.8344	0.7897	0.9201	0.1441	0.0228	0.0203	0.0331	0.25	0.0271	0.0329
云　南	0.7596	0.508	0.7714	0.1204	0.0409	0.0544	0.0149	0.23	0.0273	0.0403
陕　西	0.8333	0.3797	0.6864	0.0992	0.0365	0.0311	0.0091	0.23	0.0279	0.0322
甘　肃	0.9106	0.4719	0.4699	0.1031	0.0298	0.1027	0.0355	0.33	0.0269	0.0268
青　海	0.9947	0.5031	0.5779	0.0996	0.0078	0.0125	0.0246	0.34	0.0306	0.0337
宁　夏	0.8956	0.3042	0.5048	0.0995	0.0241	0.0016	0.068	0.12	0.0203	0.0418
新　疆	0.8206	0.3227	0.5453	0.1181	0.0255	0.0081	0.0158	0.29	0.0383	0.0339

注：x2、x3、x5、x6、x7 和 x8 是根据 30 个省市自治区 2014 年 1 月公布的截至 2013 年 6 月债务审计结果整理的，其他指标数据均来自《中国统计年鉴》。

三　数据标准化处理

在进行因子分析时，由于指标间往往存在不同量纲，指标量纲的不同会影响分析的准确性，所以首先利用软件 SPSS 17.0 对数据进行标准化处理[1]，从而消除量纲的不一致给分析工作带来的不利影响。因此，首先我们运用 Z－Score 方法对数据进行处理。结果如表 7－4 所示：

表 7－4　　　　　　　　　　　标准化处理结果

地区	x1	x2	x3	x4	x5	x6	x7	x8	x9	x10
北　京	−2.128	0.378	2.222	−0.365	−1.578	−0.191	−0.77	1.606	1.342	−3.268
天　津	−0.55	0.004	0.307	0.644	−1.693	−0.89	−0.503	−1.624	0.024	0.403
河　北	0.168	−0.513	0.878	−1.504	0.413	0.414	0.129	−0.413	−0.298	0.545
山　西	0.122	−0.03	−1.083	−2.644	−0.122	−0.706	0.798	−0.144	−0.541	−0.023
内蒙古	0.215	−0.501	0.638	−1.253	1.318	−0.058	4.664	0.26	0.956	0.608

---

[1]　后续表 7－3 至表 7－8 都是通过操作 SPSS 17.0 得到的。

续表

地区	x1	x2	x3	x4	x5	x6	x7	x8	x9	x10
辽　宁	0.971	-0.407	0.209	-0.363	0.413	-0.547	-0.171	-0.682	0.311	0.324
吉　林	0.496	-0.062	1.123	-0.512	-0.221	-0.354	-0.176	-0.951	-0.566	0.482
黑龙江	-0.015	-0.682	-0.953	-0.788	0.248	-0.436	0.244	-0.144	1.142	1.269
上　海	-2.638	0.404	1.367	-1.259	-1.685	-0.787	-0.776	-0.682	0.292	-0.464
江　苏	-0.807	-0.629	-0.539	-0.203	-0.558	-0.534	-0.365	-0.413	-0.374	-0.322
浙　江	-1.163	-1.106	-0.136	-0.666	-1.57	-0.847	-0.714	-0.951	-1.321	-0.527
安　徽	1.071	-0.42	-1.055	0.294	0.314	-0.478	-0.167	1.606	-1.13	0.529
福　建	-0.457	-0.982	-0.879	0.223	-0.92	-0.122	-0.668	0.933	-0.709	0.45
江　西	0.701	-0.45	0	0.344	-0.418	-0.423	0.875	0.395	0.079	-0.542
山　东	-0.495	-1.504	-0.897	-0.247	0.544	-0.517	0.919	0.26	-1.52	-0.023
河　南	0.081	-1.195	-1.4	-0.552	1.104	2.113	-0.08	0.664	-0.427	-0.416
湖　北	-0.061	-0.178	1.394	0.401	-0.122	0.345	-0.105	0.395	0.466	0.765
湖　南	-0.318	-0.146	0.425	0.287	1.68	1.486	0	0.126	-1.747	1.395
广　东	-2.205	-1.259	-0.604	-0.424	-0.13	0.547	-0.478	-2.296	0.238	-1.362
广　西	0.241	-0.253	-0.712	0.164	-0.147	-0.483	-0.403	-0.682	1.284	0.103
海　南	0.235	0.823	0.907	0.109	-1.693	-0.908	-0.776	-0.278	1.212	-2.102
重　庆	0.318	1.798	0.129	0.426	0.33	-0.714	-0.128	-1.354	-0.329	-0.07
四　川	0.018	0.115	0.671	0.036	0.931	0.547	0.223	0.126	-0.451	1.064
贵　州	0.714	3.32	1.674	2.774	0.182	-0.037	-0.14	0.529	-0.008	-0.086
云　南	0.283	1.26	0.635	1.551	1.671	1.426	-0.49	0.26	0.043	1.08
陕　西	0.708	0.322	0.041	0.462	1.309	0.427	-0.601	0.26	0.178	-0.196
甘　肃	1.154	0.996	-1.472	0.666	0.758	3.498	-0.094	1.606	-0.058	-1.047
青　海	1.639	1.224	-0.717	0.484	-1.052	-0.371	-0.303	1.74	0.852	0.04
宁　夏	1.067	-0.23	-1.228	0.479	0.289	-0.839	0.531	-1.22	-1.69	1.316
新　疆	0.634	-0.095	-0.945	1.434	0.405	-0.56	-0.472	1.067	2.749	0.072

四　变量的相关性检验

在采用 Bartlett 对数据进行检验时，一般结合 KMO 统计量和 Sig. 值来判断数据是否适合做因子分析。KMO 的取值在 0—1 间，如果 KMO 值越接近 1，所选变量越适合做因子分析；如果 KMO 值越接近于 0，这说明变量间的相关性越弱，所选变量不适合做因子分析。而一般来说，KMO

值大于 0.5，才能做因子分析。所选变量的检验结果如表 7 - 5 所示，KMO 值为：0.523 > 0.5，且 Sig. 为 0，明显拒绝原假设，说明相关系数矩阵不是单位阵，变量之间存在相关关系，这就表明可以对所选变量进行因子分析。

表 7 - 5   **KMO 和 Bartlett 的检验结果**

取样足够度的 Kaiser - Meyer - Olkin 度量		0.523
Bartlett 的球形度检验	近似卡方	87.995
	df	45
	Sig.	0

五 因子提取

因子分析最重要的一步就是主成分分析，即确定公因子数目。确定公因子数目的一种常用方法就是最小特征值方法，也称为 Kaiser - Guttman 规则，这种方法只需要计算离差矩阵（相关矩阵、协方差矩阵）的特征值，特征值超过平均值的个数作为公因子个数，对于相关矩阵，特征值的均值为 1，所以通常取特征值大于 1 的数作为公因子数。[①] 且提取的公因子根据特征值大小排序，特征值最大的公因子对原始指标的解释力度最大，一般提取的公因子数要使累计贡献率达到 80% 以上，即这些变量的信息丢失较少，变量都能被因子解释。利用 SPSS 17.0 对 10 个因子进行因子分析，我们得到表 7 - 6。从表 7 - 6 可以看出，前 5 个因子的特征根都大于 1，这 5 个之和占累计方差贡献率为 82.02%，说明选取的 5 个公共因子能够充分反映原变量的信息，代表性较好。

因子分析的一个重要目的在于对原始变量进行综合评价，利用因子提取方法得到的结果虽然保证了因子之间的正交性，即因子之间不相关，但因子对变量的解释能力较弱，不易解释与命名。为此，可以采取对因子模型的旋转变化，使公因子的载荷系数更接近 1 或更接近 0。本书因子模型采取最大方差旋转法经过因子旋转后，累计解释总方差的百分比没有发生变化（见表 7 - 6），综合这些分析，可以从 10 个指标中提取 5 个主成分。

[①] 高铁梅主编：《计量经济分析方法与建模（Eviews 应用及实例）》第二版，清华大学出版社 2009 年版，第 477 页。

表 7 - 6 因子提取结果

解释的总方差

成分	初始特征值			提取平方和载入			旋转平方和载入		
	合计	方差的百分比(%)	累计百分比(%)	合计	方差的百分比(%)	累计百分比(%)	合计	方差的百分比(%)	累计百分比(%)
1	2.603	26.027	26.027	2.603	26.027	26.027	1.997	19.974	19.974
2	2.18	21.803	47.83	2.18	21.803	47.83	1.745	17.454	37.428
3	1.243	12.432	60.262	1.243	12.432	60.262	1.58	15.804	53.232
4	1.141	11.413	71.675	1.141	11.413	71.675	1.457	14.574	67.806
5	1.035	10.345	82.02	1.035	10.345	82.02	1.421	14.214	82.02
6	0.617	6.172	88.192						
7	0.453	4.528	92.72						
8	0.348	3.481	96.201						
9	0.21	2.099	98.3						
10	0.17	1.7	100						

注:提取方法:主成分分析。

通过因子旋转,还得到旋转成分矩阵(见表 7 - 7),发现因子 1 中指标 x1、x2 和 x4 增速载荷系数较高,因子 2 中指标 x7 和 x10 载荷系数较高。因子 3 中指标 x5 和 x6 载荷系数较高,因子 4 中指标 x8 和 x9 载荷系数较高,因子 5 中指标 x3 载荷系数较高。

表 7 - 7 旋转成分矩阵

	成分				
	1	2	3	4	5
x1	0.589	0.482	0.06	0.09	-0.508
x2	0.797	-0.016	0.031	0.185	0.385
x3	0.167	-0.017	-0.099	0.092	0.919
x4	0.864	-0.152	0.138	0.016	-0.029
x5	0.158	0.606	0.619	-0.243	-0.132
x6	0.065	-0.007	0.954	-0.018	-0.034
x7	-0.302	0.873	0.031	0.119	0.065
x8	0.237	0.062	0.46	0.616	-0.252
x9	0.119	0.014	-0.2	0.791	0.13
x10	0.224	0.596	-0.039	-0.572	-0.255

注:提取方法:主成分。旋转法:具有 Kaiser 标准化的正交旋转法。

同时，为了对 30 个省市自治区的债务风险进行综合评价，对 5 个公共因子计算因子得分，得到因子得分系数矩阵，如表 7 - 8 所示。

表 7 - 8　　　　　　　　　　　成分得分系数矩阵

	成分				
	1	2	3	4	5
x1	0.299	0.225	-0.171	0.11	-0.346
x2	0.401	0.045	-0.028	0.016	0.278
x3	0.074	0.153	0.041	-0.038	0.713
x4	0.453	-0.147	0.002	-0.093	-0.048
x5	0.014	0.271	0.34	-0.128	0.101
x6	-0.088	-0.135	0.685	-0.037	0.112
x7	-0.207	0.61	-0.042	0.212	0.192
x8	0.008	0.006	0.248	0.456	-0.192
x9	0.007	0.142	-0.16	0.57	-0.002
x10	0.173	0.289	-0.16	-0.355	-0.066

注：提取方法：主成分。旋转法：具有 Kaiser 标准化的正交旋转法。

六　计算各主因子得分及综合得分

根据成分得分系数矩阵（见表 7 - 8）和解释的总方差表（见表 7 - 6），可以得出各公共因子得分和综合得分计算公式：

$$F1 = 0.299 \times x1 + 0.401 \times x2 + \cdots + 0.007 \times x9 + 0.173 \times x10 \qquad (7.6)$$

$$F2 = 0.225 \times x1 + 0.045 \times x2 + \cdots + 0.142 \times x9 + 0.289 \times x10 \qquad (7.7)$$

$$F3 = -0.171 \times x1 - 0.028 \times x2 + \cdots - 0.16 \times x9 - 0.16 \times x10 \qquad (7.8)$$

$$F4 = 0.11 \times x1 + 0.016 \times x2 + \cdots + 0.57 \times x9 - 0.355 \times x10 \qquad (7.9)$$

$$F5 = -0.346 \times x1 + 0.278 \times x2 + \cdots - 0.002 \times x9 - 0.066 \times x10 \qquad (7.10)$$

$$F = (19.974\% \times F1 + 17.454\% \times F2 + 15.804\% \times F3 + 14.574\% \times F4 + 14.214 \times F5)/82.02\% \qquad (7.11)$$

为对我国 30 个省市自治区政府债务风险进行比较，根据式（7.6）至式（7.10）计算各省市自治区政府债务风险水平的公共因子 $F1$、$F2$、$F3$、$F4$ 和 $F5$ 的得分，并在此基础上以各个公共因子方差贡献率为系数进行线性加权求和，即根据式（7.11）计算各省市自治区政府债务风险水平的综合得分 F，并按照综合得分从低到高进行排序（见表 7 - 9）。

表 7 - 9　各省市自治区政府债务风险评价公共因子得分及综合得分情况

地区	F1	F2	F3	F4	F5	综合得分
广　东	0.190028	0.181588	-0.00492	0.035181	0.350099	0.150894
黑龙江	0.220558	0.297466	-0.05448	0.156034	0.179568	0.16536
河　南	0.247136	0.268446	0.004817	0.179638	0.101956	0.167827
新　疆	0.228031	0.297637	-0.05353	0.204249	0.137973	0.168759
江　苏	0.238358	0.248703	-0.03474	0.12324	0.268042	0.172628
山　东	0.232975	0.2923	-0.02881	0.159546	0.184781	0.173758
浙　江	0.278603	0.227444	-0.03762	0.091955	0.315081	0.179942
福　建	0.291242	0.241231	-0.01479	0.171946	0.175851	0.180437
广　西	0.318718	0.288626	-0.07303	0.135271	0.20608	0.184714
宁　夏	0.381795	0.341283	-0.11492	0.136969	0.119981	0.18859
安　徽	0.35034	0.321489	-0.05386	0.225929	0.084694	0.198174
山　西	0.336924	0.323116	-0.06676	0.169622	0.189766	0.200972
辽　宁	0.309213	0.347102	-0.08558	0.147306	0.252238	0.202563
天　津	0.32474	0.272766	-0.07286	0.082784	0.375252	0.202829
湖　南	0.244471	0.305692	0.004886	0.13847	0.357909	0.212158
江　西	0.325701	0.358509	-0.06236	0.190899	0.240275	0.219151
河　北	0.315157	0.339743	-0.03814	0.139083	0.367576	0.230111
青　海	0.428526	0.35176	-0.07656	0.249602	0.1427	0.233541
吉　林	0.354377	0.347936	-0.07322	0.120524	0.391997	0.235582
上　海	0.289171	0.212494	0.014087	0.073139	0.609968	0.237057
海　南	0.37258	0.311092	-0.06988	0.146298	0.400893	0.238939
陕　西	0.450425	0.320936	-0.04316	0.169481	0.263787	0.245498
甘　肃	0.489549	0.312296	0.003971	0.238686	0.101437	0.246431
四　川	0.36234	0.33421	-0.02288	0.154276	0.371278	0.246706
重　庆	0.447398	0.331395	-0.09074	0.114311	0.376722	0.247588
湖　北	0.330529	0.330919	-0.01894	0.154714	0.430709	0.249396
内蒙古	0.25291	0.485184	-0.04356	0.214638	0.376403	0.259815
云　南	0.445743	0.323828	-0.01608	0.152153	0.389308	0.268865
北　京	0.298758	0.24352	0.058871	0.162986	0.634784	0.274889
贵　州	0.576567	0.381378	-0.05363	0.178105	0.540241	0.336504

第四节 我国地方政府性债务风险预警标识

一 预警区间的确定

得到各省市自治区政府债务风险的综合评分，还不能直接对其进行预警。要进行预警首先得划分预警区间，这需要确定各区间预警的临界值，一般采取的方法就是对每一个指标确定不同风险状态临界值。而对于指标的临界值，有些可以采用国内外通用的一些警戒线作为临界值，如负债率国际通用的警戒线为60%，则60%可以作为划定区间的临界值，有些指标可以采用国内外现有的一些研究成果作为临界值的参考依据，但该方法操作起来非常复杂，首先必须计算每一指标的临界值，然后将这些临界值代入各公共因子得分和综合得分计算公式，最后再以综合得分值作为划定预警区间的临界值。同时，这些指标的临界值的确定也有很大的主观性，不同的学者有时对同一指标临界值的看法不一样，且并不是所有的指标都有一个明确的临界值，因此该方法确定预警区间操作很难且其科学性也是受到质疑的。

确定预警区间的一种简单可行的方法是3倍标准差法。该方法是剔除异常值的一种常用方法。下面我们借用这一方法将低于样本均值3倍标准差的区域确定为风险可控区，大于样本均值3倍标准差的区域确定为极重警区，预警区间长度为2倍标准差，以此我们划分五个预警区间，结果如表7-10所示。然后根据SPSS软件计算各省市自治区政府债务风险评价的综合得分均值μ为0.2173，标准差σ为0.04136。基于此，依次计算每个区间的临界值，并依据政府债务风险程度由低到高划分五个区间，在相应预警区间确定无风险、低风险、中度风险、高风险和极高风险五种预警状态，预警信号采用交通信号灯方式即蓝色、浅蓝、绿色、黄色、红色分别表示政府债务风险的严重程度（见表7-10）。

二 我国地方政府性债务风险预警标识及解释

依据表7-10准则，可以将我国30个省市自治区预警情况标识如表7-11所示。

从表7-11来看，30个省市自治区都落在了低风险至高风险之间的三个预警区间，其中广东等6省市处于低风险区，浙江等20个省市处于

表 7 – 10　　　　　　各省市地方政府债务风险预警区间划分

预警状态	无风险	低风险	中度风险	高风险	极高风险
预警区间	$(-\infty, \mu-3\sigma)$	$(\mu-3\sigma, \mu-\sigma)$	$(\mu-\sigma, \mu+\sigma)$	$(\mu+\sigma, \mu+3\sigma)$	$(\mu+3\sigma, +\infty)$
	$(-\infty, 0.0933)$	$(0.0933, 0.1760)$	$(0.1760, 0.2587)$	$(0.2587, 0.3414)$	$(0.3414, +\infty)$
预警信号	蓝灯	浅蓝	绿灯	黄灯	红灯

表 7 – 11　　　　　　　　各省市地方政府债务预警标识

地区	综合得分	预警状态	预警信号	地区	综合得分	预警状态	预警信号
广　东	0.150894	低风险	浅蓝	江　西	0.219151	中度风险	绿灯
黑龙江	0.16536	低风险	浅蓝	河　北	0.230111	中度风险	绿灯
河　南	0.167827	低风险	浅蓝	青　海	0.233541	中度风险	绿灯
新　疆	0.168759	低风险	浅蓝	吉　林	0.235582	中度风险	绿灯
江　苏	0.172628	低风险	浅蓝	上　海	0.237057	中度风险	绿灯
山　东	0.173758	低风险	浅蓝	海　南	0.238939	中度风险	绿灯
浙　江	0.179942	中度风险	绿灯	陕　西	0.245498	中度风险	绿灯
福　建	0.180437	中度风险	绿灯	甘　肃	0.246431	中度风险	绿灯
广　西	0.184714	中度风险	绿灯	四　川	0.246706	中度风险	绿灯
宁　夏	0.18859	中度风险	绿灯	重　庆	0.247588	中度风险	绿灯
安　徽	0.198174	中度风险	绿灯	湖　北	0.249396	中度风险	绿灯
山　西	0.200972	中度风险	绿灯	内蒙古	0.259815	高风险	黄灯
辽　宁	0.202563	中度风险	绿灯	云　南	0.268865	高风险	黄灯
天　津	0.202829	中度风险	绿灯	北　京	0.274889	高风险	黄灯
湖　南	0.212158	中度风险	绿灯	贵　州	0.336504	高风险	黄灯

中度风险区域，内蒙古等 4 个省市自治区处于高风险区，无省市处于极高风险的异常区域，因此预警结果表明，整体而言我国地方政府债务是风险可控的，这与我国审计署对外宣称的地方政府债务风险可控的基本论调是一致的。

　　仔细分析处于高风险区的 4 个省市自治区，有几个相关指标是值得这四个省市自治区政府相关部门关注与警惕的。从负债率来看，贵州、云南、北京分别为 79.0%、50.8% 和 38.7%，而该值的 30 个省市自治区的均值为 33.6%；从债务率来看，北京、贵州、内蒙古和云南分别为 99.9%、92.0%、77.2% 和 77.1%，而该值的 30 个省市自治区的均值为 68.1%；内蒙古另一个突出的表现是债务违约率非常高，尤其是可能救助债务违约率更是惊人，高达 28.3%，而该值的 30 个省市自治区的均值仅为 4%。另外贵州综合得分值也几乎要触及高风险区域的上限了，无论从哪个角度对贵州省的政府债务风险都要保持高度关注与警惕。

虽然上述对于我国地方政府债务风险评估与预警体系的分析及相关结论是从省级层面数据得到，但该方法对于市县级地方政府债务也同样可以适用，只要将各县市相关指标数据代入式（7.6）至式（7.11）计算其综合得分，再依据表 7-10 判断其所属预警区间，就知道其目前的债务风险状态。从总体来看，本书这一研究方法数据容易采集，操作简单，预警标识直观明了，因此具有很强的实用性，值得相关部门借鉴与采纳。

第八章　当前我国地方政府性债务存在的突出问题与建议

我国地方政府性债务突出的问题比较多，根据之前对地方政府债务的结构分析，我们知道，我国地方政府的举债主体主要是融资平台，要防范地方政府债务风险则应着眼于地方政府债务监管，因此基于这一考量，本章主要从地方政府融资平台的债务管理和地方政府债务监管体系的构建与完善两方面来分析我国地方政府性债务当前存在的主要问题，并提出相应的政策建议。

第一节　地方政府融资平台的债务管理

由于地方政府性债务形成的一个重来源就是地方融资平台，根据中国审计署 2011 年和 2013 年的两次债务审计报告，2010 年年底和 2013 年 6 月底，融资平台举借的三类债务总额分别为 49710.68 亿元和 69704.42 亿元，占同期我国地方政府债务总额的比重分别为 46.38% 和 39.0%[①]，虽然相对规模有所下降，但绝对规模在两年半时间又增长了 2 万多亿元，地方融资平台债务仍是我国地方政府性债务的第一大举债主体。因此，地方政府融资平台的债务监管对于防范全国地方政府债务风险具有非常重要的意义。

为了加强地方政府融资平台公司管理，防范地方政府性债务风险，保持地方经济持续健康发展和社会稳定，2010 年 6 月 10 日，国务院下发了

[①]　根据国家审计署 2011 年和 2013 年的两次债务审计报告相关数据计算得到。另有学者提供的数据显示，截至 2010 年年底，我国地方融资平台达 9800 多家，平台贷款达 9 万多亿元。（参见李经纬、吴永敏《中国地方政府融资平台的债务重构与风险治理》，《新金融》2014 年第 11 期）

《关于加强地方政府融资平台公司管理有关问题的通知》（国发〔2010〕19 号），2010 年 7 月 30 日，财政部、发改委、人民银行、银监会又下发了《关于贯彻国务院关于加强地方政府融资平台公司管理有关问题的通知相关事项的通知》（财预〔2010〕412 号），有些地方政府根据国家出台的这些文件并结合自身的实际情况制定了相关的政策措施。虽然这些文件要求对地方政府融资平台形成的债务按照其偿还方式进行分类，并在此基础上对不同融资功能类型的融资平台行进行清理规范，还就融资平台的债务偿还、在建项目后续融资、政府担保等相关问题进行了规范与约束。2014 年 9 月 21 日，国务院又以国发〔2014〕43 号印发了《关于加强地方政府性债务管理的意见》。该《意见》包括总体要求、加快建立规范的地方政府举债融资机制、对地方政府债务实行规模控制和预算管理、控制和化解地方政府性债务风险、完善配套制度、妥善处理存量债务和在建项目后续融资、加强组织领导七个部分。《意见》主要赋予地方政府依法适度举债融资权限，要求地方政府加快建立规范的举债融资机制，同时也明确规定，制止地方政府违法违规举债。但就目前实际情况来看，这些文件规定仍存在一些问题需要解决，相关制度也需要进一步细化与落实。

一　地方政府融资平台债务监管存在的主要问题

（一）对地方融资平台的债务监管难且存在一些盲区

一是地方融资平台隐蔽性强的这一特点导致其容易躲避相关部门的监管。地方政府搭建融资平台的初衷就是为对外举债洞开方便之门，因此地方政府本身没有监管融资平台对外举债的意愿，而在缺乏地方政府支持的条件下，中央政府及相关监管机构要对融资平台进行有效的监管就会显得十分困难，同时由于政府主导融资平台融资的原因又使得资金出借方不愿意对融资平台的融资能力进行认真严格审查，或者审查根本就无从下手。

二是由于地方融资平台公司发起人既可能是地方政府，也可能是其所属的不同机构或部门，因此其举债可能分属不同部门管理，这样当地财政部门就很难对本地区融资平台的所有债务进行汇编，也就是说，地方财政部门其实很难准确掌握本地区融资平台负债的真实情况。

三是由于地方政府债务管理的追责制度尚未真正建立，即使有些地方政府对外宣称已经对投融资平台进行归口统一管理①，甚至强调地方融资平台公司的债务举借、债务资金的使用和偿还实行一体化管理，但在实际操作时却很难落实。再加上并没有规定各地方融资平台必须向当地财政部门报送其资产负债等情况的相关要求，从而使得负责审核贷款项目的地方财政部门不能全面掌握地方融资平台的负债情况，也就很难对其贷款项目、资金需求、举债与偿还计划等内容进行严格审核把关。

(二) 地方融资平台公司法人治理结构混乱

由于融资平台公司发起人是地方政府或其职能部门，因此公司的组织架构具有浓厚的政府色彩，公司的高层管理人员，大多是由政府领导直接任命的，甚至由政府官员直接兼任。这些高层管理人员缺乏必要的企业经营管理经验和风险防范意识，公司的经营目标也就不可能像一般公司会基于成本与收益的角度去追求利润最大化。在公司营运过程中，他们甚至不考虑项目经营效益，这一倾向在投融资的过程中很容易导致一些重大失误，这样地方融资平台实质演变成了为少数人追求政绩进行融资骗贷的工具。同时由于债务责任管理与责任追究制度的方面的缺陷与漏洞，即使地方融资平台公司在经营过程中产生了重大损失，也可以将责任推给政府。而且地方融资平台其融资运作过程也很不规范，有些地方政府向融资平台的一笔注资用作多家公司或项目的注册资金或项目资本金，或是用贷款资金作为注册资本金，甚至出现不同的平台公司之间相互担保。一个最典型的案例是 2014 年 7 月被《新京报》披露的黑龙江省佳木斯市最大国有企业——新时代城投公司，该公司董事长就是由佳木斯市市长孙喆直接兼任。并且新时代城投公司与佳木斯财政局合署联合办公，不仅高管交叉任职，甚至办公人员也有交叉。在市长的指示下，该市规划局出具虚假的规划许可证、国土局则出具虚假的土地使用证和他项权利证，通过联合造

---

① 尽管《国务院关于加强地方政府融资平台公司管理有关问题的通知》（国发〔2010〕19 号）曾作了相关规定，要求财政部会同有关部门加快建立融资平台公司债务管理信息系统、会计核算和统计报告制度，以及融资平台公司债务信息定期通报制度，实现对融资平台公司债务的全口径管理和动态监控，审计部门要加强对融资平台公司的审计监督，要研究建立地方政府债务规模管理和风险预警机制，将地方政府债务收支纳入预算管理，逐步形成与社会主义市场经济体制相适应、管理规范、运行高效的地方政府举债融资机制。湖南省政府还在此基础上对政府融资平台公司的名录管理也提出了相关要求。

假，为新时代城投融资骗贷数十亿元。[①]

（三）地方融资平台违规融资现象依然存在

尽管国发〔2010〕19 号文件要求地方各级政府对融资平台公司债务进行全面清理，并按照分类管理、区别对待的原则，妥善处理债务偿还和在建项目后续融资问题。并明确要求：对只承担公益性项目融资任务且主要依靠财政性资金偿还债务的融资平台公司，今后不得再承担融资任务，相关地方政府要在明确还债责任，落实还款措施后，对公司做出妥善处理；对承担上述公益性项目的融资任务，同时还承担公益性项目建设、运营任务的融资平台公司，要在落实偿债责任和措施后剥离融资业务，不再保留融资平台职能。对承担有稳定经营性收入的公益性项目融资任务并主要依靠自身收益偿还债务的融资平台公司，以及承担非公益性项目融资任务的融资平台公司，要按照《中华人民共和国公司法》等有关规定，充实公司资本金，完善治理结构，实现商业运作；要通过引进民间投资等市场化途径，促进投资主体多元化，改善融资平台公司的股权结构。对其他兼有不同类型融资功能的融资平台公司，也要按照上述原则进行清理规范。[②] 但正如前面所分析的，由于地方融资平台的隐蔽性特征及法人结构混乱等原因，各地方政府并没有认真领悟国务院文件精神，没有严格执行文件的相关规定。根据我国审计署《2013 年第 32 号公告：全国政府性债务审计结果》显示：融资平台公司等单位违规发行债券 423.54 亿元，国发〔2010〕19 号文件下发后，仍有 533 家只承担公益性项目融资任务且主要依靠财政性资金偿还债务的融资平台公司存在继续融资行为；财政部等四部委 2012 年年底明确要求地方政府规范对融资平台公司的注资行为后，仍有部分地方将市政道路、公园等公益性资产和储备土地等以资本金形式违规注入 71 家融资平台公司，涉及金额 544.65 亿元。

（四）债务收支计划的不确定性导致偿债计划难以实施

国发〔2010〕19 号文件要求各地区和各部门要将地方政府债务收支纳入预算管理，有些地方政府，如浙江省衢州市就曾建立由融资平台公司编制、主管部门审核、财政部门和国资部门核定，最后由市政府常务会议

---

① 涂重航：《城投公司以假地融资数十亿　市长兼职公司高管》，《新京报》，http://news. sina. com. cn/c/2014 - 07 - 04/023030465815. shtml，2014 年 7 月 4 日。

② 详见 2010 年 6 月 10 日国务院下发的文件《关于加强地方政府融资平台公司管理有关问题的通知》（国发〔2010〕19 号）。

审议通过后执行这样一个完整的债务收支计划编制流程。然而在实际执行过程中，大部分融资平台公司尤其是城投类公司，其主要资产是政府划拨的土地资产，而土地资产的会计核算准则及制度很不完善，这样由土地投资开发形成的未来收益归属很难明确。同时由于政府性投资建设项目计划本身也存在一些不确定因素，如国内有些地方政府投资项目往往因主管领导的更换而发生变化，甚至项目本身在实施过程中也会因其他因素的变化而使项目发生变化。这样在面临很多不确定因素的条件下编制的债务收支计划自然也会具有较大的不确定性，这也必然影响债务收支计划的编制和实际执行的效果。而且有些地方政府对其债务风险管理意识不够，没有对融资平台的债务偿还计划进行全面的预算编制，即使有些地方财政部门进行了预算编制，但其预算编制也设置得不全面，对地方政府融资平台公司所承担的各类债务即负有偿还责任的债务、担保债务和承担一定救助责任债务偿还缺乏明细预算，大多只是体现地方政府性债务余额及来源情况，因此地方融资平台的年度债务偿还计划有待进一步明细化。

（五）地方融资平台债务风险可能叠加上移

由于地方融资平台承载地方政府很多职能，承建的很多项目具有公益性、低利润性及建设回收期的漫长性特征，导致地方融资平台面临沉重的财务压力，并且地方融资平台承建很多的项目大都是建设期 5 年以上、回收期 10 年以上的基础设施建设及其他公共设施建设项目，有些项目建成后只有少量收益，有些甚至没有收益，因而其现金流只能部分覆盖其债务，甚至完全不能覆盖其任何部分的债务，这意味着即使不出现任何经营风险或市场风险，融资平台也无法足额偿付其到期债务，偿还期普遍在 7 年甚至 5 年以下的债务资金又意味着仅靠项目收益偿还债务的话，融资平台必然出现流动性危机。[①] 同时，由于地方融资平台公司基本上是土地开发收入，或项目经营收入，或公共设施收费等作为抵押贷款，而这些收入其实很不稳定，比如土地开发收入可能取决于当地经济的发展状况，甚至整个国家的宏观经济形势，因此面临很大的不确定性，而且一些投资项目本来就存在很大风险，一旦项目夭折或流产，银行贷款资金或通过其他形式举借的资金将面临很大的风险。若投融资平台公司无力偿还债务，地方

---

① 参见李经纬《新预算法及其配套政策法规实施背景下的地方融资平台转型与发展》，《中央财经大学学报》2015 年第 2 期。

政府需要承担担保责任，这样或有负债就可能转化为地方政府的直接负债，这种本是由融资平台公司的举债演变到最后只能是地方政府埋单了。更糟糕的是，如果因担保造成的赔付超过地方政府的财政收入，必然导致地方财政危机，而一旦地方政府无力偿还、银行呆账坏账就这样产生了，从而演变成了金融风险。最后的结局只能是下级政府欠债由上级政府乃至中央政府为之埋单，从而可能形成债务风险叠加，甚至上移至中央政府。

二　完善我国地方政府融资平台债务管理对策

(一)　对地方融资平台债务实行统一管理

可以采取由地方财政部门牵头组成专门针对地方融资平台的债务管理机构，该机构应由相关部门与财政、财务、预算、审计等方面专家组成，这样有利于不同部门之间的协调与沟通，实现债务管理的专业性。地方融资平台的所有融资及债务偿还行为都应该有这一管理机构的参与，这样才能够及时地对地方的政府融资平台的债务偿还情况、项目建设情况和运营能力进行全程掌控，同时对所有的贷款、担保合同在债务管理机构统一备案，这样有利于避免多头举债、管理混乱的情况。

(二)　"以债务上限"控制举债规模

地方政府相关部门应结合本地实际情况，通过建立"债务上限"的管理模式，实行总量控制。债务上限的设定可以参照一般公司的资产负债某一比例来控制地方融资平台公司的债务规模，对于地方融资平台的资产可以根据其资产类别的不同特点对其赋予某一权数进行核算，如财政划拨的款项可以按100%计入资产，而以土地、股权、规费、国债等其他形式资产就应该赋予一定权数进行折算。另外，应按照上级相关文件要求，严格规范地方投融资平台公司的借款程序，杜绝地方政府及其相关部门单位进行的各种违规担保，应逐步淡化与取消以土地开发、增值等预期收入作为偿债来源，更不得以机关事业单位及国有资产进行抵押或质押融资，切断地方融资平台公司进行纯公益性项目而未来不能产生任何收入的投融资运营。

(三)　进一步细化地方融资平台公司偿债计划

各地方融资平台应将其负债及债务偿还等相关信息上报给当地财政部门，纳入当地财政预算管理，应将地方融资平台公司债务按照负有直接偿还责任、担保责任或者具有一定救助义务的债务分门别类地纳入地方财政部门的预算编制，全面汇总各地融资平台的举债情况，各地方融资平台都应编制本公司的年度债务偿还计划，其中编制内容应包含预算编制说明、直接和间接债务收支平衡的预算表、债务余额的明细表、债务偿还资金收支预算表、项目举债情况表以及年度债务预计偿还情况表等。同时地方融资平台公司内部应建立债务偿还责任制，明确相关责任人的偿债责任和项目管理与监督责任，在项目失败导致债务无法按时偿还时能按照相关程序进行责任追究，切实避免出现偿还责任相互推诿、只借不还的情况。

（四）构建风险监控与管理机制

各地方政府应督促地方融资平台公司主动与各银行及相关部门共同建立动态监控债务风险系统，构建债务预警机制。一旦地方融资平台的贷款规模触及或超过"债务上限"，应及时将信息报警于地方政府债务监管部门，限制地方融资平台进一步自行举债。同时各地方政府应该建立偿债准备金制度①，按照相关文件的要件，根据实际债务规模提取一定比例（譬如2%—6%）作为偿债基金，每年保持一定比例的资金增长以防范地方财政风险。一旦地方融资平台破产需要地方政府介入清理地方政府债务和处置资产时，能够保证有充足的预算资金缓解偿债压力，避免地方融资平台债务风险向金融系统乃至财政系统传导与扩散。

（五）完善地方融资平台公司治理结构

应严抓落实《国务院关于加强地方政府融资平台公司管理有关问题的通知》（国发〔2010〕19号）的相关规定，对现有地方融资平台公司实行分类管理，并逐步规范，有些地方已开始着手，如2014年5月湖南省政府办公厅出台的《湖南省政府性债务管理实施细则》中，已明确要求各市州、县市区财政部门必须按财政管理级次将政府融资平台公司实行名录管理。内容涉及工商登记证、组织机构代码证、公司基本账户开户许可证、公司章程等资料，都要逐级上报至省财政厅。各地方政府融资平台应该按照相关要求将上述信息上报给当地财政部门，再由当地财政部门上报到上级财政部门。这样有利于上级部门审核各地方融资平台公司是否是

---

① 根据2013年12月30日公布的《全国政府性债务审计结果》，截至2013年6月底，我国有18个省级、156个市级和935个县级建立了债务风险预警制度，有28个省级、254个市级、755个县级建立了偿债准备金制度，准备金余额为3265.5亿元。但是地方政府举债却涉及31个省（自治区、直辖市）和5个单列市、391个市、2778个县，这说明我国还有少数省、部分市、绝大部分县都没有建立风险预警制度和偿债准备金制度，而准备金余额还不到地方政府性债务余额的2%。

按照《公司法》的相关要求来组建及运营的。对资本金充足、资产质量较好、还款能力较强的融资平台公司，要理顺地方政府与融资平台公司的契约关系，明确双方的责、权、利关系。各地方融资平台应该按照公司章程以及《公司法》的相关要求设立公司董事会和监事会等机构，并充分发挥这些机构的相应职能，加强地方融资平台公司内部控制制度建设。按照国务院对地方融资平台管理的相关要求对还款资金主要来源于财政性资金的融资平台公司，要在落实偿债责任和措施后，剥离融资业务，不再保留融资职能。同时，地方政府要严格监督融资平台公司所承担项目是否按计划推进，项目建设的工程质量、资金的使用情况等都应严加监管，从而有效地防范平台公司的财务风险向地方政府和金融部门传导。

（六）稳步推进地方融资平台的转型与发展

按照国发〔2010〕19号文件规定，根据平台债务类型的不同，将融资平台债务划分为三类：融资平台公司因承担公益性项目建设运营举借、主要依靠财政性资金偿还的债务；融资平台公司因承担公益性项目建设运营举借、项目本身有稳定经营性收入并主要依靠自身收益偿还的债务；融资平台公司因承担非公益性项目建设运营举借的债务。根据这一划分准则和新《预算法》及其他相关法律法规规定，我们认为，地方融资平台的未来转型与发展也应该根据地方融资平台类型的不同而进行不同的设计。一是对于只承担非公益性项目建设的融资平台，应该直接私有化将其改制为普通公司，和我国国企改革的方向保持一致。将这种融资平台转型为普通公司，有利于提高其经营效率，能够比较彻底地解决这种类型的融资平台各种体制机制缺陷，促进这种融资平台化身为一个经营高效、利润丰厚的基础设施建设企业，其前期形成的沉重债务问题也可迎刃而解。对于其前期形成的、难以承受的不合理存量债务，则需要相关各方寻求合理方案协调解决。二是对于那种既承担公益性项目建设也承担非公益性项目建设的准公益融资平台，可以进行股份制改造，以公共资本为主，同时吸纳民间资本入股，以克服纯官员控制经营的各种非市场化弊端，降低经营成本，提升经营效率。转型后的地方公营机构主要负责以BT、BOT等政府购买方式或接受政府特许经营、财政补贴和税收减免，承接有一定项目收益的地方公共设施建设项目，或者接受政府授权发行收益性地方政府债券。三是对于只承担公益性项目建设的融资平台，可直接将其纳入政府部门，作为一般政府债券发行的具体操作或辅助操作部门，或者作为公益性项目建设的专门管理机构。总之，为了提高融资平台效率，降低经营成本，同时更有效地管控融资平台带来的债务风险，各类融资平台的变革和转型已势在必行。

第二节　地方政府债务监管体系的构建与完善

一　当前地方政府债务监管体系存在的主要问题

（一）《预算法》修正案仍存在一定缺陷

虽然 2014 年 8 月 31 日，表决通过了修改后的《中华人民共和国预算法》，对原预算法的相关条例与规定进行了大幅修改与完善，尤其是增加了对地方政府举债的相关规定，要求举借债务只能采取发行地方政府债券的方式，不得采取其他方式筹措。这表明以后我国地方政府新增的债务都将纳入预算管理。不过这类地方政府债务从过去债务审计的相关数据上来看占我国地方政府性债务的比重是很低的，那么之前通过各种方式举借的地方政府债务其偿还该如何纳入预算支出也应该进行相关规定。同时由于《预算法》修正案规定地方政府只有通过发行债券融资，且各省、自治区、直辖市债务限额是国务院下达的，那么各市县为了获得更多的融资规模必将导致相互竞争，因此如何杜绝及监管具有融资审批权的相关部门的"权力寻租"将是一个新的难题。此外，我国地方政府债务预算编制也没有统一的要求与规范，尽管我国部分省市如河南、浙江、青岛等已开展了多年的债务预算编制试点，但也仅仅只体现为政府内部由财政部门主导编制的一个债务收支计划，除了在人大常委会上作关于政府债务的专题报告外，并没有建立常规性和法定性的债务预算人大审批制。从部分行政事业单位的收支决算来看，决算支出远远超出预算支出的现象非常严重。因此即使部分地区存在债务预算编制，但实际上也形同虚设。

（二）地方政府变相举债融资加大监管难度

当前部分地方政府通过非正常渠道，不断创新融资手段，通过委托贷款、借壳贷款、融资租赁、违规贷款、公益性资产虚增，甚至包括违规集资等变相举债融资方式层出不穷，这种隐性债务具有很强的隐蔽性，很难监管。而随着政府投资项目的增加和时间的推移，这种隐性债务会逐渐转化为显性债务，给国家经济安全和社会稳定带来巨大隐患。如 2014 年 6

月，新华社报道的《遭县政府拖欠数千万元市政工程款，包工头不堪债务重负自杀》①，文中讲述了一位叫杨永的包工头，在承建安徽萧县市政工程的，被政府拖欠数千万元建设款，由于要债无果又不堪债务重负，最后绝望之下吞药自杀，这样的事件在我国当前并不鲜见。部分地方政府部门依靠项目承包人垫支，而这种欠付垫支款理应进入各地方政府部门的财政收支预算，而部分地方政府却并未这样处理。有些即使进行了挂账处理，但由于本身支付能力有问题或相关领导人为了自身寻租而恶意欠款，导致项目发起人和项目承包人之间的各种经济纠纷时有发生。

（三）地方政府债务责任追究制度缺失

如第四章所述，由于地区经济的发展状况直接影响当地政府官员个人仕途，为了博得上级领导的关注，地方政府官员将精力主要放在抓项目、促发展上面了，因此竭尽全力招商引资，举政府之力投资上项目，这已成为地方官员谋求政绩的不二途径。同时，由于地方政府债务责任追究制度缺失，在任期内靠超财力举债建设了一批项目，在不能偿还的情况下，将债务留给了下任政府，结果出现了前任是亮丽政绩，后任是包袱的"烂尾项目"，"前任借钱、后任还债"已然成为中国官场一个很普遍的现象，更为严重的是，部分下届政府在还没有积极化解上届政府留下的债务的同时，为了彰显政绩又置风险于不顾，继续举债大搞建设，致使地方政府债务风险不断积累放大。新的《预算法》修正案虽然已经强调要建立责任追究制度，且由财政部门对地方债务实施监管，部分地方政府也曾出台过一些细则，如湖南省 2014 年 5 月 8 日曾颁布了《湖南省政府性债务管理实施细则》，也曾对债务监管作了相关规定，甚至提出了要把政府性债务管理作为政绩考核的重要指标，政府性债务的举借、使用、偿还和监督管理等情况要列入领导干部任期经济责任审计范围，但是至今，似乎并没有任何官员因为盲目举债或债务违约而被追责的。②

（四）地方政府债务的偿还对土地出让收入依赖严重

随着城镇化进程的推进，仅靠地方政府的税收收入和转移支付难以完

---

① 详见郝方甲、程士华、舒继华《遭县政府拖欠数千万元市政工程款　包工头不堪债务重负自杀》，新华网，http：//news. xinhuanet. com/local/2014 - 06/25/c_ 1111306094. htm，2014 年 6 月 25 日。

② 包括之前文章所列举的一些地方政府举债案例，尽管有官员落马，但几乎都是因贪腐造成的，而不是因为举债被追责，包括下面要介绍的大同百亿造城案例。

全满足基础设施投资的资金需求，因此以土地出让收入作为保证，向银行或其他金融机构举债成为地方政府为基础设施融资的一种重要手段。地方政府首先通过举债资金建设城市，而城市基础设施的完善又可以进一步提高土地价值，再通过土地出让偿还债务，这已成为许多地方政府"经营城市"的基本思路。据2013年审计署的地方政府债务审计报告数据显示：截至2012年年底，11个省级、316个市级、1396个县级政府承诺以土地出让收入偿还的债务余额为34865.24亿元，占省市县三级政府负有偿还责任债务余额93642.66亿元的37.23%。然而，随着我国经济增速的放缓，房地产价格的回落，同时由于征地和拆迁补偿、土地开发支出、补助被征地农民支出等成本性支出的提高，地方政府出让土地的净收益已呈下降趋势，致使这种以土地收入为保障的银行贷款正面临越来越大的违约风险。

二　典型案例分析——大同百亿造城[①]

（一）大同百亿造城简述

2008年，时任山西省第二大城市的大同市市长耿彦波强力推行耗资上百亿元的古城保护工程。当时，耿彦波市长提出"一轴双城，新旧得利"大格局。其基本构想：对大同古城实行整体保护，预计耗资数十亿元，在5年内全面完成古城墙修复工程，力争在2012年年底，大同古城实现全面合拢……这一构想要求古城内所有现代建筑都必须搬迁出去，从而恢复传统的城市格局。拟将古城以东建设成未来的大同市中心——御东新城，两城间以御河为轴，从而实现"西边传统，东边现代，两相呼应"这一伟大梦想！

这一构想于2009年4月正式实施，大同市东城墙、华严寺、善化寺、文庙、清真寺等名城保护十大工程陆续开工建设。随后，修复南城墙、北城墙等项目也跟着上马，一瞬间，大同城似乎演变成了一座"巨大工地"！这一旷世工程也同时招来各界非议，有人指责耿彦波这一做法"是

---

① 本内容材料及有关数据来源于以下资料：董欲晓：《大同造城之殇：每天投5500万，离开一个月找不到回家路》，搜狐财经，http://business.sohu.com/20130923/n387060972.shtml，2013年9月23日；武刚：《大同造城未了曲》，《瞭望东方周刊》，http://news.hexun.com/2013-12-17/160650117.html，2013年12月17日；李如东、张淑英：《耿市长离任大同百亿造城没时间表多工程烂尾》，《南方周末》，http://news.sohu.com/20141114/n406027638.shtml，2014年11月14日。

一个谬误，一股歪风"！是在造假古董。也有人表示担忧：若是耿彦波中途调离，古城保护工程是否会成为"烂尾"？

至 2012 年，这项旷世工程已投资 500 亿元，拆迁近 10 万户居民。在经历拆迁上访、违法用地等波折后终于展现雏形：修缮了东南北三面城墙，只剩西面城墙未合拢。在御东新城，多栋高楼如雨后春笋般拔地而起，大同太阳宫、大同大剧院、大同博物馆、大同图书馆、大同美术馆以及大同体育中心都在紧锣密鼓建设中。

然而至 2013 年 2 月，耿彦波接到调令，被调离大同，成为太原市市长。耿彦波离开大同后，形势剧变，工地急剧降温——拆迁工程搁浅、政府工程停工……古城保护工程烂尾由之前的隐忧似乎已逐渐演变为现实。2013 年 11 月初，大同市叫停所有在建工程项目，其中半数左右为政府投资工程。大同称"叫停"源于一起事故：11 月 2 日凌晨，正在施工的大同市永久建材市场突然发生楼层坍塌事故，造成 5 名农民工身亡。事故发生后，大同市政府在全市范围内进行安全生产大检查。有 125 项在建工程被叫停。2013 年 11 月 8 日，大同市政府下发文件，认为"工程手续不全，未经复工批复，仍然违法违规施工，严重影响全市建筑工程领域的安全生产"，要求相关部门停止对大同美术馆、大同大剧院、大同博物馆、大同图书馆等 71 个在建工程的水、电、建筑材料供应。

按照耿彦波最初的规划，建成后的大同古城墙周长 7270 米，其外围有护城河。至 2013 年 12 月，大同古城东和南护城河基本完工，但北护城河只建有两座护城河桥以及部分河道，而西护城河却未见动工的影子。同年 11 月 21 日发生的一件事情给尚未完工的护城河工程再次蒙上了阴影。人们发现，大同古城北城墙武定西门东西两侧的护城河被人填埋，不是挖护城河而是垫！至此，"北护城河被填"这一事件毫无疑问使得"古城保护工程烂尾"已成为一种必然。

此外，随着耿彦波的调离，大同城建的步伐已明显减速，不少在建项目被搁置，甚嚣尘上的是多年的市政建设让大同市背负了过百亿元债务，工程队因欠款抢房自救等消息也在全国陆续传出。因造城走红全国的大同，之后发生的事件继续吸引国人眼球。2014 年 10 月 15 日，山西省大同市委书记丰立祥被查。同一天，被各大媒体报道："耿粉们"跑去大同市委门口，放鞭炮庆祝丰立祥落马。2014 年 10 月 18 日上午，又传闻千余大同市民聚集在大同和阳门广场，希望原市长耿彦波重返大同"收拾烂摊子"。未来还会出现什么大的风波，人们正拭目以待！

（二）大同百亿造城的反思——基于地方政府债务监管角度

大同仅仅是遍及中国各地造城的一个样本，也是我国地方政府债务规模膨胀的一个缩影。每个官员为了自己的政绩，所谓的"为官一任造福一方"，都愿意做出些政绩，以求上对得起领导，下造福百姓。而这些政绩的背后往往都伴随着疯狂的举债，前面第三章我们分析的万庆良仕途升迁就是一很好的例证。当前在我国很多地区的新城建设中经常出现一种怪现象，前任领导拍脑袋决策、拍胸脯表态后，铺摊子、上项目，热火朝天，干劲十足，最后自己一调动，拍拍屁股走人了，留下诸多"后遗症"，尤其是巨额的地方政府债务！继任领导上任后，除了批评上任领导工作的失职等，自己也不愿意管，也管不好，饱受诟病，因为即使管好了，也是前任领导的政绩。这一现象似乎已成为中国地方官场的一种"常态"！下面从地方政府债务监管的角度，来剖析大同百亿造城中我们需要深思的一些问题。

首先，我们来分析整个项目的预算。根据山西省人民政府网披露的相关数据，2012 年，大同市财政总收入为 1907382 万元[①]，而该项目在耿彦波主政大同时，项目却五百多亿元，仅 2010 年，用于新城建设和古城修复的资金，就超过了当年全市财政收入的两倍。一个如此浩大的工程，是否经过了充分论证？是否经过了民主决策？还是受一个人的铁腕影响？政府举债是否考虑了本地的财政收入？是否有详细的预算收支计划？而根据董欲晓在搜狐财经综合报道中的数据：2008 年 2 月耿彦波出任市长后，大同的城建资金一举飙升至每年 100 多亿元。2008—2012 年，城建投入共达 1000 亿元，除去社会资金，政府投入六七百亿元。五年，1000 亿元，相当于在 1825 天里，不论寒暑，每天都有 5500 万元资金投入这座三线城市的建设之中。这么庞大的支出，远远超过项目最初预算，其约束在哪？

其次，分析大同城建资金的来源。土地是大同城市建设资金的重要来源。而实现土地价值增值的主要措施是：在旧城内，对经营不善的国有企业被要求破产，整合出土地，在新建设的御东新区，则由政府出资对土地

---

① 详见山西省人民政府网，《大同市 2012 年财政总收入超过 190 亿元》，http://www.shanxigov.cn/n16/n8319541/n8319612/n8322053/n8324992/n8381744/n16910547/16942668.html，2013 年 1 月 6 日。

进行基础性建设——修路、绿化、铺设水电气管道后，再进行招拍挂。按照政府方面的计算，新区总共 42 平方公里（合 6.3 万亩），前期投入每平方公里不到 2 亿元，整个新区成本不超过 80 亿元；其中 2 万亩可做商业性开发，即使按每亩 100 万元计算，也可获得 200 亿元收入。另一组数据再次佐证了这一措施的效果：2008 年以前，大同土地收入每年不过两三亿元，2009 年则一下子达到 30 亿元。而且大同市政府对土地出让价格严格控制，住宅用地开发每亩不低于 200 万元，商业用地每亩不低于 300 万元，这些价格比过去提高近 1 倍，一些黄金地段的土地甚至卖到将近 900 万元一亩，直逼二线热门城市杭州的地价。2008—2013 年，大同五年土地出让收益共约 250 亿元。同时房地产市场也伴随城市建设的推进和地价的上涨而推向极度繁荣。2009 年，大同市房地产业开发投资从 2008 年的 27 亿元飙升到 83.66 亿元，此后一年一跨步：2010 年 90.6 亿元，2011 年 134.18 亿元，2012 年 170 亿元。房价也从每平方米 3000 元上涨到 5000 多元。① 大同的城市建设及其资金的运作，同我国其他城市一样，基本逻辑：先举债建设城市—实现土地增值—拉高房价—再次提升地价—最后依靠土地转让收入还债。然而一旦这一链条中的房价上涨得到抑制，甚至拐头向下，且伴随征地成本的上升，政府还债资金如何保障？

最后，来探析大同市政府债务责任追究问题。昔日完美的宏伟工程实质已成为烂尾工程，欠下的巨额政府债务，怎么去追究责任？是否有追究责任措施？大同市委书记丰立祥被查现在还不知道什么原因，但这并不能说明是因为大肆举债而被追究刑事责任，项目真正的发起人是市长耿彦波，但他却在 2013 年晋升为太原市市长了。项目决策的推行当时是耿彦波一个人的意思？还是领导层有多位领导的支持？这些人是否要为烂尾工程承担责任？若要承担责任的话，这些责任该如何划分到个人？这些问题都折射了我国地方政府债务监管存在的诸多问题，也凸显了对我国地方政府举债加强监管的必要性及迫切性。

三 地方政府债务风险监管的国际经验与借鉴

（一）美国地方政府债务监管

美国地方政府举债较早。1817 年，纽约州首次发行地方政府债券来

---

① 此处数据来源于董欲晓《大同造城之殇：每天投 5500 万，离开一个月找不到回家路》，搜狐财经，http: //business. sohu. com/20130923/n387060972. shtml，2013 年 9 月 23 日。

筹措资金用于开凿伊利运河，因为这件事极为成功，对其他地方政府有很大的触动，于是地方政府债务规模迅速上升。对于地方政府的债务管理，美国采用的是"三级管理模式"。这三级政府都拥有相对来说比较独立的财税制度和专门的法制约束。

举债权限方面。州政府和地方政府拥有各自地方政府的发行债券的权力，联邦政府不为其债务提供担保，也不能控制其债务规模。联邦政府不直接干涉州政府地方政府事务，但可以通过间接方式进行限制和给予帮助。地方政府也会通过立法对债务的发行权和发行规模进行限制，且立法无须上级政府的批准。各州政府和地方政府可以将债务资金作为地方政府的财政资金的一部分。

规模控制方面。美国对地方政府债务规模控制的指标主要有：负债率、债务率、资产负债率和偿债率等。在美国，各个不同的州政府和地方政府由于对债务数据统计口径的不同，依旧有不同的规模控制标准，例如，华盛顿特区的偿债率需控制在6%—15%，但是佛罗里达州偿债率就死死规定在7%。

债务管理机构方面。主要由美国证券交易委员会市场监管部的市政债券办公室和美国市政债券规则委员会这两个机构负责对各州政府和地方政府的市政债券进行监督管理。市政债券办公室的权力是根据反欺诈条款进行事后监管，还有就是要求债券的参与人履行信息披露义务，从而实现对市政债券的监管。

对债券信息披露方面。为了保护投资人的利益，也为了对政府的债务状况进行监督，美国的地方政府债务信息高度透明。美国制定了专门的法律法规，对地方政府举债行为进行约束。在《政府会计、审计和财务报告》中有明确的规定："地方政府要遵循政府债务报告基本准则，记录和报告政府债务。"同时，美国联邦政府还出台了债券市场交易披露制度，制度规定债务信息的披露要及时、准确和全面。而且公众可以通过互联网直接在网上查询各地方政府债务状况的具体信息。

地方政府债务风险预警方面。美国政府建立了比较完备的地方政府债务监控体系。[①] 其中以俄亥俄州"地方财政监控计划"最具代表性，该计

---

① 马俊：《货币的轨迹：通胀、央行独立性和人民币国际化》，中国经济出版社2011年版，第226页。

划在 1979 年获得议会通过。为了该计划的最终执行，该州政府曾使用法律的手段于 1985 年修订了《地方政府紧急状态法》。州审计局也制定了一系列的债务监管指标，监控地方政府的财政状况，如果地方政府债务相关指标接近或者超过州审计局制定的债务监管指标，该地方政府就会进入"监控"名单，审计局将对其债务进行全面的监控，直至其财政状况得以好转。

（二）日本地方政府债务监管

日本作为一个地方自治国家，它的财政管理体制主体分为三个层次：中央、都道府县和市町村三级。日本的地方政府债务最早出现在明治初年。1879 年，日本政府确立了地方政府举借债务必须通过议会决定的原则，这是日本对地方政府举借债务进行约束的里程碑。1940 年，日本首次实行地方政府债务年度总额控制。日本的地方政府债务总体规模较小，政府债务主要集中在中央，地方政府借款约占地方政府总收入的 9% 。①

举债权限方面。根据日本《地方自治法》、《地方财政法》等法律的规定，日本地方自治体、特别地区、地方公共团体联合组织以及地方开发事业等特殊地方公共团体才有举债权。但是作为单一制国家，日本中央政府集中了对地方政府债务管理的主要权限，包括审批权、监督权等。② 中央政府对地方政府的债券发行采取计划管理方式，统筹地方政府债券发行。为了防止地方政府过度举债带来的财政风险，日本地方政府债券的发行还要经过严格的协议审批制度（债务发行审批条件详见表 8 - 1），审计机构主要是由国家会计检察院和地方监察委员会组成。

表 8 - 1　　　　　　　　　日本地方政府债务发行审批条件

政府及公营企业状况	审批结果
不按时偿还政府债务本金的地方政府	不批准发债
被发现曾经通过明显不符合事实的申请获得发债权的地方政府	不批准发债
债务依存度在 20%—30% 的地方政府	不得发行基础建设债券
债务依存度在 30% 以上的地方政府	不得发行一般事业债券
当年地方税的征税率不足 90% 的地方政府	限制发债

---

① 此处参考杨华《日本地方政府债务管理及近年来的改革动向》，《首都经济贸易大学学报》2011 年第 4 期。
② 同上。

续表

政府及公营企业状况	审批结果
赛马收入较多的地方政府	限制发债
财政赤字的比率超过一定限度的（都道府县超过15%；市町村超过20%）	限制发债
有财政赤字的地方政府和出现亏损的公营企业	严格限制发债

资料来源：张志华：《日本地方政府债务管理》，《经济研究参考》2008年第22期，第16页。

债务规模控制方面。日本对地方政府债务发行实行计划管理。为了准确掌握地方政府的债务规模，有效地避免地方政府债务规模过大和防范地方政府盲目举债，地方政府发行债券需自治大臣审议批准才能实施。并且自第二次世界大战之后，日本中央政府（主要由大藏省和自治省）每年都要编制地方政府债务计划，主要内容包括地方政府债务发行总额、用途、各种发行方式的发债额。①

日本政府的风险预警体系。2007年，日本政府颁布改善地方政府财务状况，防范地方政府债务风险的法案，这一法案主要包括三项内容：一是通过新的更为全面的财政指标监控地方政府的财政状况；二是中央和县政府共同参与财政重建计划；三是短期财政赤字代替地方公债。地方政府必须披露的财政指标包括：实际赤字率、综合实际赤字率、实际偿债率和未来债务负担率等。

早期预警指标②如下：

（1）实际赤字率（赤字额/标准财政收入）：都、道、府、县为3.75%，市、町、村，根据财政收入规模不同，11.25%—15%不等；

（2）综合实际赤字率（赤字额/政府综合财政收入）：都、道、府、县政府为8.75%，市、町、村，根据财政收入规模不同，16.25%—20%不等；

（3）实际偿债率（用于偿还债务的一半财政收入/标准财政收入）：都、道、府、县和市、町、村均为25%；

———————

① 此处参考杨华《日本地方政府债务管理及近年来的改革动向》，《首都经济贸易大学学报》2011年第4期。

② 此处参考张志华等《日本地方政府债务管理》，《经济研究参考》2008年第62期。

（4）未来债务负担率（债务余额/标准财政收入）：都、道、府、县和指定城市为400%，市、町、村为350%。

财政重建指标[①]包括3个：

（1）实际赤字率：都、道、府、县为5%，市、町、村为20%；

（2）综合实际赤字率：都、道、府、县为15%，市、町、村为30%；

（3）实际偿债率：都、道、府、县和市、町、村均为25%。

日本宪法还明确表明：就算地方政府的财政状况严重恶化，也必须偿付债务。

（三）德国地方政府债务监管

德国是一个典型的三级政府结构的联邦制国家，其联邦政府相当于我国的中央政府，地方政府包括州政府和市政府。德国各级政府对一些重要支出有比较明确的责任划分。联邦政府负责制定各项宏观经济政策，包括货币政策和财政政策。外交和国防政策支出，以及社会福利支出主要由联邦政府负责，警察等社会治安方面的支出由州政府负责，消防局、废物管理、幼儿园教育和水电供应等支出由市政府承担，大学教育支出由联邦政府和州政府共同负担，中小学校的教育支出则由州和市两级政府共同承担。

从德国各级政府负债比重来看，联邦政府债务占比最大，州政府次之，市政府债务占比相对较低，呈现出政府层级越高负债越高的特点。德国州政府债务融资渠道较多，可以通过多种信用工具融资，也可以通过各类银行，如 DEPFA 银行贷款、储蓄银行及州清算银行贷款。而市政府90%以上的债务融资主要依靠金融机构贷款。德国地方债可以由地方政府、地方性公共机构依据州宪法、州法等法律规定发行，联邦政府不会干预。地方政府原则上只能发行筹集投资性经费的地方债，但经济不景气时也可以破例发行赤字债。地方政府制定年度预算时，要结合各年度地方债的发行额决定，各州政府以此为依据自行决定发行地方债或借款。

对于地方政府债务风险监管，德国有比较完善的控制机制。主要表

[①] 此处参考杨华《日本地方政府债务管理及近年来的改革动向》，《首都经济贸易大学学报》2011 年第 4 期。

现在：

1. 纵向监督

《德意志联邦共和国基本法》（缩写：GG）第 115 条对政府举债进行明确规定："政府债务收入不得超过预算草案中的投资性支出，扭转宏观经济失衡时允许例外。有关政府举债的详细规定必须由联邦立法。"[1]2009 年 7 月，又增补了如下规定：自 2016 年起，不考虑经济周期引起的赤字，结构性赤字不能超过其名义 GDP 的 0.35%；并且各联邦州自 2020 年开始，不能新增任何债务。[2] 在地方财政均衡制度下，市政府举债额度由州政府确定，但是控制市政府举债规模的法律规定在各州不同。市政府必须向联邦财政部或其相应的地区机构提交预算。这些规定提高了地方预算的透明度，上级政府也能清楚下级政府的财政状况，从而有利于上级政府对地方财政实施早期预警。在一些极端情况下，如果某市政当局出现财政困难时，该市的预算申请会被财政部拒绝批准，该市需将预算修改后重新提交。为了避免市政府破产，当市政府面临财政困难时，州政府有义务帮助市政府弥补债务缺口。

2. 横向控制

除联邦、州政府和市政府纵向控制之外，在对地方政府债务管理上，市政府各部门之间也形成横向制衡。在德国，市政府预算部门与市政会议（市长）是相互独立的。市长支出必须经市政会议授权并通过地方预算部门执行，且未经市政会议或市长许可，地方预算部门不得改变资金用途。在每个预算年度结束后 4 个月内，地方市政会议（市长）必须完成年度财务报告，并提交给地方议会和地方审计办公室。同级审计办公室监察所有预算数据，并对市政财政状况出具审计意见。地方议会有权查看任一年度任一预算项目的详细情况。[3]

（四）法国地方政府债务监管

法国是中央集权的单一制国家，实行中央、大区、省和市镇四级政府管理体制，这种集权式的财政体制虽然使得地方受中央的严格控制，但中央与地方以及地方各级政府之间事权与财权非常明晰，三级财政之间不存

---

[1]　此处参考杨华《日本地方政府债务管理及近年来的改革动向》，《首都经济贸易大学学报》2011 年第 4 期。

[2]　张宪昌：《德国"债务刹车"的运行设计》，《学习时报》2014 年 7 月 9 日。

[3]　张志华等：《日本地方政府债务管理》，《经济研究参考》2008 年第 62 期。

在隶属关系，这使得防范地方政府债务风险有了很好的体制保障。法国地方政府举债及监管的主要特点包括：

1. 地方政府举债有较大的自主权

1982 年在法国政治体制改革以前，地方政府融资的主要渠道是银行借款，而且一般情况下是中长期借款，期限为 10—15 年，并且要以市镇政府财产作为质押，只有在中央政府特许的情况下，地方政府才允许发行政府债券，1982 年政治体制改革以后，地方政府自主权进一步扩大，省级政府不需中央政府批准即可自主决策发行地方政府债券。发行地方债券，通常以地方政府财政作担保，利率水平介于国债利率与企业债券利率之间。

2. 对地方政府举债资金用途有严格规定

无论是地方政府向银行借款融资，还是通过发行地方债券的形式融资，所筹集的资金只能用于投资或建设地方公共工程，不能用于弥补政府经常预算缺口。且地方政府对自己的举债负责，中央政府不对其承担偿还责任。地方政府偿债资金来源主要包括地方税收、中央对地方政府各类转移支付、发行新的地方政府债券（借新还旧）、偿债准备金等。地方政府在融资方面自律性很强，很少出现地方政府因对外负债过多和滥发债券而形成地方财政破产的情况。①

3. 地方政府举债受中央政府严密监控

虽然地方政府举债有很大的自主权，中央政府原则上不干预地方政府对外举债，但法国的政府债务完全纳入了公共预算管理。地方政府负债的形成、偿还和变更等事项必须遵守预算编制程序与原则，且为了履行对欧盟承担的义务，即政府债务总额占 GDP 比重不能超过 60%，地方政府举债规模也会受到一定程度的限制，各级地方政府的举债除了受议会、审计法院、财政部以及财政部派驻各省、市镇的财政监督机构的直接监控外，还受到银行金融机构的间接监控，且法国完善的金融监管机制对降低地方政府债务风险也发挥了重要作用。

4. 有较完善的债务违约应急机制

法国一旦出现地方政府债务违约，即对外负债或发行地方债券不能按期偿还、地方政府财政周转出现问题的时候，则由法国总统代表各省省长

---

① 马欣：《法国地方政府的债务管理》，《中国外资》2002 年第 8 期。

直接执政，原有的地方政府或地方议会宣告解散，其负债由中央政府先代为偿还，待新的地方议会和政府经选举成立后，通过制订新的增税计划逐步偿还原有债务和中央政府代为偿还的垫付资金。[①]

（五）英国地方政府债务监管[②]

英国是一个中央集权程度很高的三级政府的单一制国家，地方政府主要包括苏格兰、威尔士、英格兰和北爱尔兰4个地区及其下辖郡、区。20世纪70年代以前，英国的城市基础设施主要采取政府投资运营的模式，政府的财政负担很重，导致城市基础设施建设资金严重短缺。但自撒切尔夫人上台后，由其领导下的英国政府开始推行以市场化为基本取向的城市基础设施投融资体制改革，使得英国成为欧洲地区基础设施成本最为低廉、服务最为完善的地区之一。但总体来看，英国地方政府债务水平一直处于较低水平。2012年，英国地方政府净借款为845亿英镑，不到英国公共部门净借款的10%，英国地方政府一方面通过短期借款调节和管理现金流，另一方面通过长期借款为资本支出型项目融资。截至2012年3月31日，英格兰地区地方政府的债务余额为673亿英镑，其中超过99%为长期款项，短期借款不到1%。

从举债权限看。2004年之前，没有中央政府的批准，地方政府无权征收地方税，也无权进行举债，且中央批准后的地方政府举债资金不能用于经常性支出，且设有上限。自2003年4月1日起，英国《地方政府法案2003》取消了原先的信贷批准制度，地方政府用于资本支出的信贷和借款融资改为"通过新的审慎资本融资系统进行"，地方政府在其自身收入来源能够审慎负担的范围之内，可以无须中央政府批准进行借款，从而使得地方政府融资摆脱了法律上的约束。

从举债规模控制方面看。历史上英国地方政府举债非常谨慎，且规模较小。20世纪90年代英国地方政府每年净借款基本为零。21世纪以来，英国地方政府仅在严重经济危机阶段小幅举债。为了保障良好的财政秩序和保证公共部门债务维持在较低且可持续的水平上，英国中央政府正致力于使地方政府债务余额占GDP的比重控制在4%以内。2012年英格兰地方政府总负债为673亿英镑，也仅占其当年收入的41%，而我国很多地

---

① 同上。

② 英国地方政府债务监管内容主要参考了国际金融研究所中国地方债课题组《英国地方政府债务管理的经验和借鉴》，《中国银行·宏观观察》2014年第51期。

方政府债务率都在100%以上。

从地方政府债务监管方面看。早期地方政府债务是由央行英格兰银行统一管理的，但自1998年4月，英国开始在财政部下设独立的债务管理办公室（The Debt Management Office，DMO），专门负债管理国家债务。该管理机构主要职能是降低政府融资成本，并为地方当局的资本需求提供贷款。而这一职能的实现，主要是通过其下属的公共工程贷款委员会（PWLB）实现的。其贷款发放主要用于地方政府资本项目使用，贷款利率通常比英国政府国债"金边债券"利率稍高，贷款期限很长。从2012年英格兰地方政府债务余额构成看，来源于PWLB的长期贷款占比高达74%，同时公共工程贷款委员会也肩负在危机中充当"最后借款人"的责任。

（六）国外地方政府债务监管对我国的启示

虽然上述国家的经济发展水平各不相同，但是国外有关地方政府债务监管的一些具体做法对我国有借鉴价值。

1. 应当结合自身情况，设置一个合理的规模控制比例，以反映各级政府可承受的负债水平和偿还能力

上述国家对地方政府债务举债规模都有一定的限制，华盛顿特区的偿债率要求控制在6%到15%，日本财政赤字的比率超过一定限度的（都道府县超过15%；市町村超过20%）是限制发债的，英国也致力于使地方政府债务余额占GDP的比重在4%以内。因此我国也应尽快建立规模控制机制，并努力扭转当前多头举债、权责不清、调控不力的局面。

2. 建立完整的法律体系

从上述国家的债务监管实践中可以看出，它们在债务监管方面的法律法规都比较完善。基本都是通过立法的手段对地方政府债务进行监管，只是有些国家是通过中央或联邦政府立法，有些国家是地方政府立法。我国对地方政府债务监管的相关法律主要体现在《预算法》相关条款中，之前《预算法》限制地方政府发债，不过随着《预算法》的修订，地方政府发债已有了法律的保障，但是正如前面所述，《预算法》需要进一步完善。

3. 地方政府债务监管是一个系统工程

从国外对地方政府债务监管实践过程中可以看出，地方政府债务监管既有来自上下级的纵向监管，也有来自同级的横向监控。因此，当前我国

各地方政府举债不仅要以《预算法》为准绳，还应该充分发挥同级人大、各审计部门、财政部门以及参与地方政府债务借贷的金融机构等在地方政府债务监管过程中的作用。

4. 地方政府举债的自主权应逐步放开

上述国家的地方政府基本都有发债权利，只不过这种权利是在上级主管部门或同级监管部门监控之下。虽然我国当前已为地方政府发行地方债券开闸，但涉及面却很窄。2014年5月21日，国务院还只批准上海、浙江、广东、深圳、江苏、山东、北京、江西、宁夏、青岛等地试点地方政府债券自发自还，也就是说当前我国还有绝大部分省市不能自行发债。因此，我国当前应该在进一步深化改革和完善我国现有财政体制、逐步建立公共财政体系，严格划分中央与地方政府财权和事权的基础上，逐步放开地方政府对外负债和发行地方债券。

5. 建立完善的债务信息披露制度，促进信息透明化

因为有了透明的债务信息，中央政府才能确定地方政府的债务规模是否已经达到了法定限额，才能有的放矢，果断应对。目前，我国地方政府性债务管理还缺乏统一的会计核算办法和信息管理系统，地方政府性债务情况难以实时掌握，信息不对称，不利于国家的宏观管理。各地方政府对债务信息的披露也不是很多。以湖南为例，在湖南省政府所公布的债务数据仅仅只是在政府年度审计报告中有所涉及，所提供的数据指标中也没有涉及政府逾期未偿债务等较为敏感的数据信息，在统计网站和其他的数据系统中也基本找不到有关的信息，由此可以看出，我国各地方政府的债务信息透明度并不是很高。但是在美国，对债务信息的披露是有一套体系的，公众可以通过互联网在地方债务系统中了解当地政府的债务状况，这样不仅有利于公众了解地方政府的债务情况，还能有效地监督地方政府债务。

6. 构建完善的债务风险预警机制

我国《预算法》修正案明确要求，国务院建立地方政府债务风险评估和预警机制。各省市出台的一些有关政府债务管理的相关文件中也提及地方政府债务预警。如2013年1月31日湖南省人民政府出台了《湖南省人民政府关于加强政府性债务管理的意见》，该《意见》特别提出了"要建立政府性债务预警机制"，省级财政部门将综合运用债务率、偿债率等指标建立政府性债务预警机制，定期评定和发布各市州、县市区政府性债

务的风险状况。但总体来看，该《意见》框架性东西多，可操作性不强。2014 年 5 月 8 日，在上述《意见》基础上，湖南省人民政府办公厅又出台了《湖南省政府性债务实施细则》（简称《细则》）。《细则》对《意见》进行了补充与完善，对政府债务的规模控制、债务的举借使用、偿还管理、债务的预警管理、债务的偿债准备金管理、融资平台公司的名录管理以及债务的监督管理做出了更详细的要求与规定。该省的部分县市政府也在《意见》和《细则》的基础上制定了本市州的政府债务管理措施，如 2014 年 3 月 16 日娄底市人民政府颁布了《娄底市本级政府性债务管理实施细则》，2014 年 6 月 10 日湘西自治州人民政府颁布了《湘西自治州政府性债务管理实施细则》，长沙市 2014 年 11 月 4 日颁布了《长沙市政府性债务管理暂行办法》。另外，广东省广州市在 2011 年 7 月也曾公布了《广州市政府性债务管理办法》，该办法也规定了广州市政府举债的两条"红线"：一是债务率不能超 100%，二是偿债率不能超 20%。不过梳理这些地方政府性债务监管措施及相关规定，我们发现各地方政府现有的债务预警机制与国外的方式相比较，还是显得极不成熟的，预警指标单一，并不能有效防范地方政府性债务风险。因此我国可以借鉴国外的有效经验，例如，美国俄亥俄州在风险预警方面出台的"地方财政监控计划"，建立多重预警机制。我国各地方政府也应该从多个维度构建比较完整的指标体系，通过不同层级的多部门的共同监控，才能将地方政府债务风险扼杀在摇篮中。

四 完善地方政府性债务监管体系的政策建议

正如大同市百亿造城案例一样，每项庞大的政府举债背后都会衍生众多问题。因此要监管与防范政府债务风险实质是一个系统工程，涉及众多方面与环节。2014 年 10 月 2 日，国务院发布了《加强地方政府性债务管理的意见》，在该文件中再次强调要落实新预算法的相关规定，要求建立借、用、还相统一的地方政府性债务管理机制，坚决制止违规举债，切实防范化解财政金融风险。

其实，很多地方政府早在国务院出台《加强地方政府性债务管理的意见》之前，就政府性债务的监管也制定过一些措施，如 2013 年 1 月 31 日湖南省人民政府出台了《湖南省人民政府关于加强政府性债务管理的意见》，该《意见》针对规范债务举措程序、加强债务使用监管、完善债务偿还机制、建立风险管理体系、规范融资平台管理、加强组织领导和严格追究责任制度这七个方面对该省地方政府性债务管理进行了规范。不过仔细研究这些债务监管措施及相关规定，我们发现仍有许多监管空白及纰漏有待完善，比如就地方政府性债务责任追究制度而言，不少地方政府的文件中也提到举债项目的追究责任问题，但对责任如何细分、如何防止责任推诿等问题却并没有相应制度与机制，所以真的要到追究责任时，原有的制度就形同虚设了。要完善地方政府性债务监管体系，提出以下政策建议：

（一）各地方政府应充分认识政府性债务管理工作的重要意义

地方政府性债务管理工作关系到各地经济安全和社会稳定，各地方政府及有关部门应从发展的角度正确处理政府性债务规模、本地财力以及本区域经济增长之间的关系，应高度重视本地区的政府性债务管理工作，工作重点既要着眼本区域经济的增长，也要把防范债务风险作为一项重要任务切实抓好，避免政府性债务风险向财政风险转移。对于关系国计民生的重大投资项目要慎之又慎，既要考虑本项目对本地区经济社会的影响，也应充分考虑本地方政府的财力与偿债能力，应实行公众听证制度。在决策过程中应进行公众听证程序，因为通过公众听证，既可以获取公众意见，也可以利用公众智慧。而且这对于增加决策民主、顺利推进项目建设工程、减少投资盲目性和失误具有十分重要的意义。

（二）合理界定政府投资范围

在财政资金有限的条件下，政府应该有所为有所不为。这就需要各级地方政府理顺政府与市场的关系，界定政府与市场的边界。在进行项目投融资时，要认识到政府行为的有限性，政府投融资行为的定位应该是弥补市场的缺陷，要分析与辨别投资领域是竞争性的还是非竞争性的，并逐步退出带有竞争性特点的领域。要明确政府服务于社会的基本职能。因此政府的投融资项目应该选择存在市场失灵、社会效益高、有较大外部性效应的项目。在合理界定政府投资范围的前提下，对于项目的融资还应充分考虑市场化机制的可能性，能否实现项目融资的多元化。对于可以实行市场化运作的关系国计民生的基础设施、市政工程和其他公共服务领域，应鼓励和支持民间资本进入。同时各级政府事权的划分也有待规范与明确，应该按照公共财政框架和基本公共服务均等化的要求，明确界定各级政府的事权，落实与之相匹配的财力。建议逐步将基本公共事权适当集中到中央，由中央统筹平衡各地基本公共服务标准，并建立全国统一的基本公共服务经费保障制度。尽快把各级政府间的财税关系、责权划分等基本制度以法律形式加以规范，限制中央政府部门的自由裁量权，杜绝"跑部钱进"的弊端，同时减少地方政府对土地财政的依赖。

（三）积极运用 PPP 模式解决政府债务性融资

党的十八届三中全会以来，多部委和相关部门出台的文件均明确表示，需要发展 PPP 模式①，并指出发展 PPP 模式的重要性和意义。2014年9月，财政部下发专门针对 PPP 的文件《关于推广运用政府和社会资本合作模式有关问题的通知》明确指出："推广运用政府和社会资本合作模式，是促进经济转型升级、支持新型城镇化建设的必然要求；推广运用政府和社会资本合作模式，是加快转变政府职能、提升国家治理能力的一次体制机制变革；推广运用政府和社会资本合作模式，是深化财税体制改革、构建现代财政制度的重要内容。"同年10月28日，财政部又印发43号文件《地方政府存量债务纳入预算管理清理甄别办法》，该文件最大的一个亮点就是要大力推广 PPP 模式，通过 PPP 模式将政府债务转为企业债务。从财政部43号文件规定来看，对于新增政府债务，要推广运用政府与社会资本合作模式加以解决。鼓励社会资本通过特许经营等方式，参与城市基础设施等有一定收益的公益性事业投资和运营。对于存量政府性债务，在建工程确实没有其他建设资金来源的，应主要通过政府与社会资本合作模式和地方政府债券解决后续融资。尽管 PPP 在我国并非全新的事物，20世纪末，我国就已有通过 PPP 模式建设基础设施的项目，最早的一个政府与民营资本合营的项目可以追溯到1994年的泉州市刺桐大桥项目，该项目由名流公司与政府授权投资的泉州市路桥开发总公司按6:4的出资比例成立"泉州刺桐大桥投资开发有限公司"。1997年刺桐大桥通车以来，车流量迅速上升，不仅取得良好的社会效益，而且经济效益也有良好的表现，因此该项目在我国也是一个很成功的政府与民营资本合营的典型案例。据统计，截至目前采用 PPP 模式运作的项目数量累计超过1000个，涉及交通、通信、能源、水资源等领域，总投资超过9000亿元人民币。总规模与同类型新兴市场国家相比还有较大的差距，因此 PPP 模式在我国仍具有较大的发展潜力和发展空间。该模式既可以缓解政府的

---

① PPP（Public - Private - Partnership）模式，即公私合作模式，是公共基础设施中的一种项目融资模式。在该模式下，鼓励私营企业、民营资本与政府进行合作，参与公共基础设施的建设。

投资压力，有效控制政府债务规模，也可以促进本区域经济的发展。

（四）加强对地方政府性债务资金使用的监管

各地方政府应该根据上级部门相关规定，并结合本地区经济的发展状况，制定符合本地区的债务管理细则，并确保细则实施具有一定的针对性和可操作性。各地方政府不仅要加强对本级政府性债务的运行管理，明确偿债主体，动态监管债务资金运行过程，更要制订政府性债务资金的收支计划和偿债计划。各地方政府对举债的规模、用途要进行科学的规划和论证，根据本地经济发展的需要，可以筹划适度超前的投融资水平，但也要充分考虑与防范一些不确定性因素的影响，应根据各地区年度政府性投资建设项目计划和地方财力合理确定举债规模，加强债务的计划管理，防止无计划、超计划举债。加强政府性资产的统一调度和管理，充分发挥政府性资金使用效益。对需要新建的市政建设项目，应考虑能否实行市场化运作，能否实施市政项目与市场化项目捆绑开发的方式，变一方投资为多方集资，变政府承担为社会共建，变财政支出为民间投资，多渠道筹集投资建设资金。总之，各地方政府应通过吸引社会资金参与城市开发和建设，切实减轻地方政府筹集投资建设资金的压力。同时，各地方政府还应该按照上级部门的相关要求，建立专项偿债基金或偿债准备金。各地方政府也要监督下属单位严格按照举债计划和项目进展情况使用举债资金，在督促其提升债务资金使用效率的同时，也应督促其及时并足额按计划偿还债务。

（五）进一步完善与严格落实《预算法》修正案的相关规定

各地方政府应该在《预算法》修正案的基础上出台举债的相关规程。如举债前的论证，论证内容应该包括债务资金的用途、偿债的来源保障、潜在风险、应急举措等。然后再根据相关部门客观与公正的评估，上级相关部门的核准，最后才能通过发行债券融资。[①]同时各级政府和相关部门还应该健全债务预算报表体系，其内容应该涵盖地方政府债务的整体状况、预算年度举借与偿还金额，偿还资金来源、债务余额及政府对外担保债务[②]等内容，要能全面反映地方政府借用还的全过程，并且要将细化的

[①]　最近通过的《预算法》修正案中关于指标式的限额发债，没有考虑各地经济发展状况的差异，不利于各地区之间经济的均衡发展。

[②]　虽然新的《预算法》修正案已经规定：除法律法规另有规定外，地方政府及其所属部门不得为任何单位和个人债务以任何方式提供担保。但过去仍存在较高比重的担保类地方政府债务，这类历史债务在债务预算报表体系也应该列出。

地方政府债务预算提升到同级人大审批，相关信息要对外进行披露，尤其是对于资金规模较大的项目，其预算金额在项目实施前就应该对外公布，而地方各部门的较大项目应该让本单位员工知晓，这样有利于公众的监督，一旦项目实施超过预算一定比例（具体可以参考国外的一些经验），都应该接受同级人大的质询投票表决，涉及部门的预算超支应该由本单位的员工代表大会进行表决。

（六）规范地方政府性债务申报审批制度，明确各级地方政府举债所需要满足的基本条件和审批流程

首先，地方政府需要举债时，要编制本地区政府性债务年度收支计划、资金需求计划、举借计划、偿还计划等，并将相关材料报同级财政部门审核，财政部门对接收的申报材料的真实性应作尽职调查与核实，并结合举债申报单位往年的收入支出情况，给出具体的债务初审意见。各地方政府新增债务计划须经本级人大审议通过后方可实施。本级人大负责本级政府债务资金投资项目的初步审查，初步审查内容应包括：投资项目是否符合有关法律法规要求，投资项目是否有利于本地区国民经济和社会持续稳定发展、项目预期的收入与支出、实现项目预期收支的措施是否可行等。

其次，在发债审批过程中，地方政府发债计划需向申请发债的地区民众公开，接受申请发债地区的社会监督，以听证会等形式听取民众意见，主管部门应将听证意见作为是否批准发债的重要参考依据。也可以在省级层面设立地方政府性债务管理机构，来管理地方政府性债务相关事务并对省级人大负责。地方政府性债务管理机构的主要职责应包括：对下级地方政府初步审查后的投资项目和本级政府性债务资金投资项目进行审批；负责地方政府性债务规模的审议工作、地方政府债券发行条件的确定以及地方政府性债务的事后监管等事宜。地方政府债务管理机构对地方政府发债计划进行审议后，再报省级人大讨论批准。省级人大审批实行计划管理制度，对地方政府在某一年度内的负债总额、资金用途、发行方式、发债额度、利率和偿还方式等进行审批。

最后，省级人大审批后报全国人大备案，如有必要，全国人大可调整各地区负债总额、资金用途、发行方式、发债额度、利率和偿还方式。①

---

① 此处参考周学东《尽快制定〈地方政府债务监督管理条例〉》，财新网，http：//topics. caixin. com/2014 - 03 - 07/100648231. html，2014 年 3 月 7 日。

（七）完善地方政府性债务责任追究制度

关于政府性债务责任追究制度，不论是中央政府，还是地方政府，都应该对相关文件进一步细化，强化其可操作性。地方政府及其所属部门或单位在使用债务资金进行投资时，应建立严格的债务投资决策责任制，明确项目投资决策人的偿债责任及违约追责措施。对整个投资项目要真正落实"谁举债，谁负责"，且整个项目从可行性研究和确定，到设计、施工、生产准备、投入生产的全过程，都要明确各方责任。项目完成后，建议上级审计机构对投资项目进行严格审计。① 审计内容应该包括投资决策、资金使用及项目管理的合规合法性，以及投资效益等相关内容。对过度举债造成资金浪费与损失、虚报和瞒报材料恶意套取债务资金，以及因工作失职而造成项目失败引起无法按期还本付息的，应该对有关责任人进行追究责任。而这有关人员应该包括在项目投票过程中所有投赞成票（若存在投票）的人，对于决策过程，尤其是在投票过程中，对于参与投票的人对项目持支持与否的态度或意见都应该保存原始记录，只有这样，才能在真正要追究责任时有据可查，才能视情节轻重给予党纪、政纪处分，乃至追究其法律责任，也只有这样，项目的决策人对于项目的实施才会慎重，那种不计后果的盲目举债之风才能得到有效遏制。

---

① 因为同级审计机构其审计过程和结论很容易受同级政府官员的影响。

结　语

一　本书主要结论

本书的研究主要得出如下结论：

（1）本书从理论与实证两方面对国外的相关研究进行了梳理与总结，将理论方面的研究与争论概括为三种观点，即政府举债有利于经济增长、政府举债长期甚至短期都不利于经济增长、政府举债对经济增长影响是不确定的。而实证方面的研究主要就政府债务阈值的检验及争论、公共债务数据的测度问题、所采用的基本模型及内生性问题如何解决、非线性问题的检验方法等方面进行了归纳，并对国外相关研究进行评价认为，由于各国国情不一样，政府举债用途及其外部环境等差异性，会使得政府债务对经济增长的影响存在很大差异。债务阈值是否存在以及合理的债务区间也一定是因国而异的。对于债务阈值是否为90%这一结论尽管还备受质疑，但理论上债务阈值无疑是存在的。而对于国内的相关研究主要从政府债务的分类与债务规模的估计、我国政府债务可持续性问题、地方政府融资平台问题、地方政府性债务膨胀的原因及风险进行了综述，并指出了国内有关政府债务与我国经济增长关系的相关研究中的不足，认为间接地选取代理变量或财政赤字等来做计量很难真实地反映政府债务与我国经济增长的关系。因为无论是国债还是财政赤字，其数额远远低于我国当前的政府债务，所以，它们的计量结果很难准确地估测我国政府债务的合理区间或最佳债务规模。

（2）对我国地方政府债务的发展历程及演变，先梳理了新中国成立前我国政府举债历史，然后对新中国成立后我国地方政府举债的历程及演变进行了阐述，且基于我国审计署两次债务审计数据的对比，分析了当前我国地方政府性债务的结构及其变化趋势。其主要特征是：负有偿还责任的政府性债务主要集中在市县级，负有担保责任的政府性债务主要集中在省级，政府性债务最重要的举债主体是地方融资平台公司，地方政府融资方式逐渐多元化，不过银行贷款仍是地方政府各类债务的主要来源，地方政府性债务资金主要投向市政建设、交通运输和土地收储。还进一步分析了地方政府性债务膨胀的原因，认为主要是投资依赖型的经济增长模式、宏观经济政策因素的变化、GDP 政绩观的驱使、地方政府债务监管体系不完善，以及财政体制的缺陷等原因造成的。

（3）从短期来看，地方政府举债会影响区域消费和区域投资，进而影响区域经济增长。从长期来看，地方政府举债会影响区域资本存量和区域经济结构，进而影响区域经济的长期增长。不过地方政府债务对区域经济增长的影响无论是短期还是长期都是把"双刃剑"，既有积极的一面，也有消极的一面。在我国"强政府"背景下，来自我国省级层面数据显示，地方政府举债与区域消费正相关关系比较明显，而与区域投资和区域资产存量在现有的数据上呈现出倒 U 形关系。

（4）通过对巴罗模型的拓展分析发现：经济增长率与负债率之间存在非线性关系，理论上存在一个临界值，且这个临界值取决于资本的边际产出弹性、利率水平、税率以及税收用于投资性支出的比重等诸多因素。采用描述性统计方法对地方政府债务与区域经济增长的关系进行检验后，发现二者存在明显的正相关，这意味着政府举债对促进区域经济的增长产生了积极作用。并且随着负债率的提高，区域经济增长速度越快，但增长速度具有收敛性特征。而采用 SYS–GMM 方法对地方政府债务与区域经济增长进行非线性关系计量检验后，结果显示，我国地方政府性债务与区域经济增长之间存在 U 形关系。这与国外大部分学者认为政府债务与经济增长之间的倒 U 形关系正好相反，且通过我们发现，负债率与人均GDP 增长率 U 形关系的临界值范围在 0.25—0.30。不过这种数量关系也表明，在负债率较高的省份，政府性债务对区域经济的促进作用比较明显，但二者之间的这种关系是否长期存在，还有待观察。

（5）由于人口老龄化的加剧、经济结构的调整、技术进步对经济增长拉动作用的减弱、对外贸易形势的变化以及国家宏观调控政策的变化等内外因素影响，我国经济增速放缓将是一种必然趋势。通过对政府债务跨期预算约束等条件的推理分析，可以得出经济增速放缓将提高政府负债率以及政府债务违约概率的结论。而且通过 Matlab 软件对 GDP 的增长速度进行数值模拟后发现，如果我国 GDP 在 2020 年下降到 5%，我国政府负债率在 2020 年将逾越 60%的国际警戒线，而政府的开源节流和合理的负债结构有助于降低政府性债务风险。

（6）根据 2014 年披露的各省市自治区债务审计报告相关数据，采用因子分析法对我国 30 个省市自治区的地方政府性债务风险进行综合评估及预警，结果显示：我国 30 个省市自治区都落在了低风险、中风险和高风险三个预警区间，其中广东等六省市处于低风险区，浙江等 20 个省市处于中度风险区域，只有内蒙古等四个省市自治区处于高风险区，无省市处于极高风险的异常区域。因此预警结果表明，整体而言，我国地方政府性债务是风险可控的，这与我国审计署对外宣称的地方政府性债务风险可控的基本论调是一致的。

（7）我国地方政府性债务最突出的问题主要是：地方融资平台的债务管理混乱，以及地方政府性债务监管体系本身存在诸多缺陷与漏洞。又主要表现为预算管理体系不完善、地方政府变相举债融资也加大了监管难度，地方政府性债务责任追究制度缺失等。因此要监管与防范地方政府性债务风险实质是一个系统工程，涉及众多方面与环节。只有合理界定政府投资范围，明确地方政府性债务管理责任，完善预算管理体系，规范地方政府性债务申报审批制度，落实地方政府性债务责任追究制度等，多头并举，多管齐下，才能有效防范与化解地方政府性债务风险。

二　进一步研究方向

近几年，我国地方政府性债务的快速膨胀，已引起中央与地方政府的高度关注。地方政府性债务风险已成为当前我国经济发展面临的一个重大问题。以至于中共十八届三中全会提出，要建立规范合理的中央和地方政府性债务管理及风险预警机制。2013 年 12 月召开的中央经济工作会议又进一步指出，要把控制和化解地方政府性债务风险作为经济工作的重要任务，并将"着力防控债务风险"列为 2014 年我国经济工作的六大任务之一。2014 年 8 月 31 日通过的《预算法》修正案，再次强调要控制地方政府性债务风险，要求国务院建立地方政府性债务风险评估和预警机制、应急处置机制以及责任追究制度。中央的这些会议及文件精神与举措，实质暗示了当前我国地方政府性债务面临风险可能比较严峻。如何防范与化解地方政府性债务风险仍将是未来一段时间的一个研究热点。虽然本书就这方面也进行了一些探索，但限于相关资料以及数据收集的困难，相关研究可能还比较粗略与肤浅。伴随各省市自治区地方政府性债务的严格审计以及相关统计资料与数据的不断健全，对地方政府性债务风险的评估及防范的相关研究仍有待进一步深入与细化。

　　中央政府已多次强调，不再以 GDP 论英雄，对官员的考核机制将发生变化，这在一定程度上可能弱化地方政府官员举债的冲动，但也可能带来另一种倾向，即地方政府官员的不作为倾向。因为举债目的是为了发展经济，是为政绩创造条件，以此得到上级领导对自己能力的一种肯定，从而获得职务晋升的机会。然会 GDP 作为政绩指标的逐渐弱化，政府官员的追求目标势必也将发生相应变化。且随着政府性债务监管体系的完善以及对政府举债责任追究制度的强化，地方政府官员也就没有必要再为促进地方经济的发展而冒举债可能带来的追究责任风险，因此地方政府官员的不作为倾向就可能抬头，因此，如何解决这一问题也是值得我们关注与深入研究的。

参考文献

一 英文参考文献

[1] Afonso, A. and J. T. Jalles, "Growth and Productivity, the Role of Government Debt", *International Review of Economics & Finance*, No. 25, 2013.

[2] Andrea Pescatori, Damiano Sandri and John Simon, "Debt and Growth, Is There a Magic Threshold", *IBM Working Paper*, WP/14/34, 2014.

[3] Arrow, K., "The Economic Implications of Learning by Doing", *Review of Economic Studies*, Vol. 29, No. 2, 1962.

[4] Aschauer, David Alan, "Is Public Expenditure Productive", *Journal of Monetary Economics*, No. 23, 1989.

[5] Baldacci, E. and M. Kumar, "Fiscal Deficits, Public Debt and Sovereign Bond Yields", *IMF Working Paper*, forthcoming (Washington: International Monetary Fund), 2010.

[6] Barro, R., "Inflation and Economic Growth", *NBER Working Paper*, No. 5326, 1995.

[7] Barro, R., "On the Determinants of the Public Debt", *Journal of Political Economy*, Vol. 85, No. 5, 1979.

[8] Baumol W, "Macroeconomics of Unbalanced Growth: The Anatomy of Urban Crisis", *American Economic Review*, Vol. 57.

[9] Caner, M., T. Grennes and F. Koehler – Geib, "Finding the tipping point – when sovereign debt turns bad", *World Bank Policy Research Working Paper*, No. 5391, 2010.

[10] Carsten A. Holz, "Chinas Economic Growth 1978 – 2025: What We Know Today about Chinas Economic Growth Tomorrow", *SSRN Research Paper*, December 26, 2006.

[11] Catherine Pattillo, Helene Poirson and Luca Ricci, "External Debt and

Growth", *IMF Working Paper*, WP/02/69, 2002.

[12] Cecchetti, S., M. Mohanty and F. Zampolli, "Achieving Growth amid Fiscal Imbalances: The real effects of debt", in Achieving maximum long – run growth – A symposium, Federal Reserve Bank of Kansas City, 2012.

[13] Cerra, V. and S. C. Saxna, Growth Dynamics, "The Myth of Economic Recovery", *American Economic Review*, Vol. 98, No. 1, 2008.

[14] Checherita, C. and P. Rother, "The Impact of High and Growing Government Debt on Economic Growth: An Empirical Investigation for the Euro Area", *ECB Working Paper*, No. 1237, 2010.

[15] Checherita – Westphal, C., A. Hughes Hallett, and P. Rother, Fiscal, " Sustain – ability using Growth – Maximizing Debt Targets", *Working Paper Series* 1472, European Central Bank, 2012.

[16] Cochrane, J. H., "Understanding Policy in the Great Recession: Some Unpleasant Fiscal Arithmetic", *European Economic Review*, Vol. 55, No. 1, 2011.

[17] De Grauwe, P., "The Governance of a Fragile Euro Zone", *Working Document* 346, CEPS, 2011.

[18] Delong, B. J. and L. H. Summers, "Fiscal Policy in a Depressed Economy", *Brookings Papers on Economic Activity*, Spring, 2012.

[19] Diamond, Peter A., "National Debt in a Neoclassical Growth Model", *American Economic Review*, Vol. 55, 1965.

[20] Dippelsman, R., C. Dziobek and C. A. Gutierrez Mangas, "What Lies Beneath: The Statistical Definition of Public Sector Debt An Overview of the Coverage of Public Sector Debt for 61 Countries", *IMF Staff Discussion Note* 12/09, International Monetary Fund, 2012.

[21] Domar, E. D., "The burden of the debt & the national income", *American Economic Review*, Vol. 34, No. 4, 1944.

[22] Dotsey, M., "Some Unpleasant Supply Side Arithmetic", *Journal of Monetary Economics*, Vol. 33, No. 3, 1994.

[23] Edward N. Wolff, "The Productivity Paradox: Evidence from Indirect Indicators of Service Sector Productivity Growth", *The Canadian Journal*

of Economics, Vol. 32, No. 2, 1999.

[24] Egert, B., "Public Debt, Economic Growth and Nonlinear Effects: Myth or Reality?", *CESIFO Working Paper*, No. 4157, 2013.

[25] Elmendorf, D. W. and G. N. Mankiw, "Government Debt", in J. B. Taylor and M. Woodford, ed. *Vol.* 1 *Handbook of Macroeconomics*, Elsevier Press, 1999.

[26] Elmeskov, Jörgen and Sutherland, Douglas, "Post – Crisis Debt Over-hang: Growth Implications Across Countries", http: //dx. doi. org/ 10. 2139/ssrn. 1997093.

[27] Fischer, Stanley, "The Role of Macroeconomic Factors in Economic Growth", *Journal of Monetary Economics*, Vol. 32, 1993.

[28] Gale, W. and P. Orszag, "the Economic Effects of Long – term Fiscal Discipline", *Urban – Brookings Tax Policy Center Discussion Paper* No. 8, Brookings Institution, Washington, 2003.

[29] Greiner, A., "Debt and Growth: Is There a Non – Monotonic Rela-tion?", *Working Papers in Economics and Management*, Bielefeld Uni-versity, 2012.

[30] Hagist, C., S. Moog, B. Raffelhuschen and J. Vatter, "Public Debt and Demography – An International Comparison Using Generational Ac-counting", *CESifo DICE Report* Vol. 7, No. 4, 2009.

[31] Hana Polakova Brixi, "Contingent Government Liabilities: A Hidden Risk for Fiscal Stability", The World Bank, 1998.

[32] Hausman, R. and U. Panizza, "Redemption or Abstinence? Original Sin, Currency Mismatches and Counter Cyclical Policies in the New Mil-lennium", *Journal of Globalization and Development*, Vol. 2, No. 1, 2011.

[33] Henning Bohn, "The Behavior of U. S. Public Debt and Deficits", *The Quarterly Journal of Economics*, Vol. 3, 1998.

[34] Herndon, Thomas, Ash, Michael, Pollin, Robert, "Does High Pub-lic Debt Consistently Stifle Economic Growth? A Critique of Reinhart & Rogoff", *Political Economy Research Institute – Working Paper Series* 322, 2013.

[35] Jo Thori Lind and Halvor Mehlum, "With or Without U? The Appropri-

ate Test for a U – Shaped Relationship", *Oxford Bulletin of Economics and Statistics*, Vol. 72, No. 1, 2010.

[36] Kumar, M. S. and J. Woo, "Public Debt and Growth", *IMF Working Papers* 10/174, 2010.

[37] Minea, A. and A. Parent, "Is High Public Debt always Harmful to Economic Growth? Reinhart and Rogoff and Some Complex Nonlinearity", *Working Papers* 8, Association Francaise de Cliometrie, 2012.

[38] P Ghosh, A. R., J. I. Kim, E. G. Mendoza, J. D. Ostry and M. S. Qureshi, "Fiscal Fatigue, Fiscal Space and Debt Sustainability in Advanced Economies", *Economic Journal*, No. 2, 2013.

[39] Padoan, P. C., U. Sila and P. Van Den Noord, "Avoiding Debt Traps: Financial Backstops and Structural Reforms", *OECD Economics Department Working Papers* 976, OECD Publishing, 2012.

[40] Panizza, U. and A. Presbitero, "Public Debt and Economic Growth: Is There a Causal Effect?", *MOFIR Working Paper No.* 65, 2012.

[41] Ramey, "Cross – Country Evidence on the Link between Volatility and Growth", *American Economic Review*, Vol. 85, No. 5, 1995.

[42] Reinhart, C. M. and K. S. Rogoff, "Growth in a Time of Debt", *American Economic Review*, Vol. 100, No. 2, 2010.

[43] Reinhart, C. M. and K. S. Rogoff, "From financial crash to debt crisis", *American Economic Review*, Vol. 101, No. 5, 2011.

[44] Reinhart, C. M. and K. S. Rogoff, "Public debt overhangs: advanced – economy episodes since 1800", *Journal of Economic Perspectives*, Vol. 26, No. 3, 2012.

[45] Sala – i – Martin, X., G. Doppelhofer and R. Miller, "Determinants of Long – Term Growth: A Bayesian Averaging of Classical Estimates (BACE) Approach", *American Economic Review*, Vol. 94, No. 4, 2004.

[46] The Word Bank and Development Research Center of the State Council, "the People's Republic of China", *CHINA* 2030, The Word Bank, 2012.

[47] Willtam Eaeterly, "When is Fiscal Adjustment an Illusion?", *Economic Policy*, Vol. 14, No. 28, 1999.

二 中文参考文献

[1] 巴曙松：《地方政府投融资平台的发展及其风险评估》，《西南金融》2009 年第 9 期。

[2] 白彦锋、李然：《中国地方政府自主发债历程问题研究》，《中央财经大学学报》2012 年第 5 期。

[3] 蔡玉：《地方政府性债务现状、成因及对策》，《财政研究》2011 年第 9 期。

[4] 程宇丹、龚六堂：《政府债务对经济增长的影响及作用渠道》，《世界经济》2014 年第 12 期。

[5] 陈东平等：《构筑西部城市建设投融资平台》，《西部论坛》2006 年第 1 期。

[6] 陈共：《财政学》，中国人民大学出版社 2008 年版。

[7] 陈学安、侯孝国：《财政风险：特点、表现及防范对策》，《财政研究》2001 年第 3 期。

[8] 陈彦斌、姚一旻：《中国经济增速放缓的原因、挑战与对策》，《中国人民大学学报》2012 年第 5 期。

[9] 陈益刊、徐燕燕：《3.9 万亿：土地出让金"超收"五成》，《第一财经报》，http：//finance. eastmoney. com/news/1345，20140714400944574. html，2014 年 7 月 14 日。

[10] 陈志国：《中国公共资本存量和私人资本存量的估计与分析》，《财政研究》2005 年第 9 期。

[11] 陈志勇、陈思霞：《制度环境、地方政府投资冲动与财政预算软约束》，《经济研究》2014 年第 3 期。

[12] 楚永生、蔡霞：《地方政府债务膨胀形成的内在机理分析》，《改革与战略》2014 年第 9 期。

[13] 成沁洪：《我国地方政府融资平台债务管理问题研究》，《经营管理者》2014 年第 4 期。

[14] 丛明、胡哲一：《财政风险若干问题分析》，《经济研究参考》2001 年第 26 期。

[15] 丛树海、李生祥：《我国财政风险指数预警方法的研究》，《财贸经济》2004 年第 6 期。

[16] 崔潮：《借鉴制度变迁理论化解乡镇政府债务》，《河南师范大学学

报》（哲学社会科学版）2006 年第 5 期。

[17] 崔治文等：《地方政府债务风险的形成机理与规避》，《财政监督》2014 年第 4 期。

[18] 邓晓兰等：《公共债务、财政可持续性与经济增长》，《财贸研究》2013 年第 4 期。

[19] 邓晓兰等：《公共债务可持续研究理论与方法述评》，《重庆大学学报》（社会科学版）2014 年第 1 期。

[20] 董仕军：《论地方政府举债总量的规模控制》，《中央财经大学学报》2013 年第 11 期。

[21] ［美］多恩布什、费希尔：《宏观经济学》，中国人民大学出版社1997 年版。

[22] 杜威、姚健：《地方政府债务风险——基于可持续性研究》，《东北财经大学学报》2007 年第 5 期。

[23] 冯玉明：《自主创新：新兴工业化经济体的经验与中国的前景》，《证券市场导报》2007 年第 2 期。

[24] 伏润民、缪小林、师玉朋：《政府债务可持续性内涵与测度方法的文献综述——兼论我国地方政府债务可持续性》，《经济学动态》2012 年第 11 期。

[25] 伏润民、王卫昆、缪小林：《我国地方政府债务风险与可持续性规模探讨》，《财贸经济》2008 年第 10 期。

[26] 盖鸿炜、王慧：《解析地方融资平台的风险与控制》，《中国国情国力》2013 年第 12 期。

[27] 高志立、陈志国、王延杰：《财政风险及其构成内容的理论分析》，《财政研究》2001 年第 2 期。

[28] 高培勇、宋永明：《公共债务管理》，经济科学出版社2004 年版。

[29] 高铁梅主编：《计量经济分析方法与建模（Eviews 应用及实例)》第二版，清华大学出版社2009 年版。

[30] 龚强、王俊、贾珅：《财政分权视角下的地方政府债务研究：一个综述》，《经济研究》2011 年第 7 期。

[31] 顾建光：《地方政府债务与风险防范对策研究》，《经济体制改革》2006 年第 1 期。

[32] 郭步超、王博：《政府债务与经济增长：基于资本回报率的门槛效

应分析》,《世界经济》2014 年第 9 期。

[33] 郭剑鸣:《从"硬发展"到"硬扩权":我国地方政府债务膨胀的
政治逻辑与风险》,《社会科学战线》2011 年第 10 期。

[34] 郭玉清:《逾期债务、风险状况与中国财政安全——兼论中国财政
风险预警与控制理论框架的构建》,《经济研究》2011 年第 8 期。

[35] 韩增华:《中国地方政府债务风险的预算管理与分权体制完善》,
《经济体制改革》2011 年第 4 期。

[36] 何杨、满燕云:《地方融资平台债务:规模、风险与治理》,《财政
研究》2012 年第 2 期。

[37] 何志永:《国债政策的经济增长效应研究》,《经济研究导刊》2008
年第 10 期。

[38] 洪源、李礼:《我国地方政府债务可持续性的一个综合分析框架》,
《财经科学》2006 年第 4 期。

[39] 胡绍雨:《我国地方财政风险的形式、成因与防范研究》,《武汉科
技大学学报》(社会科学版)2014 年第 6 期。

[40] 胡援成、张文君:《地方政府债务扩张与银行信贷风险》,《财经论
丛》2012 年第 3 期。

[41] 黄国桥、徐永胜:《地方政府性债务风险的传导机制与生成机理分
析》,《财政研究》2011 年第 9 期。

[42] 贾俊雪、郭庆旺:《财政规则、经济增长与政府债务规模》,《世界
经济》2011 年第 1 期。

[43] 贾玉荣:《加强地方政府性债务的管理》,《内蒙古科技与经济》
2007 年第 19 期。

[44] 金普森、王国华:《南京国民政府 1927—1931 年之内债》,《中国社
会经济史研究》1991 年第 4 期。

[45] 金普森、王国华:《南京国民政府 1933—1937 年之内债》,《中国社
会经济史研究》1993 年第 2 期。

[46] [美] 凯恩斯:《就业利息与货币通论》,商务印书馆 1963 年版。

[47] [美] 莱因哈特、罗格夫:《这次不一样 800 年金融荒唐史》,机械
工业出版社 2010 年版。

[48] 类承曜:《我国地方政府债务增长的原因:制度性解释框架》,《经
济研究参考》2011 年第 38 期。

［49］廖常勇：《从中国公债起源看公债产生和发展的约束条件》，《光华财税年刊》，2005 年。

［50］刘金林、李晓晨：《基于经济增长视角的政府债务合理规模研究》，《广西民族大学学报》（哲学社会科学版）2013 年第 6 期。

［51］刘洪钟等：《政府债务、经济增长与非线性效应》，《统计研究》2014 年第 4 期。

［52］刘华等：《我国地方政府发债的可行性思考》，《财贸经济》2003 年第 2 期。

［53］刘华：《公债的经济效应研究》，中国社会科学出版社 2004 年版。

［54］刘蓉、黄洪：《我国地方政府债务风险的度量、评估与释放》，《经济理论与经济管理》2012 年第 1 期。

［55］刘溶沧、马拴友：《国债政策的经济增长效应研究》，《经济研究》2001 年第 2 期。

［56］刘尚希、赵全厚：《政府债务：风险状况的初步分析》，《管理世界》2002 年第 5 期。

［57］刘世锦：《加快中高级生产要素的市场化改革》，《经济研究》2010 年第 12 期。

［58］刘晓泉：《民国元年军需公债初探》，《西南大学学报》2008 年第 5 期。

［59］刘晓泉：《南京临时政府时期地方公债发行探讨》，《江西财经大学学报》2012 年第 2 期。

［60］刘泽臣：《政府如何搭建高新技术产业化的融资平台》，《中国科技产业》2002 年第 9 期。

［61］刘震、蒲成毅：《政府债务、私人投资与经济增长》，《贵州财经大学学报》2014 年第 4 期。

［62］李翀：《财政赤字观和我国政府债务分析》，《学术研究》2012 年第 1 期。

［63］李刚等：《公共债务能够促进经济增长吗?》，《世界经济研究》2013 年第 11 期。

［64］李经纬、吴永敏：《中国地方政府融资平台的债务重构与风险治理》，《新金融》2014 年第 11 期。

［65］李经纬：《新预算法及其配套政策法规实施背景下的地方融资平台

转型与发展》,《中央财经大学学报》2015 年第 2 期。

[66] 李茂媛:《地方政府债务风险的本源探究及防范对策》,《江西社会科学》2012 年第 3 期。

[67] 李腊生等:《我国地方政府债务风险评价》,《统计研究》2013 年第 10 期。

[68] 李圣军等:《地方融资平台演变历程及治理模式》,《国际金融》2014 年第 4 期。

[69] 李扬等:《中国国家资产负债表 2013——理论、方法与风险评估》, 中国社会科学出版社 2013 年版。

[70] 林双林:《中国财政赤字和政府债务分析》,《经济科学》2010 年第 3 期。

[71] 马海涛、吕强:《我国地方政府债务风险问题研究》,《财贸经济》2004 年第 2 期。

[72] 马海涛、马金华:《民国时期的地方政府债务管理及启示》,《南京财经大学学报》2014 年第 11 期。

[73] 马俊:《货币的轨迹:通胀、央行独立性和人民币国际化》,中国经济出版社 2011 年版。

[74] 马拴友:《中国公共资本与私人部门经济增长的实证分析》,《经济科学》2000 年第 6 期。

[75] 马欣:《法国地方政府的债务管理》,《中国外资》2002 年第 8 期。

[76] 马柱、王洁:《地方融资平台成因探究——纵向财政竞争的新视野》,《经济学家》2013 年第 5 期。

[77] 孟令国等:《基于 PDE 模型的中国人口结构预测研究》,《中国人口·资源与环境》2014 年第 2 期。

[78] [美] 蒙代尔:《蒙代尔经济文集》,中国金融出版社 2003 年版。

[79] 缪仕国、马军伟:《公共资本对经济增长的影响效应研究》,《经济学家》2006 年第 2 期。

[80] 缪小林、伏润民:《我国地方政府性债务风险生成与测度研究——基于西部某省的经验数据》,《财贸经济》2012 年第 1 期。

[81] 缪小林、伏润民:《地方政府债务风险的内涵与生成:一个文献综述及权责时空分离下的思考》,《经济学家》2013 年第 8 期。

[82] 缪小林、伏润民、王婷:《地方财政分权对县域经济增长的影响及

其传导机制研究——来自云南 106 个县域面板数据的证据》,《财经研究》2014 年第 9 期。

[83] 倪筱楠等:《基于模糊综合判断法的地方政府债务风险评价》,《企业经济》2014 年第 5 期。

[84] 潘国旗:《北洋政府时期国内公债总额及其作用评析》,《近代史研究》2007 年第 1 期。

[85] 祁京梅:《正确看待经济增速放缓》,《中国金融》2014 年第 8 期。

[86] 秦敬云、陈甫军:《我国经济增长率长期演变趋势研究与预测》,《经济学动态》2011 年第 11 期。

[87] 沈沛龙、樊欢:《基于可流动性资产负债表的我国政府债务风险研究》,《经济研究》2012 年第 2 期。

[88] 孙迪、张忠民:《国内关于 1927—1937 年南京政府经济公债的研究综述》,《贵州社会科学》2013 年第 8 期。

[89] [美] 斯蒂格利茨:《宏观经济学》,中国人民大学出版社 1998 年版。

[90] 田全:《关于安徽省 1960 年地方经济建设公债发行办法(草案)的说明》,《安徽政报》1959 年第 12 期。

[91] 王传伦、高培勇:《当代西方财政理论》下册,商务印书馆 1988 年版。

[92] 王芳、陈曦:《地方政府债务形成的"赤字竞赛"假说》,《财政研究》2013 年第 7 期。

[93] 王清选:《营造融资平台、加速资本流动、大力培育财源》,《中国乡镇企业》2001 年第 8 期。

[94] 王维国、杨晓华:《我国国债与经济增长关系的计量分析——兼论国债负担对国债经济增长效应的影响》,《中国管理科学》2016 年第 10 期。

[95] 王晓霞:《财政安全:非传统安全的经济学分析》,《当代经济研究》2007 年第 11 期。

[96] 王元春:《我国政府财政支出结构与经济增长关系实证分析》,《财经研究》2009 年第 6 期。

[97] 王小鲁、樊纲、刘鹏:《中国经济增长方式转换和增长可持续性》,《经济研究》2009 年第 1 期。

［98］王志浩等：《中国地方政府性债务规模估算》，《金融发展评论》 2013 年第 12 期。

［99］魏伦通：《地方政府债务膨胀原因及风险分析》，《北方经济》2012 年第 7 期。

［100］魏向杰：《地方政府债务可持续性研究》，《财经论丛》2014 年第 10 期。

［101］闫鸿鹏：《构建投融资平台提高贵州省企业技术创新能力》，《贵州 工业大学学报》（社会科学版）2005 年第 1 期。

［102］夏景良：《公债经济学》，中国财政经济出版社 1991 年版。

［103］谢思全、白艳娟：《地方政府融资平台的举债行为及其影响分 析——双冲动下的信贷加速器效应分析》，《经济理论与经济管理》 2013 年第 1 期。

［104］谢子远：《我国国债宏观经济效应实证研究》，浙江大学出版社 2008 年版。

［105］徐沧水：《中华民国公债法规》，银行周报社 1922 年版。

［106］徐建国、张勋：《中国政府债务的状况、投向和风险分析》，《南方 经济》2013 年第 1 期。

［107］许安拓：《地方融资平台风险：总量可控局地凸显》，《中央财经大 学学报》2011 年第 10 期。

［108］许友传、陈可桢：《资产跳跃情景下的地方融资平台风险压力测 试》，《财经研究》2003 年第 2 期。

［109］许忠达：《地方政府性债务的形成原因及风险防范对策》，《财会研 究》2005 年第 7 期。

［110］杨大楷等：《基于竞争视角的地方政府债务研究述评》，《审计与经 济研究》2014 年第 1 期。

［111］杨灿明、孙群力：《外部风险对中国地方政府规模的影响》，《经济 研究》2008 年第 9 期。

［112］杨灿明、鲁元平：《地方政府债务风险的现状、成因与防范对策研 究》，《财政研究》2013 年第 11 期。

［113］杨十二、李尚蒲：《地方政府债务的决定：一个制度解释框架》， 《经济体制改革》2013 年第 2 期。

［114］杨华：《日本地方政府债务管理及近年来的改革动向》，《首都经济

贸易大学学报》2011 年第 4 期。

[115] 杨攻研、刘洪钟:《不同类型债务对经济增长及波动的影响》,《经济学家》2014 年第 4 期。

[116] 叶笃鏊:《基于公共财政安全的政府财政审计研究》,《财政监督》2011 年第 10 期。

[117] 尹恒、王青林:《最优政府债务理论述评》,《经济学动态》2005 年第 9 期。

[118] 尹恒:《政府债务妨碍长期经济增长:国际证据》,《统计研究》2006 年第 1 期。

[119] 殷宁宇:《经济增长速度与产业结构关系研究》,《中山大学学报》(社会科学版)2014 年第 2 期。

[120] 余斌:《2014 年经济运行谨防五大风险》,《中国党政干部论坛》2014 年第 1 期。

[121] [英]约翰·伊特韦尔:《新帕尔格雷夫经济学大辞典(3 卷)》,陈岱孙等译,经济科学出版社 1996 年版。

[122] 赵树宽、李婷婷:《应用 AHP 模糊评价法对地方政府债务风险的评价研究》,《社会科学辑刊》2014 年第 1 期。

[123] 赵文哲、杨其静、周业安:《不平等厌恶性、财政竞争和地方政府财政赤字膨胀关系研究》,《管理世界》2010 年第 1 期。

[124] 赵喜、孙英隽:《我国国债发行规模与经济增长关系的实证研究》,《金融理论与实践》2012 年第 10 期。

[125] 赵晓宏:《加强我国地方政府债务管理的思考》,《山东社会科学》2007 年第 12 期。

[126] 张春霖:《如何评估我国政府债务的可持续性?》,《经济研究》2000 年第 2 期。

[127] 张连城、韩蓓:《我国潜在经济增长率分析——HP 滤波平滑参数的选择及应用》,《经济与管理研究》2009 年第 3 期。

[128] 张亮:《政府融资平台的经济效应与风险防范》,《商业研究》2013 年第 1 期。

[129] 张平:《地方融资平台融资渠道的比较研究》,《现代经济探讨》2014 年第 8 期。

[130] 张卫国、任燕燕等:《地方政府投资行为对经济长期增长的影

响——来自中国经济转型的证据》,《中国工业经济》2010 年第
8 期。

[131] 张延群、娄峰:《中国经济中长期增长潜力分析与预测:2008—
2020 年》,《数量经济技术经济研究》2009 年第 12 期。

[132] 张志华等:《日本地方政府债务管理》,《经济研究参考》2008 年
第 22 期。

[133] 张志华等:《法国的地方政府债务管理》,《经济研究参考》2008
年第 22 期。

[134] 张志华等:《日本地方政府债务管理》,《经济研究参考》2008 年
第 62 期。

[135] 张志华等:《德国地方政府债务管理概况》,《经济研究参考》2008
年第 62 期。

[136] 张宪昌:《德国"债务刹车"的运行设计》,《决策探索(下半
月)》2014 年第 7 期。

[137] 郑延冰:《财政分权、地方政府激励及其行为变异》,《湖北经济学
院学报》2015 年第 1 期。

[138] 张燕、王刚义:《浅析我国财政的债务风险》,《南方经济》2001
年第 1 期。

[139] 钟瑛:《20 世纪 90 年代以来中国宏观经济政策调整》,《当代中国
史研究》2005 年第 4 期。

[140] 周子康、金江明:《国债可持续性的理论分析及检验》,《管理现代
化》2003 年第 4 期。

[141] 邹宇:《加快政府投融资平台转型是实现可持续发展的必然选择——
由政府主导向市场驱动转变》,《城市》2008 年第 11 期。

[142] 朱建璋:《乡镇政府性债务透视》,《宁波党校学报》2006 年第 2 期。

[143] 朱圣明:《地方政府性债务:"主动举债"抑或"被动举债"?——
以浙江 W 市为例》,《天津行政学院学报》2014 年第 1 期。

[144] 朱勇、吴易风:《技术进步与经济的内生增长——新增长理论发展
述评》,《中国社会科学》1999 年第 1 期。

[145] 朱玉明、周春雨:《化解地方政府债务的总体思路、目标及政策建
议》,《经济研究参考》2005 年第 96 期。

三 参考主要政府文件

［1］审计署：《2011 年第 35 号：全国地方政府性债务审计结果》（2011 年 6 月 27 日）。

［2］审计署：《2013 年第 32 号公告：全国政府性债务审计结果》（2013 年 12 月 30 日）。

［3］30 个省市自治区审计厅（局）：《政府性债务审计结果》（2014 年 1 月 24 日、2014 年 1 月 25 日）。

［4］《全国人民代表大会常务委员会关于修改〈中华人民共和国预算法〉的决定》（2014 年 8 月 31 日第十二届全国人民代表大会常务委员会第十次会议通过）。

［5］国务院：《关于加强地方政府融资平台公司管理有关问题的通知》（国发〔2010〕19 号，2010 年 6 月 10 日）。

［6］财政部、发改委、人民银行、银监会：《关于贯彻国务院关于加强地方政府融资平台公司管理有关问题的通知相关事项的通知》（财预〔2010〕412 号，2010 年 7 月 30 日）。

［7］湖南省人民政府：《湖南省人民政府关于加强政府性债务管理的意见》（2013 年 1 月 31 日）。

［8］湖南省政府办公厅：《湖南省政府性债务管理实施细则》（2014 年 5 月）。

［9］国务院：《关于加强地方政府性债务管理的意见》（国发〔2014〕43 号，2014 年 9 月 21 日）。

［10］财政部：《关于推广运用政府和社会资本合作模式有关问题的通知》（2014 年 9 月）。

［11］国务院：《中华人民共和国预算法》（1993 年颁布）。

后　记

本书是在笔者博士学位论文基础上修改完成的。

2012年，再次迎来了我人生的又一转折，我有幸被录取为深圳大学博士研究生，自此在深大荔园——这一令人怀念的美丽校园再次开始了我的求学梦。三年的孤独岁月，对大部分博士生来说，并不太长，毕竟能在三年内顺利毕业的博士生还真的不多，也使我想起了当我得知博士论文答辩通过的那一情景，我的第一个电话给了我的导师，告知我已通过博士学位论文答辩的消息，他的第一反应就是"不错，经济学院近几年还没有三年毕业的，你做到了！"我知道这话对我来说，既是对我这三年学习的肯定，也是对我的一种勉励。回想这几年在深大的学习与生活，太多的感触涌上心头。博士毕业论文，让众多学子成长乃至衰老的催化剂，曾偶见某网页登载了某学校某生读博前与读博后的对比照片，读博前，该生是满头黑发的阳光少年，几年后博士毕业，岁月这把"杀猪刀"居然将该生剃成了"光秃的小老头"。每次想到这事，真要感谢上苍，至少未让我步入该生后尘，不过两鬓确实也增添了不少白发！能顺利博士毕业，离不开许多师长、同学和亲友的关心、帮助与支持。在此，我只有借助于键盘，将心中的感激转化为以下文字，以表谢意！

首先我要诚挚地感谢我的导师陈勇教授，我能三年顺利毕业，离不开他的帮助与悉心指导。从我面试后被基本确定为录取的对象时，他就语重心长地告诫我，"深圳诱惑多，读博要耐得住寂寞，要有'坐冷板凳'的勇气与决心，才有可能出成果！"我也始终牢记这一告诫。进入深圳大学后，我也经常地去他办公室找他，去聆听他的教诲，和他讨论我今后的研究设想。他务实的科研精神、广博的学识与阅历让我受益匪浅。是他让我知道了找 idea 可以去 NBER，去 economicprincipals。也是他让我熟悉了国际贸易产品质量、二元边际等前沿词汇，更是他让我坚定了政府性债务这一研究方向。回想自己毕业论文的选题，从最初对贸易强国的酝酿到国际贸易中的产品质量,再到国际大宗商品对通货膨胀的传导,最后转到地方政府性债务与我国区域经济增长的关系,这些选题的跳跃与确定,都离不开陈老师的点拨与剖析,开题报告以及文章结构的组织与调整,乃至遣词造句,甚至文中的一个标点符号的更改,也无不倾注了陈老师的心血与智慧。陈老师因长期担任深圳大学经济学院院长,还带了好几个博士与硕士,工作事务非常繁忙,但对于学生的求教他一直将它放在他工作第一位,包括本专著的序言,之前我还在踌躇陈老师是否有时间为本书作序,没想到我一提出来陈老师就欣然答应了,在百忙之中仍抽出时间为我专著认真写序,陈老师这种高尚的品格、博大的胸怀和严谨治学的学术精神与态度无不深深地感染着我,激励着我,这也将成为我一生孜孜追求的境界!

我在深圳大学的学习生活中,深圳大学众多师生曾给予了我关心和勉励。感谢陶一桃教授、钟坚教授、罗清和教授、李猛副教授和毛亮老师在我博士研究生学习中的传道、授业与解惑,袁易明教授、张凯教授等在我的博士论文开题中所提出的中肯建议!感谢陶一桃教授、谢圣远教授、罗清和教授、袁易明教授等在博士论文预答辩过程中的真诚指导及三位匿名评审专家的宝贵意见。在正式答辩过程中,我也感谢罗必良教授、王苏生教授、陶一桃教授、罗清和教授、钟若愚教授等老师对我博士毕业论文质量的提升和今后的研究方向所提的中肯建议,我也真诚感谢刘志山教授对我在深圳大学学习与生活上给予的一些指导与鼓励!感谢我的各位同窗好友闫佳师兄、蒋建丰师弟、朱宏波师弟、潘凤师妹、我的老乡刘爱林博士、曾经的学生张畅等,在深圳大学期间,你们给予了我支持与无私帮助,使我能顺利毕业,并伴我度过难忘而快乐的求学时光!

我也非常感谢湖南科技学院李清泉教授等经济与管理学院的领导和同事,在工作和生活上,给予了我无私帮助与热心照顾!读博期间,因为生活、家庭等问题,我不得不经常在深圳与永州两地奔波,是李清泉教授等经管学院的各位领导给我提供了很多便利与照顾,并将我接收为湖南科技学院重点学科区域经济学核心成员,且本书的出版也得到了湖南科技学院区域经济学重点学科的大力支持。在我博士论文的相关研究及撰写过程中,我还得到了李清泉教授、袁岳驷博士、姚增福博士、邓今朝博士和雷志拄博士等同事的宝贵建议,我能顺利博士毕业,他们"功不可没"!在此本人一一表示感谢!

　　我由衷地感谢我的父母、岳父母以及我亲爱的妻子全春霞女士和可爱的儿子朱彦全小朋友，一路走来伴随着你们的鼓励、关心、支持和无私奉献！我的每一次成功，都有你们无私的付出！同时，你们为我营造了一个欢乐祥和、幸福温馨的家庭气氛，也使我能潜心科研，顺利完成我的学业，对此，我将铭记于心！谨以此书献给我的家人，祝你们健康、快乐！

　　本书的相关研究，参考了众多学者研究成果，在此本人对这些熟悉与不熟悉的学术前辈致以诚挚的谢意！对于地方政府性债务的诸多问题，本人都进行了努力探索，但囿于本人学术水平有限以及资料和数据的欠缺，文中仍有许多不足之处，敬请各位专家学者不吝赐教！

　　最后，我要再次感谢我的母校——深圳大学，尤其是丰厚的博士研究生生活津贴和各类奖学金，在经济上为深圳大学的在读学子给予很大支持。毕业之际，本专著的出版还能得到母校"中央财政支持地方高校发展专项资金项目——研究生培养模式创新"项目的鼎力资助，真心感恩母校的慷慨！也非常感谢我的工作单位湖南科技学院，在读博期间给予了我一个非常人性化与比较宽松的工作环境，且本专著的出版同时获"湖南科技学院重点学科建设项目资助"。我也非常感谢中国社会科学出版社卢小生先生对本专著出版的无私帮助与大力支持！

朱文蔚
2015 年 6 月